Inhaltsverzeichnis

Deutsch – Lösungen

Die Lösungsvorschläge in den Schreibaufgaben sind als Orientierungshilfen gedacht. Andere Lösungen werden dadurch keineswegs ausgeschlossen.

Mathematik – Lösungen

Die Lösungswege in Mathematik orientieren sich am Bildungsplan der Mittelschule Bayern.

Englisch – Lösungen

Die Lösungsvorschläge im Teil „Schreiben" sind als Orientierungshilfen gedacht. Andere Lösungen werden dadurch keinesfalls ausgeschlossen.

Sprachgebrauch / Sprache untersuchen und reflektieren

1. Nominalisierung

1. In der Dienstleistungsbranche ist es sehr wichtig, **freundlich** zu sein.
2. Einen Text **zusammenzufassen**, gehört zur Abschlussprüfung.
3. Der Einbrecher wurde durch das laute **Bellen** des Hundes vertrieben.
   oder
   Das laute **Bellen** des Hundes vertrieb den Einbrecher.
4. Um im Leben **Erfolg** zu haben, ist es wichtig, Ziele zu verfolgen.
5. Das **Rauchen** in Kneipen ist schon lange verboten.
6. Das Lernen von Vokabeln finde ich **langweilig**.

2. Wörterbucheintrag – richtiges Nachschlagen

1. ▶ Der Strich steht dafür, dass es in diesem Fall keinen Plural gibt.
   ▶ Das Wort wird im Fachgebiet Medizin verwendet.
   ▶ to-xi-ko-lo-gisch
2. ▶ Die Unterstreichung zeigt an, an welcher Stelle die Betonung des Wortes liegt.
   ▶ die Mienen
   ▶ Mine nur mit „i" bezeichnet einen Bergwerksstollen, in dem z. B. Gold oder Kohle abgebaut wird. Ebenso kann das Wort Mine einen Sprengkörper oder eine Kugelschreibereinlage bezeichnen. Das ist also ein anderes Wort mit verschiedenen Bedeutungen und wird ohne „ie" geschrieben.
3. ▶ Das ø erklärt die Aussprache, es wird als ö gesprochen.
   ▶ Abk. steht für Abkürzung.
   ▶ In for-ma-ti-ons-sys-tem
4. a) Vor-ver-kauf
   The-a-ter-auf-füh-rung
   Schau-spiel-haus
   Pre-mi-e-re
   Schne-cken-haus

   b) In-di-vi-du-al-tou-ris-mus
   Durch-füh-rungs-be-stim-mung
   Rei-se-rück-tritts-ver-si-che-rung
   Aus-lands-kran-ken-ver-si-che-rung
   Ak-ti-en-ge-sell-schaft

5.

m. E.	meines Erachtens
lfd.	laufend
ca.	circa, zirka
Lkw, LKW	Lastkraftwagen
n. Chr.	nach Christus, nach Christo
Hbf.	Hauptbahnhof
ggf.	gegebenenfalls
vgl.	vergleiche
z. T.	zum Teil
Anm.	Anmerkung

6.

a)	-vention, -jekt	**Sub**vention, **Sub**jekt
	-nomen, -duktion	**Pro**nomen, **Pro**duktion
	-logie, -metrie	**Geo**logie, **Geo**metrie
	-demie, -lepsie	**Epi**demie, **Epi**lepsie
	-logie, -top	**Bio**logie, **Bio**top
b)	Per-/per-	Per**formance**, Per**sonifikation**, per**fekt**, per**iodisch**
	Mikro-/mikro-	Mikro**skop**, Mikro**fon**, mikro**biologisch**, mikro**kosmisch**
	Trans-/trans-	Trans**fer**, Trans**formation**, trans**atlantisch**, trans**kontinental**
	Anti-/anti-	Anti**these**, Anti**pathie**, anti**bakteriell**, anti**autoritär**
	Sym-/sym-	Sym**bol**, Sym**posium**, sym**pathisch**, sym**metrisch**

3. Zeichensetzung – das Komma

1. Er brauchte einen kurzen Moment, um zu begreifen, dass sie das Spiel wirklich gewonnen hatten.
Begründung: Das erste Komma steht aufgrund eines erweiterten Infinitivs mit „zu". Das zweite dient zur Abgrenzung des Nebensatzes.

2. Eine ausgewogene Ernährung**,** viel Trinken und Sport sind Maßnahmen**,** die uns vital und gesund halten.

Erstes Komma: Komma bei Aufzählungen
Zweites Komma: Komma bei Relativsatz

3. Das Lernen von Vokabeln, egal in welcher Sprache, liegt mir einfach nicht.
Begründung: Einschub durch Kommas abgetrennt

4. „Am besten gefällt mir der tolle Zusammenhalt der Klasse"**,** sagt Selina**,** die seit Januar neue Mitschülerin der 10b ist.

Erstes Komma: Komma am Ende einer wörtlichen Rede
Zweites Komma: Komma bei Relativsatz

4. Wortarten

1. a) Am Samstag (**C**) gehe ich mit zwei (**G**) Freunden ins (**D**) Kino, wenn (**F**) der (**H**) Film, den wir sehen (**B**) wollen, bis dahin noch läuft (**B**).

b) 1. In den Sommerferien **fahre** (**B**) ich mit meinen Eltern ans Meer.
2. An meiner Schule gibt es ein **großes** (**A**) Orchester.
3. **Wenn** (**F**) es regnet, bleibe ich lieber zu Hause.

2. Im nächsten Sommer bin ich **mit** der Schule fertig. Doch was ich beruflich machen soll, dazu fällt mir leider immer noch nicht allzu viel ein. Und das, obwohl ich mir **über** dieses Thema schon **seit** Langem Gedanken mache.
Während ich einerseits Lust **auf** einen Beruf hätte, der **mit** Kindern zu tun hat, finde ich zum Beispiel auch Arzthelfer/-in oder Physiotherapeut/-in interessant. Mein Schulpraktikum werde ich deshalb **in** einer Arztpraxis absolvieren, damit ich einen besseren Einblick bekomme. **Nach** dieser Erfahrung fällt mir die Entscheidung vielleicht leichter.
Neben den persönlichen Neigungen spielen meiner Ansicht nach natürlich auch die Berufsaussichten eine wichtige Rolle **bei** der Berufswahl. **Trotz** aller Unentschlossenheit bin ich zuversichtlich, dass ich **in** absehbarer Zeit eine Entscheidung treffen werde. **Aus** diesem Grund sehe ich meiner Zukunft gelassen entgegen.

3. Morgen besprechen wir in der Klasse, wohin unser Ausflug gehen soll. **Während** einige einen Freizeitpark vorgeschlagen haben, möchten andere lieber einen Klettergarten besuchen **oder** eine Radtour machen. Doch die Entscheidung ist gar nicht so einfach, **weil** alle Vorschläge interessant sind. Ich selbst würde am liebsten in den Klettergarten gehen, **denn** das habe ich noch nie ausprobiert. **Aber** auch eine Radtour wäre nicht schlecht. Nur den Freizeitpark finde ich nicht so toll. Unser Lehrer hat gesagt, **dass** wir abstimmen sollen. **Damit** sich jeder eine Meinung bilden kann, werden alle Vorschläge noch einmal vorgestellt.

5. Umwandeln

1. Forscher/-innen warnen: „Wir machen systematisch unseren eigenen Lebensraum kaputt, wenn wir nicht anfangen, verantwortungsvoller damit umzugehen."

2. Der Experte sagt, dass die Giftstoffe, die durch achtlos weggeworfenen Müll ins Grundwasser gelängen, nicht nur den Menschen schadeten, sondern auch Pflanzen und Tieren.

3. Er war der Meinung: „Ich werde auf jeden Fall zum Konzert gehen."

Zeitform: Futur

4. Mein Freund berichtet am Morgen in der Schule, er habe die ganze Nacht gelesen, weil das Buch so spannend gewesen sei, dass er es einfach nicht weglegen konnte.

Zeitform: Perfekt

5. Abgelaufene Medikamente werden leichtsinnig im Abfluss entsorgt, anstatt dass sie zur Apotheke zurückgebracht werden.

6. Unsere Klasse führte dieses Schuljahr ein großes Projekt zum Thema Umweltschutz durch.

7.

Aktiv	Passiv
1.	2.
3.	4.
6.	5.
8.	7.

8. a) Die Königin bestieg den Thron.
b) Im Ferienlager wurde ein Floß von uns gebaut.
c) Das Schiff wird vom Kapitän sicher in den Hafen gesteuert.
d) Die Eltern bestrafen ihr Kind mit Hausarrest.

6. Beifügung (Attribut) / Relativsatz (Attributsatz)

1. a) Der Baum, der vor Kurzem gefällt wurde, hatte bereits viele Blätter verloren.
b) Morgens esse ich immer Müsli mit Obst, das mir mein Vater zubereitet.
c) In der Schule, die auch einen Garten besitzt, gibt es mehr als 400 Schüler/-innen.

2. a) Die überreifen Bananen mag ich nicht.
b) Meine sehr besorgte Mutter hat schon zweimal angerufen.
c) Im kürzlich renovierten Freibad gibt es jetzt eine Riesenrutsche.

7. Wortschatz

1. a) 1. Er spielt sehr gerne Fußball.
2. Die Klasse entscheidet sich für einen Ausflug in die Natur.
3. In Rom gibt es mehr als 1000 Gotteshäuser.
4. Flink klettert die Katze auf den Baum.
5. Er war ein sehr großer Mann.

b) 1. Das Buch, das ich gerade lese, ist interessant.
2. Leila lässt sich Zeit mit dem Essen.
3. Bei Sonne(nschein) gefällt mir der Wald am besten.
4. Der kleine Junge springt lautlos ins Wasser.
5. Ruhig holt er den Brief aus der Tasche.

2. Der Mann **läuft** schnell zum Bahnsteig, um den Zug nach München noch zu erreichen. Da er aber schon eine ganze Weile **rennt**, ist er ganz außer Atem und wird immer langsamer. Deshalb verpasst er seinen Anschluss und **trottet** bekümmert zurück in die Bahnhofshalle.

3. a) 1. Sport, Bewegung
2. Arbeitssicherheit, Arbeitsschutz, Sicherheit

b) 1. Schreibwaren
2. Autozubehör
3. Milchprodukte, Lebensmittel

8. Rechtschreiben – Regeln und Strategien

1. a)

Die**b**	Ich bilde den Plural.	x
	Ich muss das Wort auswendig können.	
	Ich bestimme die Wortart.	
ber**ä**t	Ich bilde die erste Vergangenheit.	
	Ich steigere das Wort.	
	Ich bilde die Grundform.	x
Finster**nis**	Ich bilde den Singular.	
	Ich achte auf die Endung.	x
	Ich muss das Wort auswendig können.	
Geb**äu**de	Ich suche nach verwandten Wörtern.	x
	Ich bestimme die Wortart.	
	Ich bilde den Plural.	
Ta**ss**e	Ich setze einen Artikel vor das Wort.	
	Ich bilde den Singular.	
	Ich trenne das Wort nach Silben.	x

b)

Beispielwörter	Lösungsstrategie
er flie**h**t	Grundform bilden + in Silben trennen → flie-hen
j**ä**hrlich	verwandtes Wort suchen → Jahr
beim **S**chwimmen	Wortart bestimmen → bei dem Schwimmen = nominalisiertes Verb

2. a) stie**ß**: ß folgt nach einem lang gesprochenen Vokal

b) Zerlegen des Wortes in Silben: Was-ser-fall
oder
kurz gesprochener Vokal „a" vor „ss"

3. **Grafschaft** schreibt man **groß**, weil **die Endung -schaft auf ein Nomen hinweist**.
königlich schreibt man **klein**, weil **die Endung -lich auf ein Adjektiv hinweist**.
brennen schreibt man **klein**, weil **es sich um ein Verb handelt**.
Heldentum schreibt man **groß**, weil **die Endung -tum auf ein Nomen hinweist**.
eilig schreibt man **klein**, weil **die Endung -ig auf ein Adjektiv hinweist**.
einsam schreibt man **klein**, weil **die Endung -sam auf ein Adjektiv hinweist**.
laufen schreibt man **klein**, weil **es sich um ein Verb handelt**.

4.
Re**nn**pferd → Strategie: verwandtes Wort suchen – rennen
sin**k**t → Strategie: Grundform bilden – sinken
fleißi**g** → Strategie: das Wort steigern/verlängern – fleißiger
s**äu**men → Strategie: verwandtes Wort suchen – Saum
Z**ä**hne → Strategie: den Singular bilden – Zahn
brin**g**t → Strategie: die Grundform bilden – bringen
spa**ß**ig → Strategie: ein verwandtes Wort suchen – Spaß
unverk**äu**flich → Strategie: ein verwandtes Wort suchen – Verkauf/kaufen
wei**t** → Strategie: das Wort steigern/verlängern – weiter
Au**ss**te**ll**ung → Strategie: das Wort in Silben trennen – Aus-stel-lung
Ste**h**tisch → Strategie: ein verwandtes Wort suchen – stehen

5.

-tion	-ieren	-tät	-ell
die Fiktion	informieren	die Intensität	generell
die Tradition	gratulieren	die Pubertät	traditionell
die Situation	akzeptieren	die Aktivität	prinzipiell
die Integration	faszinieren	die Sensibilität	speziell
die Sensation	konsumieren	die Flexibilität	sensationell

Wörter mit der Endung **-tion** schreibt man **groß**, weil **die Endung -tion auf ein Nomen hinweist**.
Wörter mit der Endung **-ieren** schreibt man **klein**, weil **die Endung -ieren auf ein Verb hinweist**.
Wörter mit der Endung **-tät** schreibt man **groß**, weil **die Endung -tät auf ein Nomen hinweist**.
Wörter mit der Endung **-ell** schreibt man **klein**, weil **die Endung -ell auf ein Adjektiv hinweist**.

6. a) ck nach kurz gesprochenem Vokal

b) ff nach kurz gesprochenem Vokal

c) ie nach lang gesprochenem i

d) ß nach lang gesprochenem Vokal

7. a) ☒ Vor Prüfungen muss man auch den Körper fit machen.

   b) ☒ Schulnoten sind nicht immer ausschlaggebend.

   c) ☒ Mit der Klasse waren wir im Skischullandheim.

   d) ☒ Generell ist auf einen verantwortungsvollen Umgang mit Ressourcen zu achten.

   e) ☒ Wer am Ende profitiert, ist die Reiseindustrie.

9. Textkorrektur

1.
- ▶ Techni**k**
- ▶ ru**ß**igen
- ▶ Hol**z**instrumenten
- ▶ Ha**c**ke oder Ha**r**ke

2.
- ▶ **V**ielen
- ▶ **K**leinen
- ▶ Pro**b**lem
- ▶ **i**hr
- ▶ das**s**
- ▶ die**s**e
- ▶ mei**st**
- ▶ Jahr**el**ang
- ▶ grei**f**t
- ▶ sp**ä**t

3.
- ▶ **h**eute
- ▶ Se**h**nsüchte
- ▶ **G**anze
- ▶ i**s**t
- ▶ Mot**o**r
- ▶ **V**erbraucher
- ▶ Q**u**iz
- ▶ Arbeitsplä**t**ze
- ▶ Werbespo**t**s
- ▶ **s**chnellsten

4. Bei einer **Operation** muss der Arzt mit **sauberem Besteck** arbeiten, damit sich die Wunde nicht **entzündet**. Auch seine Hände muss er sich **vorher** sorgfältig waschen. Das kostet zwar alles Zeit, ist aber unbedingt notwendig, um Komplikationen zu vermeiden.

Viele **Umweltschützer** sind gegen eine Ölförderung in der **Arktis**. Sie **kritisieren**, dass die Ölbohrungen Tiere wie Robben, Eisbären oder Walrosse **gefährden**. Ein großer Ölkonzern hat jetzt seine Probebohrungen vor der Küste Alaskas wegen mangelnden Erfolgs und zu hoher Kosten **gestoppt**.

5. An unserer Schule gibt es jetzt Mittwochs / <u>mittwochs</u> am Nachmittag eine neue AG: Parkour. Diese Trendsportart kommt ursprünglich aus Frankreich und ist in den vergangenen Jahren auch in Deutschland immer beliebter geworden. Dabei gilt es, auf einem Weg von A nach B Hindernisse wie Mauern, Zäune, Wände, Bänke, Absperrungen oder Geländer möglichst sicher und schnell zu überwinden.
Allerdings muss man <u>jahrelang</u> / Jahre lang trainieren und eine gute Kondition, Kraft, Beweglichkeit und Geschicklichkeit haben, um in dieser Sportart wirklich erfolgreich zu sein. Vermutlich reicht einmal Wöchentlich / <u>wöchentlich</u> zu üben nicht aus. Seit einiger Zeit versuche ich deshalb, ab und zu auch <u>abends</u> / Abends noch ein Parkourtraining einzulegen. Doch weil es <u>heute</u> / Heute geregnet hat, konnte ich mich nicht mehr dazu aufraffen.

6. a) Der moderne Buchdruck, der 1450 von Johannes Gutenberg erfunden wurde, machte das gedruckte Buch zum Massenartikel. Das ermöglichte unter anderem auch der Wissenschaft ihre Entfaltung.

b) Vorsicht Zeckengefahr! Sobald es wieder wärmer wird, lauern die kleinen blutsaugenden Vampire in Wiesen und Wäldern auf einen geeigneten Wirt. Mit ihrem scherenartigen Mundwerkzeug verschaffen sie sich Zugang zur Nahrungsquelle. Gefährlich ist dabei aber nicht der Blutverlust, sondern Krankheiten, die übertragen werden können. Ein Experte sagt: „Naturfreundinnen und Naturfreunde sollten sich nach jedem Besuch im Freien gründlich auf Zeckenbisse untersuchen."

c) Massentourismus findet meistens in organisierter Form statt und hat stark besuchte Fremdenverkehrsgebiete zum Ziel. Das unterscheidet ihn vom Individualtourismus.

10. Das oder dass

1. Heutzutage kommt es immer häufiger vor, da**ss** bereits Kinder ein Handy besitzen. Eltern fühlen sich sicherer, wenn sie ihre Kinder ständig erreichen können. Für die Kinder selbst ist der Sicherheitsaspekt eher unwichtig. Da**s** erste eigene Handy bedeutet vielmehr, da**ss** sie ab jetzt dazugehören, cool sind.
Da**ss** da**s** mobile Telefongerät inzwischen zu weit mehr als nur zum Telefonieren genutzt wird, bringt wieder neue Probleme mit sich. Schnell kann die ganze Schule ein vermeintlich lustiges Video, da**s** auf der letzten Party gedreht wurde, zu Gesicht bekommen. Aber auch da**s** Surfen in sozialen Medien kann schnell zum Zeitfresser oder sogar zur Sucht werden.

2. Wer erwartet, **dass** beim gebuchten All-inclusive-Angebot hemmungsloses Schlemmen möglich ist, der täuscht sich gewaltig. **Das** Buffet ist häufig wenig einladend und Markengetränke sind eher die Ausnahme. Ein allgemeines Gesetz, **das** regelt, welche Leistungen All-inclusive beinhalten muss, gibt es nicht. **Dass** dadurch so manche kulinarische Vorfreude in eine ungewollte Diät umschlägt, musste der ein oder andere schon am eigenen Leib erfahren.

3. Smartphone, Tablet, internetfähige Fernseher, **das** ist die Welt von heute. Kaum vorstellbar, **dass das** Kabelfernsehen erst in den 80er-Jahren in Deutschland flächendeckend zur Verfügung stand. Auch **das** Hören und Speichern von Musik hat sich stark verändert und sich von Schallplatten und Kassetten über CDs bis hin zur MP3 entwickelt. **Das** MP3-Format ermöglicht uns heute, **dass das** Speichern von tausenden Songs auf handlichen Abspielgeräten kein Problem mehr ist.

Mit Texten umgehen, Schreiben und Reflektieren

1. Inhaltszusammenfassung

1. Sachtext: „Ein Bienenvolk für den heimischen Balkon“

Der Artikel „Ein Bienenvolk für den heimischen Balkon“ von Andrea Jenewein, der am 28. Oktober 2020 in der Stuttgarter Zeitung Nr. 250 veröffentlicht wurde, handelt von dem Projekt des Imkers Maxim Isamuchamedow. Um Bienen vor dem Aussterben zu schützen, kam er auf die Idee, Bienenvölker zu vermieten. Die monatliche Miete für das Bienenvolk beträgt 150 bis 195 Euro, es wird eine freie Aufstellfläche von etwa zwei auf zwei Metern benötigt. Um die vermieteten Bienenvölker kümmert sich der Imker – dazu gehört auch die Honigernte: Ein Bienenvolk produziert bis zu 40 Kilogramm Honig. Diesen erhalten dann die Mieter/-innen. Isamuchamedows Ziel ist es, die Menschen über die Biene und ihre Funktion in der Gesellschaft aufzuklären und der Natur etwas Gutes zu tun.

2. Prosa: „Geburtstag“

In der Kurzgeschichte „Geburtstag“ von Mahmood Falaki geht es um einen Vater und seine siebenjährige Tochter, die zusammen U-Bahn fahren. Die Tochter hat Geburtstag und ist ganz aufgeregt. Zunächst auf Persisch, dann auf Deutsch spricht sie eine Frau an, die vor ihr sitzt. Diese reagiert aber kaum auf sie. Erst als eine junge Frau mit Hund einsteigt, wendet die Frau sich den beiden zu und streichelt lächelnd den Hund. Dann steigen Vater und Tochter aus.

3. Lyrik: „Langschläfers Morgenlied“

Mascha Kaléko beschreibt in dem Gedicht „Langschläfers Morgenlied“ die Gefühle des lyrischen Ichs, wenn morgens der Wecker klingelt. Dem lyrischen Ich ist frühes Aufstehen zuwider. Wenn der Wecker klingelt, wird es regelmäßig aus den schönsten Träumen gerissen. Das lyrische Ich schläft offensichtlich gern lange und weiß sein warmes Bett zu schätzen. Alles, was dieses Ausschlafen verhindert, empfindet es als persönliche Beeinträchtigung und Störung des von ihm gewünschten Lebensrhythmus. Trotzdem steht es doch jeden Morgen auf.

2. Richtiges Zitieren

1. Wichtigkeit von Bienen

- „Schon Albert Einstein sagte 1949: ‚Wenn die Biene einmal von der Erde verschwindet, hat der Mensch nur noch vier Jahre zu leben. Keine Bienen mehr, keine Bestäubung mehr, keine Pflanzen mehr, keine Tiere mehr, keine Menschen mehr.‘“ (Z. 17 – 21)

2. Ausschlafen

- „Ein guter Mensch schläft meistens gern und lange. / – Ich bild mir diesbezüglich etwas ein …“ (V. 7 f.)
- „– Ein warmes Bett ist nicht zu unterschätzen.“ (V. 16)

3. Fremdwörter im Text, Aussagen erläutern

1. Unterstrichene Aussagen erklären

a) „In den Kinderschuhen stecken" bedeutet, dass man mit einer Sache noch am Anfang steht, bzw. erst damit begonnen hat und man noch viel lernen muss.

b) „Aufwiegen" bedeutet im Textzusammenhang, dass der Imker für den Nutzen der Bienen auch die Stiche in Kauf nimmt. Der Nutzen wiegt für ihn wortwörtlich mehr als die Nachteile der Bienenhaltung.

2. Bedeutung der unterstrichenen Zeile erläutern

Der Vers „Der Nebel drückt die Dächer schwer" beschreibt, dass Häuser in einem sehr dichten Nebel stehen, der alles verdeckt und eine düstere Stimmung erzeugt.

3. Fremdwörter zuordnen

a) giftig: toxisch

b) absonderlich: bizarr

c) gleichbleibend: konstant

d) Umstand: Faktor

e) unermesslich, unendlich: immens

f) schadhaft: defekt

4. Textinhalte reflektieren

4.1 Sachtexte

1. „Fake News: Bots, Bots, überall Bots"

a) Bei dem Text „Bots, Bots, überall Bots" von Andrea Wieland handelt es sich um einen Bericht. Er dient dazu, Fakten zu vermitteln und Informationen weiterzugeben. Berichte sind außerdem möglichst neutral und präzise und ohne viele Ausschmückungen formuliert.

b) Die Absicht der Autorin besteht darin, die Leser/-innen über das Thema „Bots" zu informieren und den Einfluss von Bots kritisch zu hinterfragen. Dies erfolgt beispielsweise durch Fragen, wie in der Überschrift „Was kann ein Bot?" (Z. 30) oder durch den Bezug auf verschiedene Studien und Experimente, wie beispielsweise „Wie Bots Stimmungen beeinflussen, fand eine Studie der Uni Duisburg-Essen heraus." (Z. 43 f.) oder „Das Büro für Technikfolgenabschätzung des Bundestages veröffentlichte bereits ein Jahr zuvor ein entsprechendes Papier." (Z. 70 ff.)

c) Der Einsatz von Bots birgt Gefahren. Beispielsweise, wenn Bots verwendet werden, um Shitstorms zu befeuern und sexistische, rassistische und antisemitische Äußerungen zu produzieren. Bots können auch als Stimmungsmacher eingesetzt werden, um Meinungen künstlich zu beeinflussen bzw. zu manipulieren. Dadurch können sogar Diskussionen oder Stimmungsbilder verfälscht werden. Zudem können Bots zur Täuschung dienen.

2. „Lernen: Analphabeten“

a) Der Text „Analphabeten“ weist Merkmale einer Reportage auf. Es handelt sich um einen Sachtext mit einem Vorspann. Neben Daten und Fakten zum Thema Analphabetismus kommen auch emotionale und persönliche Schilderungen am Beispiel von Roswitha vor. Der Text soll das Thema veranschaulichen und darüber informieren.

b)
- Bauarbeiter/-innen
- Reinigungskräfte
- Küchenhilfen

c) Es vergehen oft Jahre, bis Analphabeten etwas an ihrer Situation ändern, weil man sehr viel Mut aufbringen muss, um z. B. einen Lese- oder Schreibkurs zu besuchen. Aus Scham und Angst vertrauen sich die Betroffenen oft niemandem an.

4.2 Schaubilder, Diagramme und Karikaturen auswerten

1. Deutschlands heiße Tage

Das Schaubild zeigt die Entwicklung der Temperaturen in Deutschland anhand der Anzahl der heißen Tage mit einer Lufttemperatur von mehr als 30 Grad Celsius. Sowohl aus dem Schaubild als auch aus den Schlagzeilen geht hervor, dass sich die Anzahl der heißen Tage seit den 1950er-Jahren verdoppelt hat. Temperaturen über 30 Grad sind in Deutschland mittlerweile normal und nicht mehr nur Ausnahmen.

2. Computer- und Internetsucht

- Fast ein Drittel der Jugendlichen hat ein problematisches Verhalten bezüglich der Internetnutzung.
- Mit steigendem Alter verringert sich die Suchtgefahr bei der Internetnutzung bzw. dem Computerspielen.

3. Entwicklung der europäischen Jugend

a) Abgebildet ist ein Säulendiagramm.

b) Das Diagramm bildet den Anteil der Unter-15-Jährigen in der EU und in ihren einzelnen Mitgliedsstaaten ab. Irland hat mit 20,5 % den höchsten Anteil an jungen Menschen, während Italien, dicht gefolgt von Deutschland, den geringsten Teil und somit den höchsten Anteil an älteren und alten Menschen hat.

c) Der Anteil der Kinder unter 15 Jahren liegt in der EU durchschnittlich bei 15,2 %. Daraus folgt, dass Irland mit 20,5 % deutlich über dem Durchschnitt liegt, Polen fast den Durchschnitt abbildet, während Deutschland und Italien das Schlusslicht bilden.

4. Photovoltaikanlage

a) Die Grafik zeigt die Funktionsweise der Photovoltaik. Um Energie herzustellen, wird der photoelektrische Effekt von den Solarmodulen auf dem Dach des Hauses gebündelt und durch eine Gleichstromleitung in den Wechselrichter zur Netzeinspeisung geführt. Durch eine Wechselstromleitung gelangt die Elektrizität dann in den Stromverteiler und -zähler sowie in den Hausanschlusskasten zum öffentlichen Netz. Vom hauseigenen Stromverteiler und -zähler gelangt die Energie entweder direkt oder indirekt über den Verbraucherstromkreis zum Verbraucher.

b) Mit einer eigenen Photovoltaikanlage lässt sich Solarstrom herstellen. Dieser ist umweltfreundlicher als Strom aus fossilen Brennstoffen. Zudem ist der eigene Solarstrom deutlich günstiger als der vom Energieversorger und man ist unabhängiger vom öffentlichen Netz.

5. Karikatur

a) In der Karikatur wird eine Folge der Corona-Pandemie thematisiert. Durch die getroffenen Maßnahmen wie Lockdown, Reiseverbot und Homeschooling haben sich die Schüler/-innen von der Welt entfremdet, da sie sie nur noch über den Bildschirm betrachten konnten, anstatt sie zu erleben.

b) Digitales Lernen hat unser Leben verändert, vor allem bereichert. Die Digitalisierung ermöglicht Lernen unabhängig vom Standort. Außerdem veranschaulichen multimediale Inhalte den Lernstoff. In vielen Bereichen hat digitales Lernen das Leben vereinfacht. Allerdings sollte man es als Ergänzung statt als Ersatz für herkömmliches Lernen betrachten.

6. Karikatur

a) In der Karikatur ist ein völlig überfüllter Strand dargestellt. Vor lauter Menschen und Kreuzfahrtschiffen erkennt man kaum Strand oder Meer.

b) Urlaubsorte sind teilweise überfüllt, weil u. a. immer mehr Hotels gebaut werden. Flüge sind häufig erschwinglich und vor allem in den sozialen Medien werden vermeintlich idyllische Orte mit spektakulären Fotos beworben, sodass sich immer mehr Menschen davon angesprochen fühlen und ebenfalls dorthin reisen.

4.3 Literarische Texte

1. „Das Glück“ (Marion Miller)

a) Der Begriff der äußeren Handlung umfasst Geschehnisse, die beobachtbar und sinnlich wahrnehmbar sind und die im Text als Aktivitäten oder Abläufe beschrieben werden. In Bezug auf den Lottogewinn wird dies dadurch sichtbar, dass die Frau den Brief in ihren gichtigen Händen hält und dass dieser bestimmte wahrnehmbare Eigenschaften aufweist, wie ihren Namen, den Geldbetrag und Glückwünsche der Lottofirma (vgl. Z. 5 – 8). Innere Handlungen beziehen sich hingegen auf die Gedanken- und Gefühlswelt der Protagonistin und bezeichnen dabei Vorgänge, die sich in ihrem Bewusstsein abspielen: Anhand des Lottogewinns wird dies dadurch sichtbar, dass sie nicht mehr an Märchen glaubt und allgemein an der Sinnhaftigkeit des Gewinns zweifelt, da sie nun nichts mehr damit anzufangen weiß, obwohl sie das Geld vor Jahren durchaus gebraucht hätte (vgl. Z. 26 – 29).

b) Ein weiteres verwendetes Stilmittel ist die Personifikation eines Gegenstandes: „... der Spiegel hat sie ausgelacht." (Z. 22) Außerdem gibt es viele Wiederholungen, durch welche der gewünschte Eindruck oder das gewünschte Gefühl verstärkt wird, wie beispielsweise die Wiederholung der Phrase „Fünfzehn Jahre": „Fünfzehn Jahre lang jeden Freitag Zahlen angekreuzt. Geburtstage, Hochzeitstage, Sterbetage; fünfzehn Jahre lang geträumt, fünfzehn Jahre gehofft." (Z. 3 ff.) oder das Wort „gestern": „Gestern Rentnerin, gestern arm, gestern gespart, gestern sich nichts geleistet, gestern an vollen Schaufenstern vorbeigehuscht." (Z. 10 ff.)

2. „An die Eltern" (Klaus Konjetzky)

a) Klaus Konjetzky verwendet in seinem Gedicht „An die Eltern" immer den gleichen Strophenaufbau. „Ihr sagt, fordert, behauptet ..., aber ..." Durch diesen Aufbau entsteht der Eindruck der Gegensätzlichkeit. Die sechsmalige Wiederholung des gleichen Schemas wirkt auf den Leser wie eine Anklage und verdeutlicht, dass die Eltern immer etwas von ihrem Kind verlangen, was sie selbst nicht leisten. Das Kind fühlt sich ungerecht behandelt und möchte das seinen Eltern anhand von Beispielen verdeutlichen. Die ständige Wiederholung unterstreicht dabei den vorwurfsvollen Ton.

b) Neben der Wiederholung beinhaltet das Gedicht zahlreiche Parenthesen (z. B. V. 2, V. 6, V. 10). Diese stehen in jeder Strophe jeweils vor dem „aber". Das Stilmittel veranschaulicht deshalb besonders stark den Gegensatz von den Ansprüchen der Eltern und ihrem eigenen Handeln. Es hebt die Widersprüchlichkeit hervor.

c) 1. Das Gedicht „An die Eltern" von Klaus Konjetzky kann so interpretiert werden, dass Eltern wollen, dass ihre Kinder nach ihren Vorstellungen funktionieren und sich nicht selbst entfalten. Dies sieht man insbesondere an Passagen wie in den Versen 13 bis 16, in denen es heißt: „Ihr sagt, / es komme auf den Menschen an – / aber ihr verlangt, / dass ich mir die Haare schneiden lasse." Hier wird die Erwartungshaltung der Eltern an die eigenen Kinder deutlich, indem sie ihnen vorschreiben, was sie zu tun haben. Dass die Kinder sich nicht selbst entfalten sollen, wird auch in Vers 3 f. deutlich, in dem es heißt: „ ... ihr wollt nur, / dass ich so werde wie ihr." Stattdessen sollen die Kinder dem Beispiel der Eltern folgen.

2. Das Gedicht „An die Eltern" von Klaus Konjetzky kann so interpretiert werden, dass die Eltern wollen, dass Kinder sich selbst entfalten und ihre eigenen Erfahrungen machen, dass die Realität jedoch in Konflikt mit den Vorstellungen der Eltern steht. So sollen sich die Kinder für Kultur interessieren, doch dabei wird übersehen, dass dazu auch die Lieder der (zum Zeitpunkt der Entstehung des Gedichts neumodischen) Rolling Stones gehören (vgl. V. 5 – 8). Die Eltern kritisieren den Fernsehkonsum, können allerdings nicht auf die eigene Lieblingssendung verzichten (vgl. V. 9 – 12). Ein weiterer Widerspruch besteht darin, dass die Eltern ihren Kindern sagen, dass es auf den Menschen an sich ankommt, gleichzeitig allerdings auch Oberflächliches wie den Haarschnitt kritisieren und verbieten (vgl. V. 13 – 16). Auch halten sich die Eltern nicht an die eigenen Anforderungen, als sie Vertrauen und Offenheit fordern, selbst aber durch Telefonsperrungen genau dies verhindern (vgl. V. 21 – 24).

5. Produktive Schreibaufgaben

1. Smartphone

Unbegrenzte Möglichkeiten oder Stress?

Das Smartphone ist für die meisten Menschen nicht mehr wegzudenken und ein ständiger Begleiter im Alltag. Auch die Nutzung unterwegs nimmt zu, was sich beispielsweise in einem gestiegenen Datenvolumen widerspiegelt. Im Folgenden werde ich erörtern, welche Vor-, aber auch Nachteile die ständige Nutzung des Smartphones mit sich bringt.

Wer das Smartphone immer bei sich trägt, ist auch dauerhaft erreichbar. Das führt bei vielen Menschen zu Stress: „In der TK-Stressstudie aus dem Jahr 2016 gab bereits jeder Dritte der Befragten an, sich durch die ständige Erreichbarkeit des Smartphones und dem mobilen Internet gestresst zu fühlen." (Z. 54 – 57) Die Möglichkeit, dass jederzeit Anrufe, Mails und Nachrichten eingehen könnten, lässt Nutzer/-innen nicht abschalten und zur Ruhe kommen.

Ein weiterer Nachteil der vermehrten Smartphonenutzung ist die Verminderung der Selbstständigkeit und Spontanität. Mittlerweile googeln wir die einfachsten Dinge – wie z. B. „Schleife binden" oder sogar das aktuelle Datum – und verlassen uns auf die Hilfe des Smartphones (vgl. Z. 112 ff.). Das führt allerdings auch zu einer Art von Abhängigkeit, weil man verlernt, Probleme alleine zu lösen, oder man keine anderen Informationsquellen mehr kennt.

Weiterhin führt die ständige Nutzung des Smartphones auch zur Verschlechterung der Gedächtnisleistung. Informationen, die man jederzeit schnell abfragen kann, werden vom Gehirn auch schnell wieder vergessen. Früher musste man sich beispielsweise Telefonnummern einprägen oder umständlich im gedruckten Adress- oder Telefonbuch nachschlagen und anschließend eintippen. Heute dagegen wählt man mit einer Bewegung den Kontakt aus und das Smartphone wählt automatisch die zugehörige Nummer.

Andererseits wird das Smartphone auch so häufig genutzt, weil es entsprechend viele Vorteile bietet. Zum Beispiel sorgt es für Unterhaltung und Ablenkung. Die zahlreichen Möglichkeiten „verkürzen die Zeit im Hier und Jetzt" (Z. 50). Das ist ein Vorteil, wenn man sich beispielsweise die Wartezeit an der Bushaltestelle mit Tagesnachrichten oder kurzen Filmen vertreiben kann.

Ein weiterer Vorteil ist, dass Smartphones einem Vieles erleichtern. So muss man sich z. B. keine Telefonnummern mehr merken oder kann in wenigen Sekunden an jegliche Information gelangen. Durch diese Erleichterungen kann man sich dann auf das Wesentliche konzentrieren. Die Nutzung des Smartphones spart in vielen Bereichen Zeit, weil sich Dinge wesentlich schneller erledigen lassen. Dies ist besonders im heutigen Zeitalter der Digitalisierung wichtig, in dem sich die Welt so rasant verändert wie noch nie (vgl. Z. 20 f.).

Der größte Vorteil ist jedoch, dass Nutzer/-innen selbst bestimmen können, in welchem Umfang das Smartphone eingesetzt werden soll.

Die ständige Nutzung des Smartphones hat sicherlich viele Nachteile, wie z. B. Stress durch die dauerhafte Erreichbarkeit oder die Tatsache, dass man sich oftmals nur noch auf das Smartphone verlässt und davon abhängig wird. Mit einer bewussten Umgangsweise kann man diese Nachteile allerdings umgehen, sodass für mich die Vorteile überwiegen. Mit meinen Eltern habe ich z. B. die Verabredung getroffen, während der gemeinsamen Familienzeit das Handy nur im Flugmodus zu nutzen, etwa um zu fotografieren. Wenn man sich selbst einige Regeln für die Nutzung aufstellt, kann man von den Möglichkeiten des Smartphones enorm profitieren.

2. Rückkehr des Wolfes

Chancen und Probleme einer flächendeckenden Ausbreitung des Wolfs

Seit den 1990er-Jahren, als der Wolf unter Naturschutz gestellt wurde, siedeln sich in Deutschland immer mehr dieser Raubtiere an. Viele Tierschützende und Forscher/-innen freuen sich über die Rückkehr der wilden Vierbeiner. Es gibt aber auch große Vorbehalte von Tierhaltern, Jäger/-innen und Wanderern gegenüber einer erneuten Ausbreitung der großen Raubtiere.

In vielen Märchen ist die Rede vom „bösen Wolf" und dieser Mythos hält sich bis heute. So haben beispielsweise viele Wanderer und Waldspaziergänger/-innen Angst vor einer Begegnung mit diesem Raubtier. Auch Schafzüchter/-innen sehen die Ausbreitung der Wölfe kritisch. Immerhin rissen Wölfe im Jahr 2018 in Sachsen 170 Schafe und Ziegen.

Wölfe jagen jedoch vor allem Wildschweine und Rehe, weshalb Jäger/-innen sie oft als Konkurrenten sehen. Sie haben Angst, dass die Bestände der Beutetiere durch die vermehrte Ansiedlung der Wölfe zurückgehen könnten.

Damit erschöpfen sich aber bereits die Argumente gegen den Wolf. Insgesamt lässt sich sagen, dass Deutschland ausreichend Platz bietet für die erneute Ansiedlung der Raubtiere. Nach einer Studie des Bundesamts für Naturschutz hätten hierzulande rund 400 Rudel Platz.

Die Gefahr, dass Wölfe Nutztiere reißen, lässt sich in der Regel mit entsprechendem Schutz der Herden durch Zäune oder Herdenschutzhunde abwenden. Zudem zeigt eine Untersuchung in der Lausitz im Jahr 2012, dass weniger als ein Prozent der Beutetiere Nutztiere waren.

Auch die Angst von Wanderern und Spaziergängern ist meist unbegründet. Wölfe sind sehr scheue Tiere und meiden den Kontakt mit Menschen. Das Bild vom „gefährlichen Wolf" stammt vermutlich aus einer Zeit, in der es in Deutschland noch Tollwut gab. Damals fielen infizierte Exemplare tatsächlich hin und wieder Menschen an. Doch die Tollwut gilt in Deutschland seit 2008 als ausgerottet.

Jahrhundertelang sorgten Wölfe für ein natürliches Gleichgewicht. Anders als Jäger/-innen können sie gezielt schwache und kranke Tiere fangen. Naturschützer/-innen befürworten deshalb eine Rückkehr der Wölfe.

Wie die Argumentation gezeigt hat, gibt es sicherlich Bedenken gegenüber einer flächendeckenden Ansiedlung der Raubtiere. Viele der angeblichen Probleme sind jedoch übertrieben, wie etwa die bei vielen tief sitzende Angst vor Wölfen als einem lebensgefährlichen Raubtier. Andere Streitpunkte wie der Herdenschutz lassen sich durch entsprechende Maßnahmen weitgehend regeln.

Meiner Meinung nach ist eine Rückkehr des Wolfes in viele Regionen Deutschlands wünschenswert. Immerhin hat das Raubtier jahrhundertelang für ein Gleichgewicht in der Natur gesorgt. Außerdem ist der Mensch für den Wolf weitaus gefährlicher als umgekehrt – man denke nur an den Straßenverkehr, dem bereits viele Exemplare zum Opfer gefallen sind. Ich finde es deshalb gut, wenn der Wolf wieder ein Bewohner unserer heimischen Wälder wird, auch wenn ich bei einer Begegnung im Wald vermutlich trotzdem ein mulmiges Gefühl hätte.

3. Generation Internet

Vorteile und Gefahren der Internetnutzung

Das Internet begegnet einem heutzutage an fast jeder Ecke. In vielen Cafés oder Bars ist eine kostenlose Internetnutzung möglich, nahezu alle Werbeplakate führen ihre Website auf. Die meisten Kaufhäuser und Boutiquen bieten zusätzlich einen Onlineshop an. Sogar mit fast jedem Handy ist es heute möglich, E-Mails abzurufen oder mobil das Internet zu nutzen. Doch ob das World Wide Web tatsächlich nur Vorteile mit sich bringt, ist fraglich.
Die einfache Nutzung des Internets macht es jedem möglich, sich durch das Netz zu klicken. Jedoch stößt man dabei auch schnell auf Seiten, deren Inhalte nicht für Jugendliche geeignet sind. Zum Beispiel können ganz leicht gewaltverherrlichende Videos und Spiele runtergeladen werden. Diese verbreiten sich blitzschnell unter den Minderjährigen. Aufgrund der Vielzahl solcher Seiten ist es schwer, dagegen vorzugehen. Kaum wird eine Seite gesperrt, entsteht woanders eine ähnliche.
Jedem Internetnutzer ist es möglich, auf den entsprechenden Plattformen verschiedenste Videos, Bilder oder Inhalte hoch- zuladen und somit in Umlauf zu bringen. Dadurch verbreiten sich sehr schnell falsche Informationen zu verschiedenen Themen. Diverse Webseiten bieten Informationen zu jeglichen Themen, die frei genutzt, aber auch von jedem beliebig ergänzt werden können. So können beispielsweise bei einer Recherche für ein Schulprojekt viele Fehler entstehen, da man sich auf die Inhalte aus dem Internet verlässt.
Ein weiterer Grund, der gegen das Internet spricht, ist die Gefahr, schnell und unwissend einen Vertrag abzuschließen. Ein Beispiel dafür sind die vielen Handyanbieter, die mit interessanten Angeboten zur Internetnutzung werben. Das Handy kann mit diversen Klingeltönen, Spielen und Videos bestückt werden. Die Gefahr dabei ist, dass im Internet oft ein Vertragsabschluss schon durch einen einzigen Mausklick getätigt wird. Die All-gemeinen Geschäftsbedingungen sind so gut versteckt, dass sie selten vorab gelesen werden. Schnell schließt man einen Vertrag ab, z. B. für ein Klingeltonabo. Viele Vertragsabschlüsse im Internet bemerkt der Nutzer noch nicht einmal. Erst mit der ersten Rechnung fällt auf, was abgeschlossen wurde. Leider ist es dann oft zu spät, das Widerrufsrecht zu nutzen.
Im Netz tummeln sich die unterschiedlichsten Communities, für jeden ist etwas dabei. Hier kann man gemeinsame Interessen austauschen, mit Freunden in Kontakt bleiben oder neue Kontakte knüpfen. Die Anonymität des Internets macht es leicht, auf Leute zuzugehen. Diese anzusprechen, ist kein Problem. Schnell hat man auf diversen Plattformen über 200 „Freunde". Mit ihnen kann man sich über alles mögliche austauschen oder einfach nur belanglos chatten. Eine krumme Nase, Übergewicht oder die gehasste Zahnspange interessieren hier nicht. Im Internet kann sich jeder so darstellen, wie er schon immer sein wollte.
Ehe man sich versieht, verbringt man Stunden vor dem Computer und chattet mit fast Unbekannten. Zu jeder Tages- und Nachtzeit sind Leute online, immer ist ein Gesprächspartner erreichbar. Dies kann schnell zur Sucht werden oder zu Ver-einsamung führen. Dann kann einen noch nicht mal das beste Freibadwetter vom Computer weglocken. Einem Club oder Verein beizutreten, scheint unsinnig, schließlich ist man doch in diversen Communities. Reale soziale Kontakte werden vernachlässigt. Es besteht durchaus die Gefahr, dass sich Jugendliche in der Welt des Internets verkriechen.
Für andere wiederum bringt das Internet viele Vorteile mit sich. Die weltweite Vernetzung vereinfacht den Alltag. Die Nutzung ist simpel und fast von überall aus möglich. Zum Beispiel kann Shopping mit dem Internet bequem von zu Hause aus gemacht werden. Ob

einfach nur Kleidung, Bücher oder CDs, ja sogar Elektrogeräte, alles kann per Onlineshop erworben werden. Viele Foren bieten Bewertungen an. Sie zeigen, wie beliebt welches Produkt ist und welches wiederum sehr schlecht abgeschnitten hat. Das ermöglicht dem Nutzer, von den Erfahrungen der anderen zu profitieren.
Auch eine Vielzahl an Lern- und Recherchemöglichkeiten wird im Internet angeboten. Wer zum Beispiel auf den richtigen Seiten sucht, braucht nicht mehr zu den verschiedensten Büchern zu greifen. Eine gezielte Abfrage gewünschter Informationen ist mit ein paar Mausklicks zu erreichen. Hier gibt es ebenso Möglichkeiten, sich auszutauschen, Tipps zu bekommen oder weiterzugeben.
Auch bei großen Firmen ist das Internet zu einem wichtigen Bestandteil geworden. Ein Beispiel hierfür sind Bewerbungen. Viele Firmen wünschen die Unterlagen der Bewerber nur noch online und nicht mehr in Papierform. Das erleichtert sowohl dem Bewerber als auch der zuständigen Personalabteilung die Arbeit. Stellenanzeigen werden oft nicht mehr in Zeitungen abgedruckt, sondern auf entsprechenden Plattformen platziert, um die jeweiligen Interessenten gezielt ansprechen zu können.
Auch für den Privatgebrauch sind die verschiedensten Einrichtungen im Internet vertreten und ermöglichen ein schnelles Abrufen bestimmter Termine, Veranstaltungen oder Programme per Mausklick. Auch Fahrpläne und Verbindungen von Zügen, U-Bahnen und Bussen kann der Nutzer im Netz schnell finden.
Viele Jugendliche nutzen das Internet in ihrer Freizeit. Sie treten Communities bei, um so mit Freunden in Kontakt zu bleiben. Bekannte, die in eine andere Stadt oder sogar ins Ausland gezogen sind, sind via Internet schnell und einfach zu erreichen. Zudem kann man nach alten Schulfreunden suchen, sehen, was wer heute so macht, was für ein Beruf gelernt wurde oder was er oder sie studiert. Wen hat es in welche Stadt verschlagen und wer sieht jetzt wie aus?
Die Zeiten des reinen Schriftverkehrs per E-Mail oder gar per Brief sind längst vorbei. Heute kann man online ganze Fotoalben präsentieren. Schnell können sich alle Freunde die Fotos der letzten Geburtstagsparty anschauen. Das Album kann außerdem durch Sprüche und Kommentare ergänzt werden. Auch wenn man sich nicht täglich sieht, kann man so am aktuellen Geschehen der Freundin oder des Kumpels teilhaben.
Schnell und einfach lassen sich Nachrichten verfassen und anders als per Telefon kann jeder antworten, wann es ihm zeitlich passt.
Meiner Meinung nach ist das Internet eine einfache und schnelle Möglichkeit, um auf Informationen jeglicher Art zuzugreifen. Viele Termine vereinbare ich per E-Mail und auch ich bin in einer Internetcommunity. Dadurch bleibe ich mit Freunden und Bekannten in Kontakt. Jedoch sollte man sich stets vor Augen führen, dass gerade im Internet jeder Zugriff auf private Angaben hat. Man sollte sich schützen, indem man nicht zu viel von sich preisgibt. Bei Problemen oder Sorgen sollte man lieber direkt zu seinen besten Freunden gehen, um nach Rat zu fragen. Wer das Internet überlegt nutzt, hat viele Vorteile und kann sich vieles erleichtern.

4. Brief

Liebe Ameise,

ich wollte mich mal kurz bei Dir melden, um Dir für Deinen außerordentlich hilfreichen Rat zu danken. Denn hättest Du mich nicht an der Haustür abgewiesen und mir gesagt, ich solle tanzen, wenn ich was zu essen bräuchte, wäre ich nie vom Ballett engagiert worden. Ich habe so eine großartige Zeit hinter mir, in der ich sehr viel erlebt habe. Aber weißt Du, was das Beste ist? Ich werde nie wieder hungrig oder ohne Dach über dem Kopf sein, denn ich habe beim Ballett so viel verdient, dass ich mir jetzt ein Haus im Süden kaufen kann. Dort gibt es keinen Winter und ich kann es mir das ganze Jahr gut gehen lassen. Tja, liebe Ameise, und all das war nur möglich, weil Du so egoistisch warst.

Viele sonnige Grüße!
Deine Grille

5. Tagebucheintrag

Liebes Tagebuch,

heute bin ich mal wieder mächtig sauer. So sauer, dass ich platzen könnte. Die Welt ist einfach extrem ungerecht.
Es ging wie immer um das Thema „Weggehen". Ich habe wirklich versucht, meiner Mutter klarzumachen, dass sie sich keine Sorgen machen muss. Aber sie wollte es einfach nicht verstehen. Sie hat mir gar nicht erst zugehört, sondern gleich total motzig reagiert. Dabei dürfen alle meine Freunde auch bis zwei Uhr wegbleiben. Aber da sagt sie gleich, dass ich nicht die anderen sei und dass die anderen sie auch nicht interessieren. Das ist total ungerecht. Man könnte meinen, ich sei zwölf und nicht 17. Es ist doch nicht normal, dass ich in meinem Alter schon um 23 Uhr zu Hause sein muss.
Von keinem werde ich ernst genommen und es ist echt peinlich, wenn mein Vater pünktlich um 23 Uhr vor der Disco auf mich wartet oder – noch schlimmer – reinkommt, um mich zu holen. Da bleibe ich lieber gleich zu Hause, bevor ich mich blamiere. Aber das ist meinen Eltern ja grad recht.
Warum können sie denn nicht endlich aufhören, mich ständig zu kontrollieren? Ich versteh ja, dass sie sich Sorgen um mich machen, aber ich bin doch nicht allein unterwegs und nach Hause bringen würde mich auch jemand.
Außerdem waren sie früher ja viel schlimmer als ich. Wenn sie mir manchmal erzählen, welche Erfahrungen sie so gemacht haben und wo sie überall waren, dann verstehe ich noch viel weniger, warum sie mich nicht auch meine Erfahrungen sammeln lassen.

6. Rede

Liebe Zuhörerinnen und Zuhörer,

die Coronapandemie hat die ganze Welt verändert. Häufig streitet man sich über Maßnahmen, Masken oder Impfen. Doch dabei vergessen die Erwachsenen oft, mit welchen Einschränkungen Kinder und Jugendliche seit Jahren zu kämpfen haben. Wochenlang waren die Schulen geschlossen, teilweise mussten Schüler/-innen mit dem Smartphone am digitalen Unterricht teilnehmen, weil nicht jede Familie so viele Geräte besitzt. Wir durften uns nicht mehr mit Freundinnen und Freunden treffen, auf Spielplätze gehen oder am Fußballtraining teilnehmen. Während sich manche über Masken im Supermarkt beschweren, mussten wir sie ununterbrochen im Unterricht tragen. Wir haben uns regelmäßig getestet, auf Klassenfahrten und Abschlussfeiern verzichtet und vor allem Rücksicht auf die Älteren genommen. Doch scheinbar wurden wir dabei trotzdem immer von Politik und Gesellschaft übersehen. Deshalb stehe ich heute stellvertretend hier. Ich hoffe, ich konnte Ihre Aufmerksamkeit für die Bedürfnisse von Kindern und Jugendlichen in Zeiten der Pandemie gewinnen.

Vielen Dank!

Teil A. Sprachbetrachtung

Aufgaben

1. (A) 1,6 Milliarden Tonnen Lebensmittel: Subjekt
(B) konsequent: Modaladverbiale (Adverbiale der Art und Weise)

2. Lebensmittel werden aufgrund langer Distanzen häufig mit dem Flugzeug importiert, **obwohl/obgleich** der Transport per Luftfracht nicht umweltfreundlich ist.
oder
Obwohl/obgleich der Transport per Luftfracht nicht umweltfreundlich ist, werden Lebensmittel aufgrund langer Distanzen mit dem Flugzeug importiert.

3. Mitglieder privater Initiativen wollen im Hinblick auf Nachhaltigkeit Hersteller **zu einem Umdenken** bewegen.
oder
Im Hinblick auf Nachhaltigkeit wollen Mitglieder privater Initiativen Hersteller **zu einem Umdenken** bewegen.
oder
Zu einem Umdenken im Hinblick auf Nachhaltigkeit wollen Mitglieder privater Initiativen Hersteller bewegen.

4. (A)

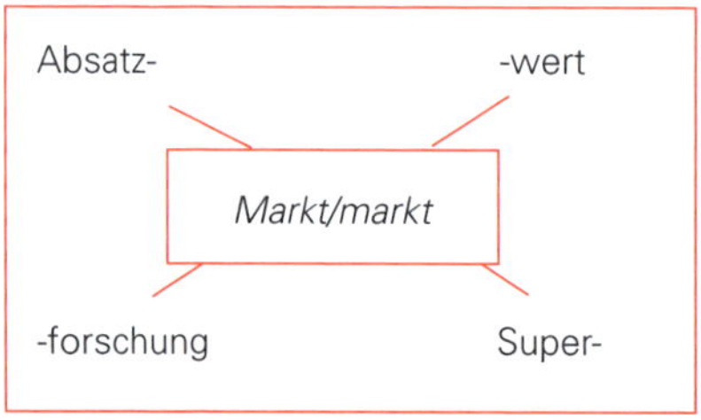

(B)

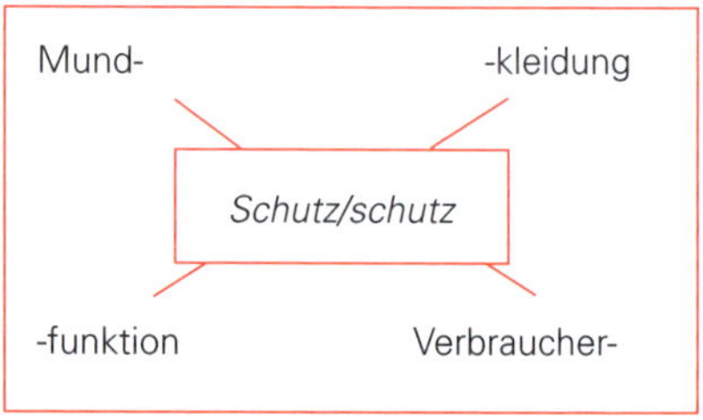

5. „Die zunehmende Lebensmittelverschwendung **wird** weitreichende Folgen haben", mahnt ein Experte.
oder
Ein Experte mahnt: „Die zunehmende Lebensmittelverschwendung **wird** weitreichende Folgen haben."
oder
„Die zunehmende Lebensmittelverschwendung", mahnt ein Experte, „**wird** weitreichende Folgen haben."

6. ☒ Das Wegwerfen von Lebensmitteln ist einem Verlust von 1,2 Millionen Dollar gleichgekommen.

Teil B. Rechtschreiben

Aufgaben

1. - **D**rittel
   - e**th**isches
   - wel**tw**eit
   - u**nn**ötig

2.

biss	Er **biss** in einen saftigen Apfel.
bis	Der Unterricht geht von 8.00 Uhr **bis** 13.00 Uhr.

3. (A) ☒ frühmorgens.
   (B) ☒ wertschätzt.
   (C) ☒ initiiert.
   (D) ☒ statt.

4 ☒ Gerade erst haben Mitglieder dieser Aktionsgruppe in mehreren Bäckereien übrig gebliebene Backwaren abgeholt und an Bedürftige verteilt.
☒ Unternehmen in der Agrarwirtschaft, in der Lebensmittelindustrie und im Handel könnten wesentlich dazu beitragen, Lebensmittel zu sichern.

Teil C. Schriftlicher Sprachgebrauch

Text 1: „Was so in mir steckt"

1. **Inhaltsangabe**

   In dem Textauszug aus dem Roman „Was so in mir steckt" von Barry Jonsberg befragt ein Dreizehnjähriger seine Eltern zum Thema „Liebe".
   Beim Frühstück fragt der frisch verliebte Dreizehnjährige seine Eltern, ob sie sich noch verliebt fühlen. Während der Vater Zeitung liest und gar nicht zuhört, beantwortet die Mutter bereitwillig seine Fragen. Sie beschreibt, wie sich die Liebe zwischen zwei Menschen im Lauf der Zeit verändert. Aus körperlicher Anziehung entwickeln sich Zuneigung, gegenseitiges Vertrauen und blindes Verstehen, vor allem auch in alltäglichen Dingen. Als der Vater mit der Zeitung fertig ist und nach der Liebe gefragt wird, gibt er eine unerwartete Antwort.

2. **Sprachliche Bilder**

   a) Erklärung und Vergleich:
   - Das „Flattern in der Magengrube" beschreibt ein positives Gefühl im Körper, eine positive Aufregung und ist ein Zeichen für Verliebtsein.
   - Wenn der „Magen sich umdreht", ist das ein Zeichen von Abscheu und Ekel, ein sehr negatives Gefühl.

   Bei beiden Sprachbildern steht der Magen, also das Bauchgefühl, im Mittelpunkt. Die Sprachbilder beziehen sich auf eine Person, drücken aber entgegengesetzte, nämlich positive und negative Gefühle aus.

b) ▶ „Ruhe vor dem (...) Sturm" (Z. 6)
▶ „Nest von Grautönen" (Z. 11)
▶ „einen Bauch wie ein Segel bei starkem Wind" (Z. 16 f.)
▶ „Vielleicht sind die Haare (...) gen Süden abgewandert." (Z. 20 f.)
▶ „Licht ins Dunkel bringen" (Z. 34)
▶ „Schmetterlinge im Bauch" (Z. 58 f.)

3. Aussage erläutern und mit eigenem Beispiel erklären

Rob hat verstanden, dass seine Mutter die Frage ironisch gemeint hat, weil das Wort „studieren" in diesem Zusammenhang eine Übertreibung ist, weil er ihrer Meinung nach zu jung für die Liebe ist. Er fühlt sich durch diese Betonung nicht ernst genommen. Ähnlich ironisch können folgende Fragen von Eltern klingen, mit denen sie eigentlich wissen wollen, was hinter einem Verhalten steckt:

- „Seit wann interessierst du dich denn für die Theatergruppe?"
- „Ein Tanzkurs ist für dich plötzlich genauso wichtig wie das Schwimmen oder Radfahren?"
- „Seit wann legst du so viel Wert auf Körperpflege?"
- „Solltest du tatsächlich deine Liebe für Hausaufgaben entdeckt haben?"

4. Inneren Monolog verfassen

Golf? Was für eine blöde Antwort! Anscheinend hat er gar nicht gehört, worüber Mum und ich gesprochen haben. An Mum denkt er bei der Frage gar nicht. Das kränkt sie bestimmt. Und sie hat mir doch so gut erklärt, wie das mit der Liebe ist, wenn das erste Verliebtsein vorbei ist. Der hat doch keine Ahnung von Liebe! Oder liebt er Mum etwa gar nicht mehr? Vielleicht ist es ihm auch unangenehm, über dieses Thema zu sprechen oder er nimmt uns beide nicht ernst und will uns veralbern.

5. Zitat erklären und mit der Aussage der Mutter vergleichen

Oscar Wilde will damit sagen, dass in der Liebe Äußerlichkeiten nicht wichtig sind. Die Liebe ist vielmehr etwas Besonderes, Vertrautes, Verbindendes zwischen zwei Menschen, etwas, das nur diese beiden miteinander kennen. Robs Mutter sagt im Prinzip dasselbe, nur mit anderen Worten. Das Lied bei Oscar Wilde ist bei Robs Mutter das gegenseitige Vertrauen, die Zuneigung und das Verstehen auch ohne Worte.

6. Bewertung der Unterhaltung von Robs Familie mithilfe der Kriterien in der Grafik

- Rob will beim Frühstück mit seinen Eltern reden, weil die Familie da noch nicht unter Zeitdruck ist.
- Die Mutter erfüllt alle Kriterien: Sie hört zu, nimmt ihren Sohn ernst und ist offen und ehrlich.
- Zwischen ihr und dem Sohn herrscht Vertrauen. Deshalb spricht sie so offen über die Liebe und Rob erzählt ihr, dass er glaubt, sich verliebt zu haben.
- Der Vater nimmt sich dagegen keine Zeit für ein Gespräch. Er nimmt sein Gegenüber nicht ernst, hört nicht zu und lässt sich nicht auf das Thema ein. Seine Antwort könnte außerdem als unhöflich ausgelegt werden.

7. Gliederung und Erörterung

Vor- und Nachteile sozialer Beziehungen

Gliederung

A Einleitung
- Wie wichtig soziale Kontakte sind, zeigte sich im Coronalockdown.
- In der Gruppe kann es aber auch zu Konflikten kommen.

B Hauptteil: Inwiefern sind zwischenmenschliche Beziehungen positiv?
Welche Herausforderungen können damit verbunden sein?

I. Inwiefern sind soziale Kontakte positiv?

1. In der Familie
   1.1 Geborgenheit in der Familie
   1.2 Entwicklung der Persönlichkeit
2. In der Schule
   2.1 Einüben von Sozialverhalten
   2.2. Gesellschaftlicher Nutzen
3. In der Freizeit
   3.1 Zusammen mit anderen jubeln
   3.2 Anregungen und Anerkennung im Freundeskreis

II. Welche Herausforderungen können mit sozialen Kontakten verbunden sein?

1. In der Familie
   1.1 Zusammenleben auf engem Raum
   1.2 Konkurrenz unter Geschwistern
2. In Schule und Gesellschaft
   2.1 Konkurrenzkampf
   2.2 Mobbing
   2.3 Diskriminierung

C Schlussgedanke: Die positiven Seiten überwiegen deutlich.

Ausarbeitung

A Bekanntlich ist der Mensch „ein Herdentier" und will nicht alleine sein. Wir alle haben viele soziale Beziehungen, z. B. in der Familie, in der Schule oder in einem Freundeskreis. Wie wichtig das ist, lernten wir während der Coronawellen in den vergangenen Jahren. Plötzlich durften wir nicht mehr in die Schule, Spielplätze wurden geschlossen, ebenso Jugendhäuser, Sportanlagen, Geschäfte, Discos und Restaurants. Wir durften uns nicht mehr mit Freundinnen und Freunden treffen, sogar Verwandtenbesuche waren nicht mehr erlaubt.
Viele Kinder und Jugendliche genossen es zunächst, zu Hause bleiben zu können, keinen Schulstress zu haben, viele Erwachsene konnten jetzt daheim arbeiten und es gab keinen stressigen Verkehr mehr.
Aber in vielen Familien kam es auch zu Konflikten. Die Kinder langweilten sich, sie vermissten ihren Freundeskreis, den Sport, das Ausgehen mit Freundinnen und Freunden. Die Eltern waren überfordert, mussten ihre Arbeit neu organisieren, außerdem gleichzeitig arbeiten und für ihre Kinder da sein.
Zwischenmenschliche Beziehungen wurden vermisst, andererseits in engen Wohnungen aber auch als Problem empfunden.

B I. Positive Kontakte gibt es in vielen Bereichen.

1. Das Leben in der Familie schafft Vertrauen und Geborgenheit, weil man zu ihr gehört.

1.1 In der Familie übernehmen die Eltern die Verantwortung für die Kinder, aber auch ältere Geschwister für jüngere. Dadurch hat man ein Gefühl von Sicherheit. Das ist die Voraussetzung dafür, sich zu einem selbstbewussten Menschen zu entwickeln, der seine Meinung vertritt, aber auch bereit ist, Verantwortung für andere zu übernehmen und sich zu engagieren.

1.2 Außerdem wird man von der Familie geprägt. Hier gibt es bestimmte Regeln und Rituale und feste Verhaltensmuster. Davon wird jedes Familienmitglied beeinflusst und die gemeinsame Familiengeschichte verbindet sie miteinander. Deshalb sind sich Familienangehörige auch besonders nahe. Hier muss man nichts erklären, jedes Familienmitglied kennt die anderen sehr genau und man darf sich auch mal gehen lassen. In der Familie hat man die engsten sozialen Kontakte und wird als Persönlichkeit geprägt.

2. Die Schule ist ein sehr wichtiger Bereich im Leben von Kindern und Jugendlichen.

2.1 Man kommt in der Klasse mit oft zunächst völlig fremden Menschen zusammen, muss lernen, mit ihnen auszukommen. Man muss lernen, im Team zu arbeiten, Konflikte zu lösen, auf andere Rücksicht zu nehmen, aber auch, sich durchzusetzen und seine Meinung zu vertreten. Dabei lernt man eigene Stärken und Schwächen kennen, kann sich selbst entwickeln, von anderen unterstützt werden und andere unterstützen. Gemeinsam geht vieles einfach besser. Auch diese sozialen Kontakte sind also auf jeden Fall eine Bereicherung.

2.2 Dazu kommt, dass zum Beispiel Vorurteile abgebaut werden können, weil man dort mit Menschen zusammenkommt, mit denen man sonst vielleicht nicht zusammen wäre, zum Beispiel Kinder und Jugendliche mit ganz anderen Erfahrungen, mit Einschränkungen oder solche, die aus anderen Ländern stammen. Wer im Laufe seiner Schulzeit solche Freundinnen und Freunde gewinnt, diskriminiert andere nicht so schnell und lehnt Fremdes nicht von vornherein ab. Toleranz ist etwas sehr Wichtiges für unsere Gesellschaft.
Auch Gleichberechtigung und Gerechtigkeit können nur im Umgang mit anderen erlernt werden. In vielen Schulen gehören beispielsweise Schüler/-innen mit Behinderung selbstverständlich dazu. Davon profitieren alle, denn das fördert Hilfsbereitschaft und das Gefühl einer sozialen Verantwortung.

3. In der Coronazeit waren Freizeitaktivitäten stark eingeschränkt, das war besonders für Jugendliche sehr schwierig.

3.1 Konzerte, Feste oder Fußballspiele sind gerade sehr gut besucht, denn man kann wieder gemeinsam feiern, tanzen und Spaß haben. Es ist schön, zusammen mit anderen zum Fußball oder Basketball zu gehen oder das Team seines Vereins bei Sportveranstaltungen anzufeuern. Das ist etwas ganz anderes, als Sportereignisse am Fernseher oder Smartphone zu verfolgen. Gute Laune steckt an – und falls der Verein verliert: Geteiltes Leid ist halbes Leid.

3.2 Auf Freundinnen und Freunde können Jugendliche einfach nicht verzichten. Mit ihnen können sie abhängen, lachen und diskutieren, shoppen, zu Veranstaltungen gehen oder über Kummer reden, ihnen vielleicht sogar in schwierigen Situationen Hilfestellung geben. Vieles davon war im Lockdown nicht möglich. Umso mehr genießen es viele Jugendliche heute, dass sie wieder mit anderen zusammen etwas unternehmen zu können.

II. Menschliche Beziehungen können aber auch eine ziemliche Herausforderung sein und Konflikte mit sich bringen.

1.1 Besonders in einer Familie ist das Zusammenleben manchmal schwierig, weil man in einer Wohnung und selbst in einem Haus letztlich eng aufeinandersitzt. Zum Beispiel haben nicht alle Kinder und Jugendlichen ein eigenes Zimmer und damit eine Möglichkeit, sich mal zurückzuziehen. Innerhalb der Familie sollen die Bedürfnisse aller berücksichtigt werden, das heißt für alle, Rücksicht zu nehmen, ob im Badezimmer oder beim Fernsehprogramm oder bei der Frage, wie aufgeräumt ein Zimmer sein soll. Da kann es schnell zu Zusammenstößen und Auseinandersetzungen kommen.

1.2 Oft beobachten sich Geschwister gegenseitig ziemlich genau, weil sie auf keinen Fall benachteiligt werden wollen. Je nach Alter haben nicht alle die gleichen Freiheiten, manchmal reagieren die Erwachsenen bei Problemen ungerecht. Manche Kinder oder Jugendliche fühlen sich überfordert und reagieren frustriert, weil sie z. B. in der Schule oder im Sport nicht so gut sind wie die Schwester oder der Bruder. Manche müssen viel von ihrer Freizeit für jüngere Geschwister opfern, andere setzen sich durch, weil sie älter oder stärker sind. Konflikte gehören dort oft zum Alltag.

2.1 Ähnlich sieht es in der Schule aus. Wer ist die oder der Klügste, Stärkste, Sportlichste oder Schönste? Wer gehört zu welcher Clique, wer ist bei den Lehrer/-innen beliebt? Wer kann mit dem neuesten Smartphone oder dem coolsten Fahrrad angeben? Das führt bei manchen schnell dazu, sich als Versager/-in zu fühlen und die eigenen Talente und Fähigkeiten gar nicht mehr zu sehen. Das gilt selbst für die Erwachsenen, denn auch bei ihnen gibt es viel Konkurrenzkampf. Am Arbeitsplatz zum Beispiel zählt oft nur die Leistung, und wer die nicht bringt, wird schnell ausgegrenzt.

2.2 Manche Menschen, ob Kinder, Jugendliche oder Erwachsene, wehren sich dadurch, dass sie andere mobben. Indem man den anderen klein macht, fühlt man sich vielleicht selbst größer. Dazu gibt es viele Gelegenheiten, denn man trifft sich immer wieder, sei es in der Schule, im Verein oder auf dem Sportplatz. Manche buttern dann Schwächere skrupellos unter, um sich stark zu fühlen und von anderen bewundert zu werden. Doch für die Gemobbten wird das Leben zur Hölle. Das Zusammenleben braucht generell Regeln, die auf gegenseitigem Respekt gründen. Soziale Konflikte sind normal, die Frage ist, nach welchen Regeln man sie austrägt.

2.3 Besonders schwierig ist die Situation oft für Menschen, die einer Minderheit angehören. Wer nicht der Mehrheitsgesellschaft entspricht, sich z. B. durch Hautfarbe, eine Krankheit oder durch einen anderen Lebensstil von der Masse unterscheidet, ist häufig von Diskriminierung betroffen. Dann sind menschliche Beziehungen sehr oft eine große Herausforderung, weil man Ausgrenzung oder Anfeindungen ausgesetzt ist.

C Doch ohne menschliche Kontakte ist man einsam. Einsamkeit macht traurig und schwach. So kompliziert das Zusammenleben manchmal sein mag, die Lebensqualität hängt entscheidend von sozialen Kontakten ab. Das Zusammensein mit anderen Menschen bedeutet Austausch, Anregung, Hilfestellung, wenn nötig, Lebensfreude teilen und gemeinsam Schönes erleben. Dazu ist es nötig, früh zu lernen, wie man mit zwischenmenschlichen Konflikten umgehen kann. Die Nachteile fehlender Kontakte und die Herausforderungen für zwischenmenschliche Beziehungen haben wir alle in der Zeit des Lockdowns erlebt. Möglicherweise können uns diese Erfahrung in der Zukunft helfen.

Text 2: „Deutschland, wir haben ein Müllproblem"

1. Inhaltsangabe

Martin Franke schrieb in der Frankfurter Allgemeinen Woche im Oktober 2020 den Artikel „Deutschland, wir haben ein Müllproblem" über zunehmenden Müll in Städten und Landschaften, woher er kommt und wie er bekämpft werden kann.
Dabei konzentriert er sich auf das „Littering", d. h., das Wegwerfen von kleineren Gegenständen wie Zigarettenstummel oder Kaffeebecher. In Singapur kostet so ein Verhalten viel Geld oder man muss sogar Sozialstunden mit Putzen ableisten. Das führt dazu, dass Singapur sehr sauber ist. In Deutschland verschmutzen Städte und Landschaften zunehmend, die Reinigung kostet Steuerzahler/-innen viel Geld. Eine Studie der Humboldt-Universität Berlin sagt, dass hauptsächlich jüngere Menschen Müll einfach wegwerfen, aus Bequemlichkeit, Faulheit oder weil es ihnen egal ist. Hinzu kommen Egoismus und fehlende Eigenverantwortung. In Deutschland wird das Littering nur als Ordnungswidrigkeit bestraft. Wie die Schweiz versucht auch die Stadt Frankfurt, die Menschen für dieses Problem zu sensibilisieren, beispielsweise durch Sauberkeitsbotschafter/-innen. Andere Städte erheben höhere Bußgelder oder eine Extrasteuer auf Verpackungen, wie z. B. Tübingen. Doch auch das ist bundesweit nicht einheitlich geregelt. Ein Experte sagt, die Vermüllung liege vor allem daran, dass die Menschen viel öfter als früher unterwegs etwas essen und trinken *(to go)* sowie am vielen Plastikmüll durch Einwegverpackungen. Er setzt auf ein ganzheitliches Konzept und will dabei verschiedene Wege gehen: die Menschen für das Problem sensibilisieren, Littering bestrafen und Hersteller von Plastikartikeln einbeziehen. Außerdem soll mehr darauf geachtet werden, wie Innenstädte einfacher sauber gehalten werden können.

2. Zuordnen von Fremdwörtern aus dem Text

a) Zwangsmaßnahmen:	Sanktionen (Z. 12)
b) bedeutsam, kennzeichnend:	signifikant (Z. 33)
c) sehr genau, fast kleinlich:	penibel (Z. 72)
d) sich für etwas aussprechen:	plädiert (Z. 77)

3. Möglichkeiten zur Vermeidung von „Littering"

a)
- „In Frankfurt laufen sogenannte Sauberkeitsbotschafter durch die Innenstadt, um für Reinlichkeit zu werben." (Z. 51 ff.)
- „Während manche die Bußgelder empfindlich nach oben schrauben, (...)" (Z. 59 f.)
- „Gerade hat die Studentenstadt Tübingen beschlossen, als erste Kommune des Landes eine Verpackungssteuer für Einwegverpackungen einzuführen." (Z. 62 ff.)
- „Wer in Niedersachsen beispielsweise mehrere Fahrzeugbatterien unsachgemäß entsorgt, muss mit einer Strafe von bis zu 25 000 Euro rechnen." (Z. 73 – 76)

b)
- Singapur: Gefängnis, Strafe zahlen oder Sozialstunden ableisten
- Schweiz: Sensibilisierungsmaßnahmen

4. Formulierungen erläutern

a) Von einem egozentrischen Weltbild spricht man, wenn jemand die eigenen Ansichten absolut in den Mittelpunkt stellt. Man achtet nur auf die Erfüllung eigener Interessen und Bedürfnisse, ohne an die Auswirkungen auf andere oder die Umwelt zu denken. Im Text bezieht es sich auf die Jugendlichen, die aus „‚Bequemlichkeit, Faulheit und Gleichgültigkeit'" (Z. 31 f.) nicht daran denken, ihren Müll selbst wegzuräumen. Sie gehen selbstverständlich davon aus, dass andere das erledigen.

b) Portemonnaie bedeutet Geldbeutel. Diese Menschen hören mit ihrem schädlichen Verhalten nur dann auf, wenn sie eine Geldstrafe dafür bekommen oder wenn das Produkt viel mehr kostet, zum Beispiel, weil eine Verpackungssteuer dazukommt.

5. Karikatur beschreiben und Bezug zum Schaubild herstellen

In der Karikatur M2 wird neben der Zugspitze, dem höchsten Berg in Deutschland, und dem Mont Blanc, dem höchsten Berg in Europa, ein Berg aus Wegwerfbechern für *Coffee to go* gezeigt, der genauso hoch ist wie die beiden anderen Berge. So soll veranschaulicht werden, dass die Müllberge, die durch Wegwerfartikel entstehen, riesig sind.
Im Schaubild M3 wird gezeigt, welche Kunststoffartikel seit Juli 2021 nicht mehr verkauft werden dürfen, weil man begriffen hat, welche Müllberge sich durch das Wegwerfen dieser Kunststoffartikel angehäuft haben.

6. Aufruf für die Schulhomepage zur Bewerbung für das Prädikat „Umweltschule in Europa"

Hallo, liebe engagierte, ideenreiche Mitschüler/-innen!

Wie ihr vielleicht schon gehört habt, bewirbt sich unsere Schule für das Prädikat „Umweltschule in Europa". Dazu sollten wir alle etwas beitragen. Wir haben auch schon ein paar gute Ideen dazu:
Anfangen könnten wir mit einem sauberen Pausenhof. Vielleicht habt ihr ja eine Idee, wie man die Papierkörbe bunter und schöner gestalten könnte, sodass sie auffallen. Wir könnten Müllscouts ernennen, die auf Sauberkeit auf dem Schulhof achten und Leute, die etwas wegwerfen, ansprechen. Schließlich ist das kein Kavaliersdelikt.
Damit bin ich schon beim Punkt „Nachhaltigkeit". Hier gibt es echt viele Möglichkeiten. Unverpackt ist in. Box statt Wegwerfbecher und Styroporverpackung! Die kann man immer wieder verwenden, auch für Obst und Gemüsesnacks. Für die Kaffeemaschine in der Schule könnten alle ihre eigene, individuelle Tasse mitbringen und nach Gebrauch kurz auswaschen. Dann wisst ihr auch genau, welches eure Tasse ist. Verwechslung ausgeschlossen!
Wenn sich der Pausenverkauf in Zukunft auf Lebensmittel aus regionalem Anbau beschränkt, ist erstens alles frisch und zweitens lassen sich energieaufwendige Transporte vermeiden! Viel CO_2 können wir auch sparen, wenn wir auf das „Taxi Mama" verzichten. Leute, kommt doch einfach zu Fuß, mit dem Fahrrad oder mit öffentlichen Verkehrsmitteln in die Schule!
Wir müssen dringend was tun, wenn wir unser Klima noch retten wollen. Das ist auch unsere Verantwortung, es ist nämlich *unsere* Zukunft.
Vielleicht habt ihr ja noch weitere gute Ideen, die helfen, dass wir die Auszeichnung „Umweltschule in Europa" kriegen! Wer Lust hat, mitzumachen und Ideen einzubringen, soll bitte am Donnerstag, 10. Mai um 14.00 Uhr in die Pausenhalle kommen. Dann können wir alles besprechen.

Eure Schülersprecherin

PS: Ich hoffe, die Stühle reichen!

7. Gliederung und Erörterung

Menschliches Verhalten kann durch Sensibilisierung verändert werden.

Gliederung

A Einleitung
- Laut feiernde Jugendliche, Hetze in den sozialen Medien
- Verbote und Strafe oder Gespräche und Respekt

B Hauptteil: Wie können wir für mehr Rücksichtnahme auf andere sensibilisiert werden?

1. Im privaten Bereich
   - 1.1 Erziehung
   - 1.2 Sprache
   - 1.3 Vorbilder
2. In der Öffentlichkeit
   - 2.1 Kritischer Umgang mit Medien
   - 2.2 Schule und Werte

C Schlussgedanke

Ausarbeitung

A Sensibel sein heißt, ein Gefühl für etwas zu haben. Sensibilisierung bedeutet, jemandem ein Gefühl für etwas beizubringen.
Menschliches Verhalten kann für andere sehr störend sein. So gab es beispielsweise während der Coronapandemie und danach in manchen Städten Ärger mit Jugendlichen, die abends und nachts auf Plätzen mitten in der Stadt, in Parks oder an Flussufern Party machten. Das war schwierig für die Anwohner/-innen, die nicht schlafen konnten, außerdem wurden die Bereiche ziemlich vermüllt. Auch Hetze im Internet und Mobbing in den sozialen Netzwerken sind sehr aktuelle Themen. In all diesen Fällen stellt sich die Frage, wie die Menschen für ein rücksichtsvolleres und mitmenschlicheres Verhalten sensibilisiert werden können.

B 1.1 Wer schon in der Familie gelernt hat, auf andere Rücksicht zu nehmen, aber auch erfahren hat, dass auf ihn oder sie Rücksicht genommen wurde, entwickelt ein Gefühl dafür, wie ein gutes Miteinander geht. So etwas lernen Kinder aber nicht nur durch die Regeln, die ihre Eltern ihnen beibringen und die sie einhalten müssen. Wichtig ist auch, dass sie verstehen lernen, warum solche Regeln wichtig sind. Das ist eine Frage des Respekts den Kindern gegenüber. Kinder können oft noch nicht die Folgen ihres Verhaltens überblicken. Wichtig ist aber, dass ihnen nicht nur einfach befohlen wird, etwas zu tun oder zu lassen, sondern auch, weshalb das so sein soll. Wenn Eltern das versäumen, wenn sie keine Lust haben, sich auf ein Gespräch mit den Kindern einzulassen und lieber befehlen oder den Kindern alles erlauben, dann kann es sein, dass die Kinder zu Egoisten werden. Sie nehmen dann im späteren Leben keine Rücksicht auf andere und wollen nur ihre eigenen Interessen durchsetzen.
Das ist sicher nicht einfach für Eltern. Lange Diskussionen und familiäre Konflikte bleiben da nicht aus. Aber letztlich tun sie ihren Kindern mit der Sensibilisierung einen Gefallen.

1.2 In solchen Diskussionen können die Kinder auch lernen, darauf zu achten, was sie sagen. Böse Worte können sehr verletzend sein und niemand lässt sich gerne beschimpfen oder beleidigen. Ein sensibler Umgang mit Sprache ist wichtig, das lässt sich schon im Elternhaus einüben. Das kann man besonders in den sozialen Medien beobachten. Die Erwachsenen müssen es aber auch vorleben.

1.3 Ganz wichtig ist, dass Eltern und andere Erwachsene Vorbilder sind. Vorbilder werden respektiert, weil man gut findet oder sogar bewundert, was sie tun oder können. Wenn diese Vorbilder rücksichtsvoll gegenüber anderen sind, lernen Kinder ein solches Verhalten fast von alleine. Dann lernen sie auch, dass bei wichtigen Entscheidungen alle berücksichtigt werden sollten. Wenn Kinder erleben, dass Erwachsene nach Lust und Laune den Ton angeben und sie selbst nichts zu sagen haben, ist das kein gutes Vorbild für den Umgang miteinander. Auch wie Mutter und Vater miteinander umgehen, prägt die Kinder. Gehen die Eltern partnerschaftlich miteinander um, werden Kinder das später nachmachen.

2.1 Aber auch in der Öffentlichkeit ist eine Sensibilisierung für mehr menschliches Verhalten wichtig und möglich. Hier haben die sozialen Medien eine wichtige Funktion. Für Jugendliche spielt das Internet eine sehr große Rolle. Sie verfolgen, was Influencer/-innen und Blogger/-innen tun und schreiben. Wer gelernt hat, dass Rücksicht auf andere richtig ist, weil man selber auch rücksichtsvoll behandelt werden möchte, lässt sich von Hetze und Hassreden nicht so schnell beeindrucken. Sie sind das Gegenteil von Respekt und zielen nur darauf ab, andere klein zu machen, zu verletzen. Das möchte niemand selbst erleben. Auch die Schulen können hier unterstützen und den Kindern und Jugendlichen einen kritischen Umgang mit Medien beibringen. Die jungen Menschen sind dann sensibilisiert für einen respektvollen Umgang auch im Netz und merken viel eher, wenn andere sie manipulieren wollen.

2.2 Letztlich geht es um die Werte, die ein gutes Zusammenleben ermöglichen. Es ist eine der vielen Aufgaben der Schule, mit den Kindern und Jugendlichen im Religions- und Ethikunterricht über solche Werte zu reden. Zu erklären, warum etwas gut oder schlecht ist für das Zusammenleben. Aufzuzeigen, was kluge Menschen dazu gesagt haben. Außerdem sollen die Kinder und Jugendlichen sich selber ihre Gedanken dazu machen und ihre Ideen äußern können.

C Menschen haben unterschiedliche Anschauungen, das ist natürlich und logisch, weil sie ganz unterschiedliche Erfahrungen im Leben gemacht haben und vielleicht aus unterschiedlichen Kulturkreisen kommen. Sie sollen ihre Anschauungen vertreten können, aber immer mit Respekt und Achtung vor anderen Menschen und deren Meinungen. Wer das schon im Elternhaus und in der Schule gelernt hat, ist auch als erwachsener Mensch für einen achtsamen Umgang mit anderen sensibilisiert.

Deutsch-Musterprüfung I

Text 1: „Künstliche Intelligenz“

1. Textsorte bestimmen und Absicht darstellen

Bei dem vorliegenden Text handelt es sich um einen Bericht. Die Absicht der Autorin und des Autors ist die Informierung der Leserschaft.

2. Nominalisierungen nennen und Funktion erläutern

a)
- zur <u>Erforschung</u> des menschlichen <u>Denkens</u> (Z. 10 f.)
- die <u>Unmöglichkeit</u> erkannt (Z. 12 f.)

oder

- die <u>Durchführung</u> einfachster Befehle (Z. 21)
- das <u>Treffen</u> eigenständiger komplexer Entscheidungen (Z. 36 f.)
- wie zum Beispiel beim <u>Lackieren</u> oder <u>Schweißen</u> (Z. 53)
- vom Zeitpunkt des <u>Schlüpfens</u> an (Z. 60 f.)

b) Der Nominalstil hat die Funktion der Informationsverdichtung. Nominalisierungen werden von Autorinnen und Autoren verwendet, um Sachverhalte knapp und präzise darzustellen. Man findet sie deshalb vor allem in fachwissenschaftlichen Artikeln, Gesetzestexten usw.

3. Ausdrücke erklären

a) hochkomplexer Vorgang: Damit ist gemeint, dass es sich um einen sehr vielschichtigen, umfassenden oder auch komplizierten Ablauf handelt.

b) basiert auf Methoden: Das bedeutet, dass sie sich auf Vorgehen/Verfahren/Arbeitsweisen aus den Bereichen Mathematik und Informatik stützt bzw. darauf beruht oder fußt.

4. Textstellen zitieren

- „Bis heute ist es nicht einmal annähernd gelungen, menschliche Verstandesleistungen als Ganzes mit Maschinen nachzuvollziehen. Ein großes Hindernis ist die Sprachverarbeitung.“ (Z. 18 – 20)
- „Starke KI beinhaltet logisches Denken, Planung, Kommunikation, das Treffen eigenständiger, komplexer Entscheidungen. Viele Forscher bezweifeln, dass diese jemals existieren wird.“ (Z. 35 – 38)

5. Aussage anhand dreier Beispiele begründen

KI ersetzt bereits heute menschliche Arbeit in vielen Bereichen, z. B. in der Medizin. Mithilfe von Robotern ist es möglich, Operationen im Tausendstel-Millimeter-Bereich durchzuführen, was viel genauer gelingt, als wenn ein Mensch den Eingriff ausführt. Auch in der Industrie können unglaublich viele menschliche Handgriffe von Robotern ausgeführt werden, beispielsweise in Produktionsstraßen. Diese sind vor allem in der Automobilindustrie zu finden. Besonders beeindruckend ist der Einsatz von KI in der Raumfahrt. Maschinen übernehmen Aufgaben in Entfernungen, in denen menschliches Eingreifen von der Erde aus kaum möglich ist.

6. Inhaltsangabe

In dem Online-Artikel „Künstliche Intelligenz" von Sabine Kern und Ingo Neumayer, der auf www.planet-wissen.de veröffentlicht wurde, geht es um die Einsatzgebiete Künstlicher Intelligenz und darum, welche Vorteile, Probleme und Grenzen KI hat.
Künstliche Intelligenz ist ein Forschungsgebiet, das versucht, den Menschen mit seinen Wahrnehmungen und seinem Handeln nachzubilden. Eine denkende Maschine zu erschaffen, ist bis heute kaum gelungen, daher erforscht man zunächst das menschliche Denken. Eines der größten Hindernisse ist die Sprachverarbeitung. Dass es jemals gelingen wird, die Leistungen des menschlichen Verstandes als Ganzes mit Maschinen nachzuvollziehen, wird von vielen bezweifelt; sollte es trotzdem gelingen, gäbe es zudem viele ethische Fragen zu klären. Wissenschaftler/-innen unterschiedlicher Disziplinen tauschen sich aus und viele unterscheiden zwischen starker und schwacher KI. Neben vielfältigen Einsatzgebieten in der Medizin, der Industrie und im Bereich Spiele gibt es Expertensysteme, die auf wenige Einsatzgebiete spezialisiert sind. Als wichtiger Baustein werden selbstlernende Systeme betrachtet. In der Raumfahrt wird KI schon seit mehr als 20 Jahren eingesetzt, ohne sie wären die erfolgreichen Marsmissionen nicht möglich gewesen.

7. a) Abbildung beschreiben

Ein Mann sitzt an einem Tisch einem Roboter gegenüber. Die beiden messen sich im Armdrücken und blicken sich dabei gegenseitig in die Augen.

b) Innerer Monolog des Mannes

Ohje, ob ich gegen dich überhaupt eine Chance habe? Du bist mir als Maschine bestimmt haushoch überlegen, weil du stärker und stabiler bist und keine Kraft verlierst. Wahrscheinlich bist du auch so programmiert, dass du schneller reagieren kannst als ich. Die einzige Chance, die ich vielleicht haben könnte, ist, dass du einen Kurzschluss hast, der Strom ausfällt oder dein Akku schlappmacht.
So, mein Lieber, gegen dich gewinn ich doch locker. So weit kommt es noch, dass mich eine Maschine besiegt, denn du bist vielleicht stärker, aber ich bin dir mit meiner Erfahrung weit überlegen. Und selbst wenn du mich besiegen solltest, kannst du dich als leblose, kalte Maschine ja gar nicht darüber freuen.

8. Gliederung und Erörterung

Vor- und Nachteile aus der Nutzung Künstlicher Intelligenz in der Altenpflege und für Berufe in diesem Bereich

Gliederung

A Einleitung
- Einsatzbereiche
- Wissenschaft versucht, die Weiterentwicklung Künstlicher Intelligenz voranzutreiben
- Pflegenotstand: Roboter als Pflegekräfte die Lösung?

B Hauptteil: Was spricht dafür, Künstliche Intelligenz in Pflegeberufen zu nutzen und was spricht dagegen?

1. Vorteile
   - 1.1 Sie sind belastbar, bewältigen körperlich anspruchsvolle Situationen mühelos
   - 1.2 Sorgfalt: Roboter sind ausdauernd, können dokumentieren
   - 1.3 Kostengünstiger als menschliches Personal

2. Nachteile
   - **2.1** Kein Teamgeist: gemeinsam mit anderen erfolgreich arbeiten ist nicht möglich
   - **2.2** Freude am engen Kontakt mit anderen Menschen – Roboter haben keine Emotionen
   - **2.3** Roboter haben keine Empathie, kein Einfühlungsvermögen oder Gespür für Bedürfnisse von Menschen

C Schlussgedanke
- ▶ Roboter sollten in diesem Bereich nicht zum Einsatz kommen
- ▶ Zukunftsperspektive – Pflegeberuf attraktiver machen

Ausarbeitung

A In der Automobilindustrie sind sie nicht mehr wegzudenken: Maschinen, die Menschen ersetzen. Roboter führen menschliche Handgriffe aus, was bei gesundheitsschädlichen oder risikoreichen Tätigkeiten von großem Vorteil ist. Auch in der Medizin sind Roboter sehr erfolgreich im Einsatz, denn sie übertreffen z. B. Chirurginnen und Chirurgen, wenn es darum geht, einige bestimmte Operationsschnitte präzise auszuführen. Die Wissenschaft drängt, denn sie möchte Roboter auch in anderen Bereichen sehen; stetig wird die Weiterentwicklung vorangetrieben. Da der Pflegenotstand groß ist, möchte man KI in diesen Bereichen einsetzen. Doch kann das die Lösung sein? Sind Roboter die zukünftigen Mitarbeitenden, die die nötigen Voraussetzungen für das Arbeiten z. B. in der Altenpflege mitbringen?

B 1. Der Einsatz von Robotern in der Altenpflege hat viele Vorteile:
1.1 Roboter sind belastbar und bewältigen körperlich anspruchsvolle Situationen ohne Probleme, denn die Maschinen sind so programmiert, dass sie Aufgaben zur Unterstützung von Menschen mühelos ausführen. Sie bekommen keine Schmerzen bei Überlastung, also fallen sie auch nicht wegen Rückenschmerzen oder anderen gesundheitlichen Problemen aus.

1.2 Außerdem sind Roboter ausdauernd und an Sorgfalt nicht zu überbieten. Da Maschinen nicht müde werden, machen sie keine Fehler, weil sie z. B. unkonzentriert sind.

1.3 Roboter sind die preiswertere Alternative. Sie werden nicht krank, fallen seltener aus und müssen lediglich gewartet werden. Daher ist der Einsatz, trotz Herstellung und Wartung dieser Mitarbeitenden kostengünstiger als die Beschäftigung lebendiger Teammitglieder. Folglich könnte man in diesen Einsatzbereichen Geld sparen.

B 2. Doch auch wenn diese Vorteile nicht von der Hand zu weisen sind, hat KI in Pflegeberufen ebenso Nachteile.

2.1 Ein Roboter im Team, oder sogar mehrere, wie kann man da erfolgreich zusammenarbeiten? Maschinen haben keinen Teamgeist und verrichten ihre Arbeit so, wie sie programmiert sind. Ein nettes Wort zur Kollegin oder das Übernehmen einer Aufgabe, alles, was zu einer guten Atmosphäre im Team führt, gibt es folglich nicht von diesen maschinellen Teamkollegen. Die zwischenmenschlichen Beziehungen im Team fallen weg. Es zählt nur noch das reine Arbeiten.

2.2 Nicht nur der Kontakt der Mitarbeitenden untereinander ist von Bedeutung, besonders wichtig ist in der Altenpflege der enge Kontakt mit Menschen und die Freude daran. Aber Roboter haben keine Emotionen und spüren keine Freude an ihrer Arbeit. Die Folge davon ist, dass auch die Pflegebedürftigen sich nicht mehr wohl fühlen, denn sie werden nur noch versorgt, aber die Fürsorge sowie wichtiger Körperkontakt fehlen. Roboter arbeiten nach Programm.

2.3 Sie haben kein Einfühlungsvermögen oder Gespür für die Bedürfnisse von Menschen, KI fehlt Empathie. Dabei ist es gerade das, was in dem Beruf so wichtig ist. In der Pflege braucht man die Bereitschaft, hilfsbedürftige Menschen jederzeit zu unterstützen. Aber dafür muss man spüren, wie es ihnen geht und was sie brauchen, auch wenn sie das vielleicht gar nicht mehr mitteilen können. Für diese Aufgabe ist KI nicht geeignet.

C Deshalb sollte man meiner Meinung nach auf den Einsatz von KI in den Bereichen, in denen Menschen versorgt und gepflegt werden, ganz verzichten. Hier ist das Menschliche das Wichtigste. Auch wenn Roboter sorgfältiger sowie ausdauernder arbeiten, belastbarer und kostengünstiger sind als Menschen, mit einem empathischen Teammitglied oder einer einfühlsamen Pflegekraft können sie nicht konkurrieren. Sie bieten hier letztlich keine Alternative zur menschlichen Arbeit. Wichtiger ist es, den Pflegeberuf für Menschen attraktiver zu machen, um das Problem des Pflegenotstands zu lösen.

9. Erzähltext schreiben

Dreihundertneunundachtzig Tage

Und dann saß ich ihm gegenüber. Seine Augen waren auf mich gerichtet, was sage ich – Augen – es waren zwei Glasbälle, die Augen ähnelten. Mich durchfuhr ein Kälteschauer. Plötzlich hatte ich Zweifel. Unbesiegbar hatte ich mich gefühlt, unbesiegbar war ich bei diesem Turnier bisher. Und bei anderen zuvor. Ich war schon ziemlich lange nicht besiegt worden. Dreihundertneunundachtzig Tage, um genau zu sein. Ich trainiere hart. Ich trainiere täglich. Aber hier saß mir jemand – oder etwas – gegenüber, den oder das ich nicht verunsichern konnte. Eine Maschine, gut programmiert. „Guten Tag“, sagte mein Gegenüber plötzlich mit einer Stimme, die leicht scheppernd klang. Ich erschrak. Ich schluckte. Ich grüßte ebenfalls und meine Stimme klang fest. Hoffte ich jedenfalls. „Wahrscheinlich bist du nicht unbedingt stabiler und stärker“, dachte ich, „aber meine Kraft wird nachlassen. Und meine mentale Stärke? Wird die mir nützen?“
Hatte ich eine Chance? Ich wusste es nicht. Bald würde ich es wissen. Morgen würde ich entweder besiegt sein oder dreihundertneunzig Tage unbesiegt. Aber eines wusste ich jetzt schon ganz genau – wenn diese Maschine mich besiegte, würde sie nicht triumphieren. Sie würde sich gar nicht freuen. Maschinen freuen sich nicht. Dann kam das Kommando und wir stellten den rechten Arm auf. Eine kühle, harte Hand fasste meine. Seine Glasbälle waren auf mich gerichtet. Ich starrte zurück. Und dann ging es los.

Text 2: „Die Sehnsucht des Vorlesers“

1. a) Innere und äußere Handlung erläutern

Bei der <u>inneren Handlung</u> geht es um Gedanken und Gefühle (Stimmungen) der Figuren. Bei der <u>äußeren Handlung</u> werden sichtbare Geschehnisse und Ereignisse dargestellt.

b) Darstellung aufzeigen

äußere Handlung (Blumenstrauß)	innere Handlung (Blumenstrauß)
Z. 9 Julie erhält einen Blumenstrauß.	Z. 1 – 8 Julie ist überrascht und wundert sich über dieses ungewöhnliche und einzigartige Ereignis.

Prüfungen

2. a) Funktion des Parallelismus erläutern

Anhand des Stilmittels des Parallelismus wird deutlich, dass die Protagonistin und der Protagonist in einer ähnlichen positiven Grundstimmung sind, weil sie an die/den jeweils andere/-n denken.

b) Weitere Stilmittel bestimmen und belegen

- Metapher: „den Laufpass gegeben" (Z. 7), „Verseschmied" (Z. 30), „in Ihr Leben platze" (Z. 42)
- Hyperbel: „gigantischer Blumenstrauß" (Z. 9), „lässt alle Farben heller leuchten" (Z. 35)

oder

- Alliteration: „dornigen Ding" (Z. 8), „Zunge zergehen" (Z. 78)

3. Textstelle zitieren

- „Dieser Guylain mochte vollkommen durchgeknallt sein – aber sein Brief haute mich einfach um." (Z. 67 f.)

oder

- „[...] im Laufe des Tages habe ich ihn bestimmt an die zwanzig Mal gelesen." (Z. 73 ff.)
- „[...] ließ mir jedes Wort auf der Zunge zergehen [...]." (Z. 77 f.)

4. A) Inneren Monolog verfassen

So, der Blumenstrauß und das Päckchen sind auf dem Weg zu ihr. Hoffentlich ist sie nicht böse, wenn sie erfährt, was ich getan habe. Die Texte zu lesen, war ja so etwas wie ein Briefgeheimnis zu verletzen. Aber ich konnte nicht anders. Was, wenn sie wütend darüber ist?

Vielleicht findet sie meinen Brief ja blöd und fühlt sich belästigt, oder sie wundert sich, wie jemand so handeln kann und wirft ihn einfach weg.

Hoffentlich geht die Kachel nicht kaputt! Es wäre wirklich schade. Ich hoffe, mit diesem Geschenk kann ich ihr Herz berühren.

Und hoffentlich meldet sie sich! Es wäre so schön, sie wirklich kennenzulernen. Ich wünsche mir im Moment nichts sehnlicher, als dass das Telefon klingelt …

oder

B) Telefongespräch verfassen

J.: „Hallo Guylain, hier ist Julie. Ich möchte mich bei Ihnen bedanken – für Ihren Brief und die wunderschönen Blumen und natürlich für die Kachel!"

G.: „Julie! Wie schön, dass Sie sich melden! Es tut mir ehrlich leid, dass ich unerlaubterweise Ihre Texte gelesen habe, aber als ich einmal angefangen hatte, konnte ich nicht mehr aufhören, Sie schreiben so schön – und nachdem ich Ihre Texte gelesen habe, wünsche ich mir nichts sehnlicher, als Sie kennenzulernen …"

J.: „Das ist schon merkwürdig zu wissen, dass jemand all das gelesen hat, aber ich bin Ihnen nicht böse. Ihr Brief hat mich ehrlich gesagt ganz durcheinandergebracht. Ich finde, die 14.718 ist wirklich eine wunderschöne Zahl, so viel schöner als die 14.717. Heute ist Frühlingsanfang – und vielleicht ja auch ein Neuanfang, was meinen Sie?"

G.: „Sie haben also meine Kachel unversehrt erhalten und konnten sie mitzählen? Und Sie möchten mir acht Minuten Ihrer Zeit schenken? Darf ich Sie zu einem Eis einladen, vielleicht am kommenden Samstag auf dem Marktplatz? Würde Ihnen das passen?"

J.: „Ich möchte Ihnen Zeit schenken, und nicht nur acht Minuten, Sie dürfen gerne ein bisschen mehr Zeit mitbringen. Ja, am Samstag passt es gut. Wäre 15.00 Uhr okay?"

G.: „Sehr gerne, liebe Julie, Sie ahnen nicht, wie sehr ich mich freue. Und ich glaube, Sie haben recht: Der Frühling riecht nach Neuanfang. Bis Samstag um drei also!"

5. A) Interpretationsansatz

Der sich abzeichnende Beginn einer Liebesbeziehung zwischen der Protagonistin und dem Protagonisten bietet für sie die Chance auf einen Neuanfang, denn Julie und Guylain führen beide ein eher langweiliges Leben mit wenig Abwechslung. Beide sehnen sich insgeheim nach Veränderung. „Anders als man manchmal denkt, ist nämlich nichts auf der Welt unveränderlich" (Z. 56 f.), behauptet Guylain, und Julie gesteht: „Denn die 14.718 ist wirklich eine wunderschöne Zahl – wie geschaffen für einen Neuanfang." (Z. 107 f.) Durch eine Beziehung eröffnet sich für die beiden die Möglichkeit, aus der Eintönigkeit des Alltags auszubrechen, das Single-Dasein zu beenden und zusammen etwas Neues zu beginnen. Ihr gemeinsames Interesse an Literatur und Sprache könnte eine gute Grundlage sein. Julie schreibt Texte und Guylain liebt Bücher, wie er in seinem Brief erzählt: „Außerdem liebe ich Bücher, obwohl ich sie tagein, tagaus tonnenweise vernichte." (Z. 26 f.)

oder

B) Eigener Interpretationsansatz

Durch den Vertrauensbruch, den Guylain begeht, indem er die Dateien auf dem USB-Stick liest und Julie heimlich beobachtet, wird die Beziehung der beiden belastet und auf Dauer keine Chance haben, weil eine ehrliche Basis fehlt.

Zunächst ist Julie total überwältigt, als der riesengroße Blumenstrauß und das Geschenk geliefert werden: „So etwas war mir wirklich noch nie passiert. Das war einfach unglaublich." (Z. 1 f.) Sie liest den Brief, der mit den kitschigen Worten endet, dass Guylain sein Schicksal in ihre Hände legt, immer wieder und ist ganz durcheinander. Sie lässt sich durch seine Worte dazu verleiten, sich den Briefeschreiber vorzustellen und an eine mögliche Liebesbeziehung zu denken. Julie möchte einen Neuanfang wagen. Später erst wird sie darüber nachdenken, dass Guylain ungefragt alle Dateien gelesen hat, wird sich darüber klar werden, dass er sie gesucht und gefunden hat, sich aber nicht zu erkennen gegeben hat. Den Stick hat er so lange behalten, erst jetzt ist er in dem Briefumschlag. „[...] heraus fiel der knallrote USB-Stick, den ich nach meinem letzten Besuch bei Josy überall gesucht hatte." (Z. 70 ff.) Zweifel werden sich in ihre Träume mischen, sie wird vielleicht Angst haben, dass Guylain weiterhin heimlich ihre Texte liest und auch bei anderen Gelegenheiten an seiner Ehrlichkeit zweifeln. Das belastet eine Beziehung, denn Ehrlichkeit ist eine wichtige Basis und auf Dauer hat eine Beziehung zwischen den beiden somit keine Chance.

6. Inhaltsangabe

In dem vorliegenden Auszug aus dem Roman „Die Sehnsucht des Vorlesers" von Jean-Paul Didierlaurent geht es um die Kontaktaufnahme eines Mannes zu einer ihm unbekannten Frau. Die Toilettenreinigungskraft Julie erhält an ihrem Arbeitsplatz einen großen Blumenstrauß, ein Päckchen und einen Brief von Guylain. Darin beschreibt er sich selbst und er gesteht ihr, dass er sich in sie verliebt hat, nachdem er ihren USB-Stick im Zug gefunden und ihre Texte gelesen hat. In dem Päckchen ist der Stick und eine Kachel, die genauso aussieht wie die, die Julie immer zu Frühlingsanfang an den Toilettenwänden zählt – ihre Kachel Nummer 14.718. Guylain bittet sie um ein Treffen. Julie ist verwirrt, aber auch so fasziniert, dass sie den Brief immer wieder liest, bis sie ihn auswendig kann und beschließt, dass sie diesen Mann treffen und kennenlernen möchte.

7. Grafikauswertung

Die Grafik M3 sagt aus, dass sowohl für Frauen als auch für Männer die Persönlichkeit das wichtigste Kriterium bei der Partnerwahl ist. Ebenso übereinstimmend ist, dass bei Männern und Frauen Geld scheinbar einen sehr geringen Stellenwert hat.
Dies weist darauf hin, dass eine Liebesbeziehung zwischen der Protagonistin und dem Protagonisten möglicherweise eine Chance hat, denn sie sind von der Persönlichkeit des anderen fasziniert und Geld spielt in ihrem Leben eine untergeordnete Rolle. Außerdem trifft das Kriterium der gleichen Interessen zu, denn beide interessieren sich für Literatur und Sprache.

8. Gliederung und Erörterung

Vor- und Nachteile von Kommunikation über Kurznachrichten

Gliederung

A Einleitung
- Kommunikation hat sich verändert
- Kurznachrichten jederzeit über das Smartphone
- Veränderungen bezüglich der Sprache

B Hauptteil: Was spricht für das Versenden von Kurznachrichten, was dagegen?

1. Nachteile
   - 1.1 Briefe sind schöner, bunter, länger – Kurznachrichten kann man nicht anfassen und aufbewahren
   - 1.2 Weniger Aufschlüsse über Charakter von Menschen
   - 1.3 Stress, weil überall erreichbar; Fülle von Kurznachrichten
2. Vorteile
   - 2.1 Kurznachrichten über Handy: überall erreichbar, man liest und antwortet, wann man will; kommen sofort an, in Notsituationen wichtig
   - 2.2 Oft nicht individuell formuliert, kann man an viele versenden, Gruppen einrichten, Zeitersparnis
   - 2.3 Kurz, schnell, spontan, unmittelbar; Abkürzungen, Emoticons geben Aufschlüsse

C Schlussgedanke
- Großer Nutzen
- Gefahren erkennen und Smartphone mal ausschalten

Ausarbeitung

A In den letzten Jahren hat sich die Kommunikation sehr verändert, was auch darauf zurückzuführen ist, dass wir sehr viel über das Smartphone kommunizieren. Briefe werden immer seltener, vor allem persönlich verfasste, mit der Hand geschriebene. Kurznachrichten verschicken wir schneller und daher öfter; wann immer wir jemandem etwas mitteilen wollen oder eine Frage haben, senden wir eine Nachricht und bekommen meist sehr schnell eine Antwort. Aber auch die Sprache hat sich verändert. In Kurznachrichten werden häufig Abkürzungen oder Symbole verwendet, um Gefühle auszudrücken. Es gibt die Möglichkeit, Emoticons zu benutzen. Die Vor- und Nachteile der Kommunikation über Kurznachrichten werden im Folgenden erörtert.
B 1. Kurze Nachrichten hin- und herschicken, das ist praktisch, geht schnell und erlaubt uns, spontan zu sein. Viele Menschen kommunizieren mittlerweile eher über Kurznachrichten, aber hat das nicht auch Nachteile?

1.1 Briefe statt Kurznachrichten zu senden, dauert zwar länger, aber man kann sie anfassen und aufbewahren, sie sind oft wie ein Geschenk. Eine Kurznachricht gibt es nicht auf buntem Papier, womöglich mit Zeichnungen versehen oder in Schönschrift – nein, sie erscheint auf dem Bildschirm und es ist nicht besonders individuell. Sie verleitet selten dazu, immer wieder gelesen zu werden, es entsteht kaum ein Gefühl wie beim Briefelesen. Eine Nachricht unter vielen – sie verschwindet irgendwo im Handy.

1.2 Hinzu kommt, dass man kaum Aufschlüsse über den Charakter des Absenders erhält. Bei einem Brief erfahre ich hingegen über die Handschrift und auch die Sorgfalt beim Schreiben viel über den Verfasser oder die Verfasserin. Ist die Schrift leserlich oder wurde viel herausgestrichen? Ein Emoticon in einer Kurznachricht verrät lange nicht so viel wie ein ausgedrücktes Gefühl in einer Briefzeile.

1.3 Nicht zu vergessen, dass es aufgrund der Leichtigkeit, mit der man Nachrichten versenden kann, viele davon gibt. Das kann leicht zu Stress führen. Nicht nur, dass man viele Nachrichten von verschiedenen Personen erhält, manche senden ihre Mitteilungen gar nicht in einer, sondern in mehreren Kurznachrichten. Darüber hinaus erwarten viele auch eine unmittelbare Antwort. Schließlich sind wir überall erreichbar, denn wir haben in der Regel das Handy bei uns. Wir werden häufig unterbrochen bei dem, was wir tun und stehen unter Druck, möglichst schnell zu antworten.

2. Dennoch haben Kurznachrichten in unserer schnelllebigen Zeit viele Vorteile.

2.1 Weil sie in der Regel sofort nach dem Senden empfangen werden können, kann man sie gleich lesen oder dies auf später verschieben. Das Handy lässt sich ja auch stumm schalten, wenn man nicht gestört werden will. Vor allem in Notsituationen sind Kurznachrichten sehr hilfreich, beispielsweise wenn jemand etwas braucht, den Schlüssel vergessen hat oder irgendwo wartet. Die schnelle Information macht es möglich, umgehend zu helfen.

2.2 Ein weiterer Vorteil ist, dass man Kurznachrichten auch an mehrere Menschen gleichzeitig versenden kann und somit viel Zeit spart. Sie sind oft nicht sehr persönlich, Anrede und Abschiedsgruß fehlen teilweise sogar. Also schickt man z. B. eine Einladung zu einer Feier einmal an alle Freundinnen und Freunde oder die Grüße aus dem Urlaub in die Familiengruppe, statt den ganzen Nachmittag Ansichtskarten zu schreiben.

2.3 Vor allem aber ermöglichen Kurznachrichten, schnell und unmittelbar mit anderen in Kontakt zu treten, Antworten auf Fragen zu erhalten, Pläne zu machen, Verabredungen zu treffen oder Hilfe zu holen. In der Regel kann man jederzeit und überall schnell über Kurznachrichten kommunizieren – der Text ist kurz, häufig werden Abkürzungen benutzt, und Gefühle lassen sich auch über Symbole und Emoticons transportieren. In Situationen, in denen man nicht laut sprechen kann oder möchte, ersetzen sie ein Telefonat.

C Natürlich ist es schön, einen handgeschriebenen Brief zu erhalten, vor allem von Personen, die einem viel bedeuten. Dann werden womöglich Gefühle in Worte verpackt und der Brief ist etwas Besonderes. Praktisch ist es nicht, vor allem, weil es lange dauert, bis ein Brief ankommt. Über Kurznachrichten zu kommunizieren, ist einfach und geht schnell, Wartezeiten werden vermieden, Probleme schnell gelöst und Entscheidungen rasch getroffen. Selbst Gefühle lassen sich über Symbole und Emoticons ausdrücken und man kann eine Nachricht gleichzeitig an viele Personen verschicken. Das macht Kurznachrichten außerdem zu einer kostengünstigen Alternative. Damit kein Stress entsteht, ist ein wenig Selbstdisziplin nötig. Wer sagt denn, dass wir immer und überall erreichbar sein müssen, dass jede Nachricht nach Möglichkeit sofort beantwortet werden muss? Diese Gefahr sollte man erkennen und das Handy auch mal leise stellen oder ganz ausschalten.

9. Aufruf verfassen

Dein mutiges Selbst

Ich schluckte mit trockenem Mund, fühlte meine schweißnassen Hände, nahm meinen ganzen Mut zusammen, dann ließ ich los – und fiel …

Wann habt ihr das letzte Mal etwas getan, dass ihr noch nie zuvor gewagt habt? Es muss ja nicht gleich ein Fallschirmsprung sein – vielleicht einfach den Mut gehabt, jemanden anzusprechen? Kennt ihr dieses wunderbare Glücksgefühl, es geschafft zu haben? Das tut so gut – deshalb heißt es ja: Mut tut gut!

Manchmal nehmen wir uns etwas vor, aber dann schrecken wir zurück und verschieben es, reden uns ein, dass es doch nicht so wichtig ist, überlassen uns wieder dieser Angst. Die Angst wächst, wenn wir zögern. Mut kann nur wachsen, wenn wir etwas wagen. Es ist auch wichtig, sich zu fragen, wovor man Angst hat. Oft geht es darum, jemanden anzusprechen. Den Lehrer auf einen Irrtum hinzuweisen beispielsweise. Das Mädchen, das immer so freundlich grinst, mal anzusprechen. Was passiert, wenn ich es wage? Nun, der Lehrer ist vielleicht uneinsichtig und abweisend. Vielleicht aber auch nicht und er bleibt freundlich und sieht seinen Irrtum ein. Das Mädchen dreht sich weg, weist dich ab. Vielleicht aber auch nicht und sie freut sich ebenfalls, dich kennenzulernen.

Ja, Mut tut gut! Wage einen Neuanfang, Hand in Hand mit deinem mutigen Selbst! Denn wenn du etwas willst, was du noch nie hattest, musst du etwas tun, was du noch nie getan hast. Also: Öfter mal 'was Neues wagen! Und wenn du ganz viel Mut hast, wer weiß, vielleicht sehen wir uns demnächst beim Fallschirmspringen. Ich wünsche dir Mut – wann immer du ihn brauchst!

Text 1: „Wie wichtig ist ein gesundes Raumklima?"

1. Textsorte und Autorenabsicht darstellen

Bei dem vorliegenden Text handelt es sich um einen Bericht. Der Autor will die Leser/-innen informieren.

2. Fremdwörter nennen und im Textzusammenhang erklären

a)
- Aspekt (Z. 4)
- wartungsintensiv (Z. 45)
- Investition (Z. 47)
- (Feinstaub)Debatte (Z. 64)

b)
- Aspekt: Gesichtspunkt, Faktor; die Raumluft beeinflusst viele Faktoren
- wartungsintensiv: erfordert einen hohen Wartungsaufwand; wenig wartungsintensive Heizungen müssen also nicht oft überprüft werden
- Investition: Geldausgabe, Kosten; wenn die Haltbarkeit der Investition erhöht wird, dauert es länger, bis wieder Geld ausgegeben werden muss
- Feinstaubdebatte: eine lebhafte Diskussion, ein Streitgespräch, hier über die Belastung durch Feinstaub im Verkehr

3. Aussagen erläutern

a) „…von uns inhaliert werden.": Wir atmen mit der Luft im Raum auch Stäube oder flüchtige organische Verbindungen ein, die von Einrichtungselementen freigesetzt werden.

b) „… die Emissionen auch von Druckern zu verringern.": Der Ausstoß von feinsten Stäuben von Kohlenstoff-Tonern, die in Druckern verwendet werden, soll vermindert werden.

4. Beispiele für Raumelemente, die „ausgasen" können, nennen

- Möbel
- Bodenbeläge
- Drucker

5. Begriff erläutern

Ein **Passivhaus** ist ein umweltfreundliches Haus, in dem die Bewohner/-innen sich weitgehend selbst mit Strom versorgen können und somit wirtschaftlich unabhängiger sind. „In Verbindung mit Passiv-Energie-Bauweise und dem Einsatz hochmoderner Solaranlagen wird die Autarkie der Bewohner erhöht, die sich mit Strom weitgehend selbst versorgen können." (Z. 48 – 51) Das Energiekonzept sorgt für eine bestmögliche Nachhaltigkeit und ist auf individuelle Bedürfnisse abgestimmt. Somit ist ein Passivhaus umweltfreundlich und „[a]ngesichts steigender Strompreise und eines wachsenden Bewusstseins für Klimafragen in der Bevölkerung hilft ein modernes Passivhaus, viele Probleme gleichzeitig zu lösen." (Z. 53 – 56)

6. Inhaltsangabe

In dem Online-Artikel „Wie wichtig ist ein gesundes Raumklima?", erschienen im ww-kurier, berichtet Sebastian Meier, wie wichtig die Luft in Arbeits- und Wohnräumen für Gesundheit und Wohlbefinden ist und erklärt, was wir dazu beitragen können, die Luft gesund zu halten. Er erläutert die negativen Einflüsse ungesunder Raumluft und beschreibt bauliche Maßnahmen von Immobilien für ein gutes Raumklima. Dass es auch technische Lösungen zur Verbesserung der Raumluft in Arbeitsräumen gibt, verdeutlicht er an dem Beispiel von Filterkartuschen für Drucker.

7. a) Abbildung beschreiben

Das Balkendiagramm veranschaulicht, wie viel Feuchtigkeit auf unterschiedliche Weise im Haus entsteht. Die Wasserdampfabgabe wird in Gramm pro Stunde angegeben. An erster Stelle steht das Duschen, wobei 2.600 Gramm Feuchtigkeit pro Stunde entstehen. Auch Kochen (600 – 1.500) und ein Wannenbad (700) verursachen viel Feuchtigkeit. Die Werte sonstiger Tätigkeiten sind viel geringer: Hausarbeit (120 – 200), Wäsche trocknen (50 – 200), Spielen (30 – 120) und Schlafen (40 – 50) sind aufgeführt. Ganz unten sind Zimmerpflanzen angegeben, die nur 10 – 20 Gramm Feuchtigkeit pro Stunde produzieren.

b) Notiz verfassen

Beim Duschen gelangt am meisten Feuchtigkeit in die Luft, Kondensationsfeuchte begünstigt das Wachstum von Schimmelpilzen. Um Schimmelbefall zu verhindern: Richtig lüften! Durchzug herstellen, Fenster und Türen überall gleichzeitig öffnen!

8. Gliederung und Erörterung

Vor- und Nachteile des Lüftens

Gliederung

A Einleitung
- Gründe fürs Lüften
- Räume richtig temperieren: Temperatur und Luftfeuchtigkeit beachten

B Hauptteil: Was spricht für das Lüften, was dagegen?

1. Nachteile
   - 1.1 Falsches Lüften: kontraproduktiv
   - 1.2 Mehr Heizen erhöht die Heizkosten
   - 1.3 Räume kühlen aus → Schimmelgefahr
2. Vorteile
   - 2.1 Luftfeuchtigkeit wird ausgeleitet
   - 2.2 Vermeidung von gesundheitlichen Belastungen durch Schimmelbildung wegen Feuchtigkeit
   - 2.3 Gesundheitliche Risiken durch zu warme Räume können vermieden werden

C Schlussgedanke
- Wichtig, zu wissen, wie man richtig heizt und richtig lüftet
- Gesundes Raumklima schaffen

Ausarbeitung

A Die Luft in Arbeits- und Wohnräumen hat Einfluss auf unsere Gesundheit und unser Wohlbefinden. Für gesundes Wohnen und Arbeiten ist es z. B. wichtig, die Raumfeuchte auf unter 60 Prozent zu halten. Ebenso wichtig ist es, Räume richtig zu temperieren, man muss also auf Temperatur und Luftfeuchtigkeit achten. Regelmäßiges Lüften hilft, die Temperaturen zu regulieren und zu verhindern, dass sich Luftfeuchtigkeit niederschlägt. Aber kalte Luft in den Räumen senkt die Temperatur und erhöht somit die Heizkosten. Die Vor- und Nachteile des Lüftens werden im Folgenden erörtert.

B 1. Feuchtigkeit entsteht in Wohn- und Arbeitsräumen auf unterschiedliche Weise. Bei angenehmen Temperaturen macht es den meisten Menschen nichts aus, die Fenster zu öffnen und frische Luft hereinzulassen. Wenn es aber sehr heiß oder sehr kalt ist, bleiben die Fenster besser geschlossen oder werden nur kurz geöffnet. Denn Lüften hat auch Nachteile, vor allem, wenn es nicht richtig gemacht wird.

1.1 Es bringt nichts, ein Fenster in einem geschlossenen Raum für eine Stunde anzukippen. Auch bei 30 Minuten und geöffneter Tür ist der Erfolg gering. Vor allem kühlt der Raum aus und muss wieder aufgeheizt werden.

1.2 Wird nach dem Lüften die Heizung wieder hochgedreht, muss also mehr geheizt werden, so steigen die Heizkosten. Das ist der Grund, warum Fenster oft nur kurz geöffnet oder gekippt werden, Durchzug also vermieden wird. Man will Heizkosten sparen.

1.3 Wenn es im Winter kalt ist, besteht die Gefahr, dass die Räume beim Lüften auskühlen. Ist ein Raum aber zu kalt, liegt die Raumtemperatur also bei weniger als 15 Grad, besteht Schimmelgefahr. Auch wenn Kondensationsfeuchte, wie sie beispielsweise beim Duschen entsteht, nicht ausgeleitet wird, kann sich Schimmel in der Wohnung bilden.

2. Es ist sehr wichtig, zu wissen, wie man richtig lüftet, denn Nachteile wie erhöhte Heizkosten oder unterkühlte Räume mit anschließender Schimmelbildung können so vermieden werden. Beim Lüften ist es vor allem sinnvoll, kurz alles „auf Durchzug zu stellen", also Fenster und Türen in allen Räumen gleichzeitig zu öffnen. Da reichen drei Minuten schon aus. Wenn das nicht möglich ist, z. B. in Arbeitsräumen, ist es sinnvoll, die Fenster im Raum für zehn Minuten ganz zu öffnen. Die Vorteile des Lüftens, wenn es richtig gemacht wird, überwiegen eindeutig.

2.1 Die Luftfeuchtigkeit, wie sie in Wohnräumen vor allem beim Duschen, Baden oder Kochen entsteht, wird beim Lüften ausgeleitet und kann sich nicht niederschlagen. Bei ungünstigen klimatischen Bedingungen schlägt sich Luftfeuchtigkeit an sogenannten Dampfsperren und Kältebrücken nieder. Dieses Problem kann durch richtiges Lüften verhindert werden.

2.2 Besonders wichtig ist es, zu wissen, dass Kondensationsfeuchte das Wachstum von Schimmelpilzen begünstigt. Noch bevor diese sich sichtbar niederschlagen, atmen wir die Sporen ein, die in der Raumluft schweben. Dadurch sind wir gesundheitlichen Risiken ausgesetzt, beispielsweise Allergien, was durch Lüften vermieden werden kann.

2.3 Was viele nicht wissen ist, dass nicht nur zu kalte oder zu feuchte Räume ein Gesundheitsrisiko sind. Auch wenn Räume zu warm sind, also Temperaturen von über 22 Grad haben, führt das zu gesundheitlichen Risiken für den Menschen. Regelmäßiges Lüften unterstützt also dabei, die Wohn- und Arbeitsräume richtig zu temperieren.

C Ein gesundes Raumklima ist sehr wichtig, damit wir uns wohlfühlen und gesund bleiben. Dafür ist regelmäßiges und richtiges Lüften eine wesentliche Voraussetzung. Räume müssen richtig temperiert sein, dürfen nicht zu kühl und nicht zu warm sein. Lüften kann Schimmel und hohe Heizkosten vermeiden, daher ist es wichtig, zu wissen, wie man es richtig macht. Zehn Minuten die Fenster in einem Raum ganz zu öffnen ist in Ordnung, besser ist es, drei

Minuten lang Fenster und Türen überall gleichzeitig zu öffnen. Meiner Meinung nach geht es nicht darum, ob wir lüften, sondern wie wir lüften. Durch richtiges und regelmäßiges Lüften gelingt es, ein gutes Raumklima zu schaffen, dann hat Lüften keine Nachteile mehr.

9. Rede schreiben

Liebe Mitschülerinnen, liebe Mitschüler, liebe Lehrerinnen und liebe Lehrer,

ein gutes Klima im Klassenzimmer ist wichtig! Dabei denken wir zunächst an zwischenmenschliche Beziehungen, an ein gutes Arbeitsklima. Ich möchte heute aber über die Wichtigkeit eines guten Raumklimas sprechen.
Für unser aller Wohlbefinden und unsere Gesundheit ist die Luft, die wir atmen, sehr wichtig. Räume dürfen weder zu kühl noch zu warm sein – sie müssen richtig temperiert sein! Richtiges Lüften ist daher sehr wichtig, um Schimmel und hohe Heizkosten zu vermeiden. Richtiges Lüften heißt: mindestens drei Minuten lang alle Fenster und Türen öffnen. Denn es bringt gar nichts, Fenster bei geschlossener Tür auf Kipp zu stellen. „Voll auf Durchzug" sollte deshalb das Motto lauten.
Für gesundes Lernen und Arbeiten ist nicht nur die Raumtemperatur, sondern auch die Raumfeuchte von großer Wichtigkeit und sollte unter 60 Prozent gehalten werden. Kondensationsfallen müssen vermieden werden, da sie Wachstum von Schimmelpilzen begünstigen. Ungesunde Raumluft hat viele negative Einflüsse. Sie entsteht auch, wenn beispielsweise Einrichtungselemente „ausgasen". Das sind nicht nur Möbel oder Bodenbeläge, nein, auch durch unsere Drucker wird die Feinstoffbelastung erhöht. Dagegen müssen wir etwas tun.
Das Raumklima muss verbessert werden! Wir haben viel über das Arbeitsklima in den Klassenzimmern gesprochen – lasst uns nun überlegen, wie auch das Raumklima in den Klassenzimmern verbessert werden kann!

Vielen Dank!

Text 2: „Der Aufzug"

1. a) Maßnahmen des Aufzugs erläutern

Um Energie zu sparen, stellt der Aufzug zunächst das ziellose Umherfahren ein und bemüht sich, seine Fahrten noch weiter zu optimieren. Er beeilt sich nicht mehr und schließt seine Türen langsamer, um vielleicht noch mehr Personen mitzunehmen. Dann weigert er sich sogar, für bestimmte Personen seine Türen zu öffnen und streikt am Ende ganz.

b) Scheitern des Aufzugs und Lösung aufzeigen

Als er schließlich mit Fahrgästen zwischen zwei Etagen stecken bleibt, kommen zwei Techniker, um ihn auseinanderzunehmen. Sie können zwar nichts entdecken, drohen aber damit, bei weiteren Störungen die gesamte Elektronik auszutauschen. Am Ende verkündet das Treppenhaus die überraschende Nachricht über die geplante Photovoltaikanlage auf dem Dach, mit der ein Großteil des Stromverbrauchs abgedeckt werden kann. Zusätzlich gibt es einen Stromspeicher in der Tiefgarage, damit mehr Eigenstrom genutzt werden kann.

2. a) Funktion des Stilmittels erläutern

Die Bestandteile des Hauses werden menschlich dargestellt. Der Aufzug z. B. hat Gefühle, Träume und Ziele. Das Stilmittel der Personifikation dient im Text zur Veranschaulichung. Das Thema „Klimawandel" wird dadurch der Leserschaft sehr eindrücklich und lebendig vermittelt.

b) Beispiel für ein Stilmittel nennen und belegen

In Zeile 56 f. findet sich eine Parenthese, ein Einschub unterbricht den Gedankenfluss: „Letzte Woche während des Feueralarms – eigentlich ist es ja nie ein Feuer, sondern immer nur ein technischer Defekt – sollte er …"

3. Charakter des Aufzugs beschreiben und belegen

Der Aufzug hört vom Klimawandel und überlegt erschrocken, was er tun kann, um Energie zu sparen. Er unternimmt viel, um die Menschen davon abzuhalten, mit ihm zu fahren, obwohl er gerne Aufzug ist. Er wird eigensinnig und trödelt – damit versucht er beispielsweise, das Verhalten der Menschen zu beeinflussen. Gleichzeitig macht er sich Gedanken und Sorgen um andere Personen. Er ärgert sich, wenn sie ihn für kurze Strecken nutzen, er ist aber auch mitfühlend, vor allem mit der gehbehinderten Dame. Der Aufzug wirkt sehr pflichtbewusst und versucht trotzdem, sein Verhalten zu ändern, dadurch befindet er sich in einem Zwiespalt. „Betrübt fuhr der Aufzug nun stoisch nach Abruf. Aber sein Pling klang irgendwie nicht mehr so fröhlich wie früher. Wie sollte er nun Energie sparen?" (Z. 94 – 97) Die Situation belastet ihn, er ist nicht mehr fröhlich wie einst. Und die rhetorische Frage zeigt seine Verzweiflung.

4. A) Inneren Monolog verfassen

Wunderbar, nun muss ich mir keine Sorgen mehr machen, wie ich Strom sparen kann oder überlegen, wie ich die Menschen beeinflussen kann, mich nicht zu benutzen. Ich bin wirklich gerne Aufzug. Und ich bin froh, dass ich gebraucht werde. Ich gebe wieder mein Bestes, bin schnell, ruckelfrei und zuverlässig. Das gefällt mir. Kein schlechtes Gewissen mehr und vor allem ein Ende der endlosen Diskussionen mit dem Treppenhaus, was man tun kann, um Energie zu sparen und wie ich meinen Job machen soll. Das hat mich wirklich sehr belastet. Ich könnte sogar einfach mal wieder ein paar Stockwerke alleine fahren, wenn ich nichts zu tun habe und einfach so frische Luft in meine Kabine lassen. Ach, ist das herrlich!

oder

B) Dialog verfassen

Treppenhaus:	„Du solltest damit aufhören, die Menschen in diesem Gebäude zu verärgern und einfach deinen Job gut machen, so wie früher."
Aufzug:	„Ich finde es aber unglaublich, wie bequem die Menschen sind. Schließlich bist du auch noch da, und ein oder zwei Stockwerke zu gehen, ist doch für fast jeden möglich. Das spart nicht nur Energie, sondern ist auch noch gesund."
Treppenhaus:	„Aber du übertreibst es. Du machst keine gute Arbeit mehr! Ein Aufzug muss zuverlässig sein und nicht rumtrödeln oder eigenmächtig irgendwo stehen bleiben."

Aufzug: „Aber die Folgen des Klimawandels betreffen uns doch alle! Erinnerst du dich an den Starkregen? Wir können doch nicht einfach so weitermachen, als ob wir nichts davon wüssten! Ich will meinen Beitrag leisten, um Energie zu sparen."

Treppenhaus: „Deine eigenmächtigen Stromsparmaßnahmen sind unsinnig. Das führt irgendwann noch dazu, dass du ausgetauscht wirst."

Aufzug: „Ja, davor habe ich auch Angst. Aber ich kann das Problem nicht mehr ignorieren! Wir müssen Energie sparen und kleine Erfolge habe ich schließlich auch schon erzielt!"

5. A) Interpretationsansatz

Es ist schon erstaunlich, wie oft zu lange gewartet wird, bis in erneuerbare Energien investiert wird, obwohl bekannt ist, dass der steigende Energieverbrauch den Klimawandel anheizt. Auch im Text wird erwähnt, dass das Gebäude ein Jahr zuvor einen Starkregen erlebt hat und der Klimawandel für die Wetterlage verantwortlich war. „Letztes Frühjahr hatte die Tiefgarage kniehoch unter Wasser gestanden und er [der Aufzug] wäre beinahe hineingefahren." (Z. 5 ff.) Trotzdem passiert erst einmal nichts. Der Aufzug fühlt sich verantwortlich, ändert sein Verhalten, versucht die Menschen zu beeinflussen und zum Energiesparen zu bewegen. Statt der Menschen nimmt er sich des Problems an. Es dauert lange, bis schließlich etwas geschieht, da wird zunächst lieber der Aufzug auseinandergenommen. „Nach einigen Wochen und endlosen Diskussionen" (Z. 97), heißt es über die Auseinandersetzung zwischen dem Aufzug und dem Treppenhaus. In Wirklichkeit sind es jedoch die Verantwortlichen, die viel zu lange brauchen, um Änderungen durchzusetzen und stattdessen endlos diskutieren.

oder

B) Eigener Interpretationsansatz

In dem Text geht es um einen Appell für Klimaschutz durch Stromeinsparungen und für die Investition in erneuerbare Energien.

Am Beispiel eines personifizierten Aufzugs wird deutlich gemacht, dass man sich mit dem Thema „Stromsparen und Klimaschutz" auseinandersetzen sollte und es wichtig ist, sich die Auswirkungen seines eigenen Handelns bewusst zu machen: „Unser steigender Energieverbrauch würde den Klimawandel anheizen. Auch das hatte die eine Dame gesagt. Energie, die verbrauchte auch er. ‚Vielleicht', dachte er sich, ‚könnte ich ein bisschen davon einsparen.'" (Z. 19 – 22) Aber nicht nur Stromsparen ist wichtig. Am Ende des Texts werden zusätzliche Lösungen präsentiert: Mit einer Photovoltaikanlage auf dem Dach kann ein Großteil des Stromverbrauchs abgedeckt werden und um mehr Eigenstrom zu verbrauchen, gibt es zusätzlich einen Stromspeicher in der Tiefgarage.

6. Inhaltsangabe

Im Text „Der Aufzug" von einem unbekannten Verfasser, veröffentlicht auf der Internetseite www.die-klimaschutz-baustelle.de, geht es um das Thema „Klimaschutz". Ein Aufzug versucht, Energie einzusparen, um den Klimawandel aufzuhalten. Er will auch die Menschen, die mit ihm fahren, zu einer Verhaltensänderung bewegen. Er fährt langsamer und ist weniger zuverlässig, befindet sich aber daher, pflichtbewusst, wie er ist, in einem Zwiespalt. Eine Investition in erneuerbare Energien – eine geplante Photovoltaikanlage auf dem Dach des Gebäudes – ist schließlich die Lösung des Problems.

7. Grafikauswertung

In der Grafik wird anhand eines Kurvendiagramms und eines integrierten Säulendiagramms der Anteil erneuerbarer Energien in den Sektoren Strom, Wärme und Verkehr in Prozent dargestellt, jeweils mit den Symbolen LKW für Verkehr, Flamme für Wärme und drei Windräder für Strom versehen. Das Kurvendiagramm zeigt mit den drei Kurven die Entwicklung in dem Zeitraum der Jahre 1990 bis 2020. Die Kurven für Wärme und Verkehr verlaufen flach, nur beim Sektor Strom ist ein deutlicher Anstieg der Kurve zu sehen. Das Säulendiagramm veranschaulicht noch einmal die Zahlen für das Jahr 2020. Der Sektor Verkehr liegt bei 7,5 %, Wärme ist auf 15,6 % angestiegen und der Sektor Strom erreicht 45,3 %.
Vermutlich ist es leichter und schneller, Änderungen im Sektor Strom vorzunehmen, also z. B. Windräder zu bauen und dadurch Strom zu gewinnen. In den Sektoren Wärme und Verkehr benötigen die Änderungen anscheinend mehr Zeit.

8. Gliederung und Erörterung

Vor- und Nachteile erneuerbarer Energien

Gliederung

A Einleitung
- ▶ Folgen des Klimawandels
- ▶ Energiegewinnung in althergebrachten Anlagen

B Hauptteil: Was spricht für erneuerbare Energien, was dagegen?

1. Nachteile
   - 1.1 Hohe Investitionskosten für Anlagen, Netze und Infrastruktur
   - 1.2 Sonnenenergie oft schlecht verfügbar (nachts / Winter), wenn es keinen Speicher gibt
   - 1.3 Proteste gegen Windräder
2. Vorteile
   - 2.1 Inzwischen konkurrenzfähig im Hinblick auf die Kosten
   - 2.2 Geringere Abhängigkeit von Energieimporten
   - 2.3 Umweltfreundlich – deutlich geringere Emissionen als konventionelle Energieträger

C Schlussgedanke
- ▶ Befürwortung erneuerbarer Energien
- ▶ Eigenverantwortung und Sparsamkeit

Ausarbeitung

A Die Folgen des Klimawandels sind unübersehbar. Seit Jahren nehmen beispielsweise Hitzewellen und Starkregen zu. Auch die Flutkatastrophe an der Ahr und in einigen anderen Teilen Deutschlands im Sommer 2021 sind Folgen des Klimawandels. Die zunehmende Luftverschmutzung auf der Erde führt zu steigender Erderwärmung. Die Energiegewinnung in althergebrachten Anlagen steht schon lange in der Kritik. Diese sind entweder nicht umweltfreundlich oder, wenn es um Atomkraft geht, zu gefährlich. Aber die Menschen müssen mit Energie versorgt werden. Sind erneuerbare Energien die Lösung für das Problem? Im Folgenden werde ich mich kritisch mit dem Für und Wider von erneuerbaren Energien auseinandersetzen.

B 1. Erneuerbare Energien sind vor allem im Sektor Strom in den vergangenen Jahren stark gestiegen. In Zukunft werden sie einen Großteil der Energiegewinnung ausmachen. Das hat sicher Vorteile, aber was sind die Nachteile von erneuerbaren Energien?

1.1 Wie so oft geht es zunächst um Geld. Die Investitionskosten sind sehr hoch, das schreckt viele ab. Es wird nicht nur für Anlagen Geld benötigt, sondern auch für Netze und Infrastruktur. Das können oder wollen sich manche Gemeinden oder Personen einfach nicht leisten.

1.2 Hinzu kommt, dass beispielsweise Sonnenenergie in unseren Breiten oft schlecht verfügbar ist. Tagsüber ist das nicht so problematisch, vor allem im Sommer, aber wie ist es nachts und erst im Winter? Eine Photovoltaikanlage auf dem Haus nutzt dann nichts, es sei denn, es gibt einen Stromspeicher.

1.3 In der Regel begrüßen Bürger/-innen die Initiativen, mehr und mehr auf erneuerbare Energien umzusteigen, denn fast allen ist das Energieproblem bewusst. Aber wenn z. B. Windräder in der Nähe gebaut werden sollen, bilden sich schnell Bürgerinitiativen und Proteste werden laut. Windräder haben neben der Lärmbelästigung beispielsweise auch den Nachteil, dass sie für Vögel gefährlich sind. Das Für und Wider muss abgewogen werden und Standorte sorgfältig ausgewählt.

2. Auch wenn es Probleme gibt und der Umstieg hohe Kosten mit sich bringt, überwiegen die Vorteile von erneuerbaren Energien und es ist gut, dass sie in Zukunft einen immer größeren Anteil der Energiegewinnung ausmachen werden.

2.1 Im Hinblick auf die Kosten kann man sagen, dass erneuerbare Energien inzwischen konkurrenzfähig sind. Kosten für Netze und Infrastruktur entstehen nur einmal. Investitionen zahlen sich im Laufe der Zeit aus, man sollte also nicht zu kurzsichtig denken.

2.2 Ein weiterer Vorteil ist, dass die Abhängigkeit von Energieimporten geringer wird. Sonne und Wind gibt es fast überall – erneuerbare Energien machen uns im Laufe der Zeit also auch unabhängiger und freier.

2.3 Vor allem aber haben erneuerbare Energien geringere Emissionen als konventionelle Energieträger und sind umweltfreundlicher. Das ist das Wichtigste im Hinblick auf den Klimawandel und seine Folgen. Das Problem ist ernst und die Erderwärmung steigt. Es gilt, keine Zeit mehr zu verlieren.

C Deshalb sollten wir uns unbedingt weiter dafür einsetzen, dass die Energiegewinnung aus erneuerbaren Energien schnell steigt und auch in anderen Sektoren, wie Wärme und Verkehr, bald vermehrt genutzt werden kann und ihr Anteil auch hier stetig erweitert wird. In erneuerbare Energien zu investieren, bedeutet, eine nachhaltige Zukunft zu gestalten. Ich befürworte die Nutzung erneuerbarer Energien, denke aber, dass wir trotzdem auch weiterhin Energie sparen sollten. Investitionen alleine reichen meiner Meinung nach nicht aus, ein Bewusstsein für einen sparsamen Energieverbrauch muss geschaffen werden. Auch das ist ein wichtiger Bestandteil der Energiewende. Auf erneuerbare Energien umzustellen, ist sicher der wichtigste Schritt, aber man sollte sich der eigenen Verantwortung bewusst sein und einen Beitrag leisten, indem man überlegt, wo man persönlich Energie einsparen kann.

9. Aufruf verfassen

Liebe Leserinnen und Leser,

vollgelaufene Keller bei Starkregen, Luftverschmutzung, Hitzewellen im Sommer – der Klimawandel klopft an unsere Tür!
Entsetzt schauen wir nach den Katastrophen auf die Bildschirme, greifen zu Allergietabletten, wischen uns den Schweiß von der Stirn: Gibt es denn nichts, was wir tun können? Die meisten von uns fühlen sich hilflos, dabei geht das Problem uns alle an und wir alle können auch etwas tun! Um uns für eine nachhaltige Zukunft zu rüsten, ist es unerlässlich, mehr in erneuerbare Energien zu investieren. Eine Photovoltaikanlage und ein Stromspeicher sollten schon bald in einem Einfamilienhaus so selbstverständlich sein wie der Einbau einer Heizung. Eine Investition, für die man zunächst vielleicht tief in die Tasche greifen muss, die sich aber langfristig auszahlt, nicht nur für die Umwelt, auch für die eigene Geldbörse.
Noch steigt der Anteil der erneuerbaren Energien in den Sektoren Wärme und Verkehr langsamer als im Sektor Strom, auch hier muss dringend investiert werden. Der Vorteil von Energiegewinnung aus erneuerbaren Energien ist nicht nur, dass diese deutlich geringere Emissionen als konventionelle Energieträger haben, inzwischen sind auch die Kosten konkurrenzfähig und vor allem verringern wir die Abhängigkeit von Energieimporten.
Rüsten wir uns gemeinsam für eine nachhaltige Zukunft! Investieren wir in erneuerbare Energien! Nutzen wir sauberen Strom! Retten wir unsere Zukunft!

Notizen

Notizen

1. Grundlagen

Aufgabe 1

a)

	1		3		7		15		**31**		63		127
		+ 2		+ 4		+ 8		+ 16		+ 32		+ 64	
oder		$+ 2^1$		$+ 2^2$		$+ 2^3$		$+ 2^4$		$+ 2^5$		$+ 2^6$	
oder		$\cdot 2 + 1$		$\cdot 2 + 1$		$\cdot 2 + 1$		$\cdot 2 + 1$		$\cdot 2 + 1$		$\cdot 2 + 1$	

b) $(-3) \cdot \frac{1}{3} \cdot 16 \cdot 2^3 \cdot (-3) \cdot \left(-\frac{1}{4^2}\right) \cdot (-2) \cdot (-1)$

5 Minuszeichen ⇒ negatives Ergebnis

$$= -3 \cdot \frac{1}{3} \cdot 16 \cdot 8 \cdot 3 \cdot \frac{1}{16} \cdot 2 \cdot 1 = -\frac{\cancel{3} \cdot 1 \cdot \cancel{16} \cdot 8 \cdot 3 \cdot 2 \cdot 1}{\cancel{3} \cdot \cancel{16}} = -48$$

c) $a^3 \cdot a^{\square} : a = a^8$

$a^{3 + \square - 1} = a^8$

$a^{2 + \square} = a^8$

$\Rightarrow \quad \square = 6$

d) $\frac{(3x)^2}{(6x^2)^3} = \frac{9x^2}{216x^6} = \frac{1}{24x^4}$

Aufgabe 2

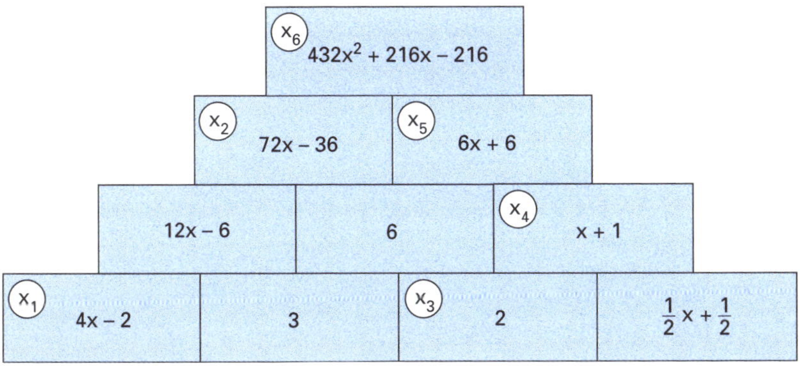

Nebenrechnungen:

(x_1) $\frac{12x - 6}{3} = 4x - 2$

(x_2) $6 \cdot (12x - 6) = 72x - 36$

(x_3) $6 : 3 = 2$

(x_4) $2 \cdot \left(\frac{1}{2}x + \frac{1}{2}\right) = x + 1$

(x_5) $6 \cdot (x + 1) = 6x + 6$

(x_6) $(72x - 36) \cdot (6x + 6) = 432x^2 + 432x - 216x - 216$
$= 432x^2 + 216x - 216$

Aufgabe 3

a) $(\boxed{2y} - 3x)^2 = \text{⬡} - 12xy + \bigcirc$

Schrittweise Berechnung:

$2 \cdot \square \cdot 3x = 12xy$

$6x \cdot \square = 12xy \quad | : 6x$

$\square = 2y \quad \Rightarrow \quad \text{⬡ } 4y^2$

$(3x)^2 = 9x^2 \quad \Rightarrow \quad \boxed{9x^2}$

b) $\left(\frac{1}{4}x + \frac{1}{2}y\right)^2 = \underline{\underline{\frac{1}{8}}}x^2 + \frac{1}{4}xy + \frac{1}{4}y^2$

Es muss heißen: $\frac{1}{16}x^2$

Aufgabe 4

a) $-3ax \cdot (-5a^2 + 4ax^2 - 2a) = 15a^3x - 12a^2x^3 + 6a^2x$

b) $3ac\,(ac - 4c - 1 + 2c^2)$

Aufgabe 5

a) $2^{\frac{1}{2}} \cdot \sqrt{2} = \sqrt{2} \cdot \sqrt{2} = 2$

b) $(4x^2 \cdot 3y)^0 = 1$

$a^0 = 1$

c) $\sqrt{\frac{8x^4 \cdot y^5}{2x^2 \cdot y^3}} = \sqrt{4x^2y^2} = 2xy$

Aufgabe 6

$(10^4 \cdot 10^{-3}) : 10^{-2} + 0{,}5 \cdot 10^0 - 2^3 \cdot (10^6 : 10^3)$

$= 10^1 : 10^{-2} + \frac{1}{2} - 8 \cdot 10^3$

$= 10^{1-(-2)} + \frac{1}{2} - 8 \cdot 10^3$

$= 10^3 + \frac{1}{2} - 8 \cdot 10^3$

$= 1000 + \frac{1}{2} - 8000$

$= -6999{,}5$

2. Gleichungen

Übungsaufgaben ohne Hilfsmittel

Aufgabe 1

Die Breite eines Rechtecks ist um 5 cm kürzer als die Länge des Rechtecks. Der Flächeninhalt des Rechtecks beträgt 65 cm^2 Gesucht ist die Breite des Rechtecks.

Jolanda fährt von Montag bis Freitag jeden Tag insgesamt 65 km zur Arbeit und zurück nach Hause. Gesucht ist die Länge der von ihr gefahrenen Gesamtstrecke in dieser Woche.

Ein Losgewinn von 65 € wird zu gleichen Teilen auf mehrere Personen aufgeteilt. Jede Person erhält dabei 5 €. Gesucht ist die Anzahl der Personen.

$\frac{65}{x} = 5$

$(x + 5) \cdot x = 65$

$x : 5 = 65$

Aufgabe 2

$5x^2 - 6 = 14 \quad | + 6$

$5x^2 = 20 \quad | : 5$

$x^2 = 4 \quad | \sqrt{}$

$x_1 = 2 \qquad x_2 = -2$

Übungsaufgaben mit Hilfsmitteln (Taschenrechner, Formelsammlung)

Aufgabe 1

a) **I. Möglichkeit**

$$\frac{3x-2}{x-1} = \frac{3x-5}{x+1} \qquad \mathbb{D} = \mathbb{R} \setminus \{-1; 1\}$$

$$HN = (x+1)(x-1)$$

$$\frac{(3x-2)\,\cancel{(x-1)}\,(x+1)}{\cancel{(x-1)}} = \frac{(3x-5)\,(x-1)\,\cancel{(x+1)}}{\cancel{(x+1)}}$$

$$(3x-2)(x+1) = (3x-5)(x-1)$$

$$3x^2 + 3x - 2x - 2 = 3x^2 - 3x - 5x + 5 \qquad | -3x^2$$

$$x - 2 = -8x + 5 \qquad | +8x+2$$

$$9x = 7 \qquad | :9$$

$$x = \frac{7}{9} \quad \Rightarrow \quad \mathbb{L} = \left\{\frac{7}{9}\right\}$$

II. Möglichkeit

$$\frac{3x-2}{x-1} = \frac{3x-5}{x+1} \qquad | \text{ über Kreuz multiplizieren}$$

$$(3x-2)(x+1) = (3x-5)(x-1)$$

$$3x^2 + 3x - 2x - 2 = 3x^2 - 3x - 5x + 5 \qquad | -3x^2$$

$$x - 2 = -8x + 5 \qquad | +8x+2$$

$$9x = 7 \qquad | :9$$

$$x = \frac{7}{9} \quad \Rightarrow \quad \mathbb{L} = \left\{\frac{7}{9}\right\}$$

b)

$$\frac{x}{x-1} - \frac{1{,}5}{1-x} = 1 \qquad \mathbb{D} = \mathbb{R} \setminus \{1; -1\}$$

$$HN = (x-1)(1-x)$$

$$\frac{x\cancel{(x-1)}\,(1-x)}{\cancel{(x-1)}} - \frac{1{,}5(x-1)\,\cancel{(1-x)}}{\cancel{(1-x)}} = 1(x-1)(1-x)$$

$$x(1-x) - 1{,}5(x-1) = (x-1)(1-x)$$

$$x - x^2 - 1{,}5x + 1{,}5 = x - x^2 - 1 + x \qquad | +x^2$$

$$-0{,}5x + 1{,}5 = 2x - 1 \qquad | -2x - 1{,}5$$

$$-2{,}5x = -2{,}5 \qquad | :(-2{,}5)$$

$$x = 1$$

$$1 \notin \mathbb{D} \quad \Rightarrow \quad \mathbb{L} = \{\,\}$$

Aufgabe 2

$\frac{1}{x^2} - \frac{1}{x+2} = 0$ $\quad | + \frac{1}{x+2}$ $\quad \mathbb{D} = \mathbb{R} \setminus \{0; -2\}$

$\frac{1}{x^2} = \frac{1}{x+2}$ $\quad$ | über Kreuz multiplizieren

$x^2 = x + 2$ $\quad | -x-2$

$x^2 - x - 2 = 0$

$p = -1 \quad q = -2$

$x_{1/2} = \frac{1}{2} \pm \sqrt{\frac{1}{4} + 2}$

$x_{1/2} = \frac{1}{2} \pm \sqrt{\frac{9}{4}}$

$x_{1/2} = \frac{1}{2} \pm \frac{3}{2}$

$x_1 = \frac{1}{2} + \frac{3}{2} \qquad x_2 = \frac{1}{2} - \frac{3}{2}$

$x_1 = 2 \qquad x_2 = -1$

2 und -1 $\in \mathbb{D} \Rightarrow \mathbb{L} = \{2; -1\}$

Aufgabe 3

$2x^2 - 4x + 5 = 0$

Lösung mit der allgemeinen Form

$a = 2 \quad b = -4 \quad c = 5$

$x_{1/2} = \frac{4 \pm \sqrt{(-4)^2 - 4 \cdot 2 \cdot 5}}{2 \cdot 2}$

$x_{1/2} = \frac{4 \pm \sqrt{-24}}{4} \qquad D < 0 \quad \Rightarrow \quad \mathbb{L} = \{\ \}$

Lösung mit der Normalform

$2x^2 - 4x + 5 = 0 \quad | :2$

$x^2 - 2x + 2{,}5 = 0$

$p = -2 \quad q = 2{,}5$

$x_{1/2} = 1 \pm \sqrt{(-1)^2 - 2{,}5}$

$x_{1/2} = 1 \pm \sqrt{-1{,}5} \qquad D < 0 \quad \Rightarrow \quad \mathbb{L} = \{\ \}$

Aufgabe 4

$(x-2)^2 + 10x = 44$

$x^2 - 4x + 4 + 10x = 44$ $\quad$ zuerst Binom berechnen

$x^2 + 6x + 4 = 44 \quad | -44$

$x^2 + 6x - 40 = 0$

$x_{1/2} = -3 \pm \sqrt{3^2 + 40}$

$x_{1/2} = -3 \pm 7$

$x_1 = -10 \qquad x_2 = 4 \qquad x_1 = -10 \notin \mathbb{N}$

$\Rightarrow \mathbb{L} = \{4\}$

Training

Aufgabe 5

	Länge in cm
1. Kathete	x
2. Kathete	x + 7
Hypotenuse	13

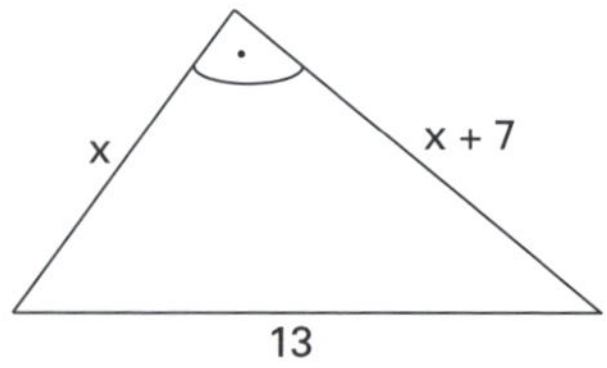

Pythagoras

$a^2 + b^2 = c^2$

Nach dem Satz des Pythagoras gilt:

$$x^2 + (x + 7)^2 = 13^2$$
$$x^2 + x^2 + 14x + 49 = 169$$
$$2x^2 + 14x + 49 = 169 \qquad | -169$$
$$2x^2 + 14x - 120 = 0 \qquad | :2$$
$$x^2 + 7x - 60 = 0$$
$$p = 7 \qquad q = -60$$

$$x_{1/2} = -3{,}5 \pm \sqrt{3{,}5^2 + 60}$$
$$x_{1/2} = -3{,}5 \pm \sqrt{72{,}25}$$
$$x_{1/2} = -3{,}5 \pm 8{,}5$$
$$x_1 = 5 \qquad x_2 = -12$$

Nicht möglich, weil eine Streckenlänge nicht negativ sein kann!

Die Katheten sind 5 cm und 12 cm lang.

Aufgabe 6

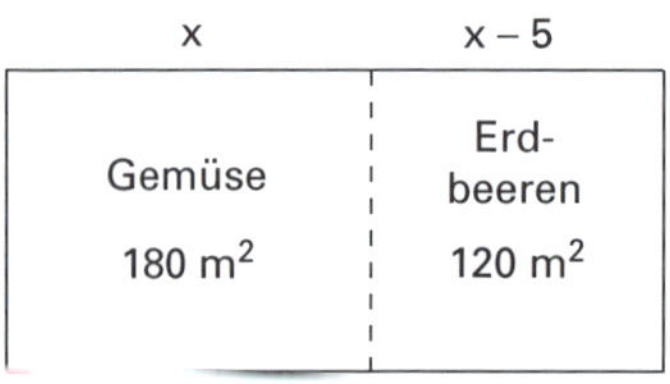

1. Schritt:
Berechnung der Fläche für den Erdbeeranbau:

$300\ m^2 - 180\ m^2 = 120\ m^2$

2. Schritt:
Berechnung der Längen der beiden Beete. Beide Beete haben die gleiche Breite ⇒

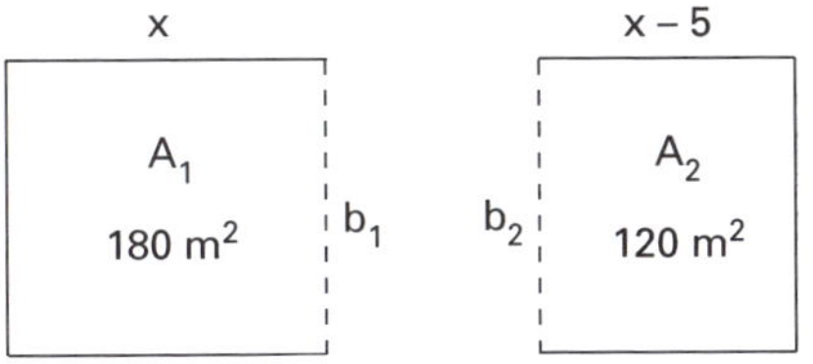

$A_1 = x \cdot b_1$ $\qquad$ $A_2 = (x - 5) \cdot b_2$

$b_1 = \dfrac{A_1}{x}$ $\qquad$ $b_2 = \dfrac{A_2}{x - 5}$

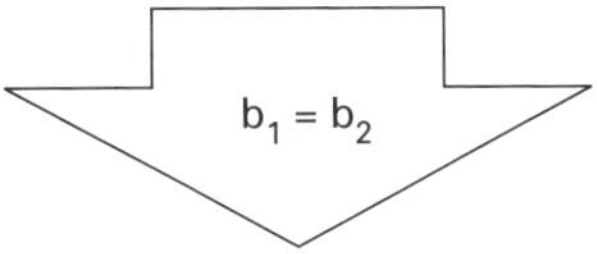

$$\frac{A_1}{x} = \frac{A_2}{x - 5}$$

$$\frac{180}{x} = \frac{120}{x - 5} \qquad | \text{ über Kreuz multiplizieren}$$

$$120x = 180(x - 5)$$

$$120x = 180x - 900 \qquad | - 180x$$

$$-60x = -900 \qquad | : (-60)$$

$$x = 15$$

Das Gemüsebeet ist 15 m lang, das Erdbeerbeet ist 10 m lang.

3. Lineare Gleichungssysteme mit zwei Variablen

Übungsaufgaben ohne Hilfsmittel

Aufgabe 1

Die drei rechnerischen Verfahren liefern immer ein exaktes Ergebnis für die beiden gesuchten Variablen. Beim „Graphischen Verfahren" kann es jedoch passieren, dass man die Koordinaten des Schnittpunkts der beiden Geraden und damit das Lösungspaar des Gleichungssystems nur näherungsweise ablesen kann. Dies kann zu einer nicht ganz exakten Lösung führen.

Aufgabe 2

1. Durch Rechnung:
Das Gleichsetzungsverfahren liefert:

I = II: $-\frac{1}{2}x + 3 = -0{,}5x - 4 \quad | + 0{,}5x$

$3 = -4$

Da die letzte Zeile eine falsche Aussage ist, kann es keine Lösung für das Gleichungssystem geben.

2. In Worten:
Die zu den beiden linearen Gleichungen gehörenden Geraden haben dieselbe Steigung:
$-\frac{1}{2} = -0{,}5$.
Die beiden Geraden verlaufen also entweder parallel zueinander oder sie sind identisch.
Die y-Achsenabschnitte der beiden Geraden stimmen nicht überein, damit verlaufen die beiden Geraden echt parallel zueinander. Echt parallele Geraden haben aber keinen Schnittpunkt, also ist die Lösungsmenge des Gleichungssystems leer.

Übungsaufgaben mit Hilfsmitteln (Taschenrechner, Formelsammlung)

Bei allen Aufgaben wird stets nur ein Lösungsverfahren vorgerechnet.
Rechnen Sie zur Übung auch mit den anderen Verfahren.

Aufgabe 1

(I) $2x - 4y = -8$
(II) $x - y - 5 = 0$

Lösung mit dem Einsetzverfahren
(II) nach x auflösen und in (I) einsetzen.

Aus (II): $x - y - 5 = 0 \quad | + y + 5$

(III): $x = y + 5$

(III) in (I): $2 \cdot (y + 5) - 4y = -8$

$2y + 10 - 4y = -8$

$-2y + 10 = -8 \quad | - 10$

$-2y = -18 \quad | : (-2)$

$y = 9$

y = 9 in (III): $x = 9 + 5$

$x = 14 \quad \Rightarrow \mathbb{L} = \{14 \mid 9\}$

Aufgabe 2

Lösung mit dem Additionsverfahren

$$\begin{array}{llll} \text{(I)} & 3x - 1{,}5y = 4{,}5 & \mid \cdot 2 & \Rightarrow \text{(III)} \quad 6x - 3y = 9 \\ \text{(II)} & 2x - 7y = 15 & \mid \cdot (-3) & \Rightarrow \text{(IV)} \quad \underline{-6x + 21y = -45} \end{array}$$

$$\begin{array}{lrl} \text{(III)} + \text{(IV)}: & 18y = -36 & \mid : 18 \\ & y = -2 & \end{array}$$

$$\begin{array}{lrl} y = -2 \text{ in (II)}: & 2x - 7 \cdot (-2) = 15 & \\ & 2x + 14 = 15 & \mid - 14 \\ & 2x = 1 & \mid : 2 \\ & x = 0{,}5 & \Rightarrow \mathbb{L} = \{(0{,}5 \mid -2)\} \end{array}$$

Aufgabe 3

(I) $y = 0{,}25x + 0{,}875$
(II) $y = 0{,}2x - 2{,}1$

Lösung mit dem Gleichsetzverfahren

$$\begin{array}{lrl} \text{(I)} = \text{(II)}: & 0{,}25x + 0{,}875 = 0{,}2x - 2{,}1 & \mid - 0{,}2x - 0{,}875 \\ & 0{,}05x = -2{,}975 & \mid : 0{,}05 \\ & x = -59{,}5 & \end{array}$$

$$\begin{array}{ll} x = -59{,}5 \text{ in (II)}: & y = 0{,}2 \cdot (-59{,}5) - 2{,}1 \\ & y = -14 \quad \Rightarrow \quad \mathbb{L} = \{(-59{,}5 \mid -14)\} \end{array}$$

Aufgabe 4

Basis: y
Schenkel: x

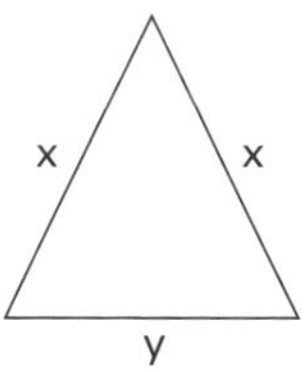

(I) $y + 2x = 27$
(II) $x = y + 6$

Lösung mit dem Einsetzverfahren

$$\begin{array}{lrl} \text{(II) in (I)}: & y + 2 \cdot (y + 6) = 27 & \\ & y + 2y + 12 = 27 & \mid - 12 \\ & 3y = 15 & \mid : 3 \\ & y = 5 & \end{array}$$

$$\begin{array}{ll} y = 5 \text{ in (II)}: & x = 5 + 6 \\ & x = 11 \end{array}$$

Die Basis ist 5 cm lang, ein Schenkel ist 11 cm lang.

Aufgabe 5

Anzahl der EZ: x
Anzahl der DZ: y

	Einzelzimmer	+	Doppelzimmer	=	alle Zimmer
	↓		↓		↓
(I)	x	+	y	=	255
	Betten in Einzelzimmer	+	Betten in Doppelzimmer	=	alle Betten
	↓		↓		↓
(II)	x	+	$2 \cdot y$	=	465

$$\begin{array}{llll} \text{(I)} & x + y = 255 & \mid - x & \Rightarrow \text{(III)} \quad y = -x + 255 \\ \text{(II)} & x + 2y = 465 & & \end{array}$$

Lösung mit dem Einsetzverfahren

(III) in (II):
$$x + 2(-x + 255) = 465$$
$$x - 2x + 510 = 465 \quad | -510$$
$$-x = -45 \quad | \cdot (-1)$$
$$x = 45$$

x = 45 in (III):
$$y = -45 + 255$$
$$y = 210$$

Im Hotel gibt es 45 Einzelzimmer und 210 Doppelzimmer.

Aufgabe 6

Grundgedanke der Lösung:

Menge 1 (in kg)	·	Preis 1 (je kg)	+	Menge 2 (in kg)	·	Preis 2 (je kg)	=	Gesamtmenge (in kg)	·	Preis der Mischung (je kg)

Preis Sorte A je kg: x
Preis Sorte B je kg: y

(I) $3 \cdot x + 2 \cdot y = 5 \cdot 8{,}80 \quad \Rightarrow \quad$ (I) $3x + 2y = 44$

(II) $3 \cdot x + 5y = 8 \cdot 9{,}25 \quad | \cdot (-1) \quad \Rightarrow \quad$ (III) $-3x - 5y = -74$

(I) + (III): $-3y = -30 \quad | \cdot (-1)$

(IV): $y = 10$

(IV) in (I):
$$3x + 2 \cdot 10 = 44 \quad | -20$$
$$3x = 24 \quad | : 3$$
$$x = 8$$

1 kg der Sorte A kostet 8 €, 1 kg der Sorte B kostet 10 €.

4. Prozent- und Zinsrechnung

Übungsaufgaben ohne Hilfsmittel

Aufgabe 1

Durch Rechnung:

1. Senkung des ursprünglichen Preises um 10 %:
   10 % von 100 € = 10 €. Nach der Preissenkung kostet der Schlitten 100 € – 10 € = 90 €.
2. Erhöhung des (zuvor) gesenkten Preises um 10 % ergibt:
   10 % von 90 € = 9 €. Nach der Preiserhöhung kostet der Schlitten also 90 € + 9 € = 99 €

Antwort: Der Preis des Schlittens ist nun (um 1 €) niedriger als der ursprüngliche Preis von 100 €.

In Worten:
10 % von 100 € ergibt einen höheren Geldbetrag als 10 % vom bereits gesenkten Preis (der unter 100 € liegen muss). Damit ist die absolute Preissenkung (in €) im ersten Schritt höher als die darauffolgende absolute Preiserhöhung (in €). Insgesamt muss der Endpreis also niedriger als der ursprüngliche Preis von 100 € sein.

Aufgabe 2

☑ 41,93 € · 1,19

Übungsaufgaben mit Hilfsmitteln (Taschenrechner, Formelsammlung)

Aufgabe 1

a) $W = \frac{G \cdot p}{100}$ $\Rightarrow$ $W = \frac{240\text{ €} \cdot 2{,}5}{100}$

$W = 6\text{ €}$

b) $p = \frac{W \cdot 100}{G}$ $\Rightarrow$ $p = \frac{120\text{ l} \cdot 100}{800\text{ l}}$

$p = 15\ \%$

c) $G = \frac{W \cdot 100}{p}$ $\Rightarrow$ $G = \frac{45\text{ m}^2 \cdot 100}{3}$

$G = 1500\text{ m}^2$

Aufgabe 2

25 % Preisnachlass bedeutet, dass das Fahrrad jetzt noch 75 % des ursprünglichen Preises kostet.

$$
\begin{aligned}
75\ \% &\triangleq 375\text{ €} \\
25\ \% &\triangleq 125\text{ €} \quad (:3) \\
100\ \% &\triangleq 500\text{ €} \quad (\cdot 4)
\end{aligned}
$$

Vor dem Preisnachlass kostete das Fahrrad 500 €.

Aufgabe 3

100 % – 75 % Rabatt = 25 % Kosten für die Tochter
100 % – 25 % Rabatt = 75 % Kosten für den Sohn

Berechnung der Kosten für die Kinder:

I. Möglichkeit (Dreisatz)

$100\,\% \triangleq 1600\,€$

$1\,\% \triangleq \frac{1600\,€}{100} = 16\,€$

$25\,\% \triangleq 16\,€ \cdot 25 = 400\,€$

$75\,\% \triangleq 16\,€ \cdot 75 = 1200\,€$

II. Möglichkeit

Formel: $P = \frac{G \cdot p}{100}$

$P = \frac{1600\,€ \cdot 25}{100} = 400\,€$

$P = \frac{1600\,€ \cdot 75}{100} = 1200\,€$

Kostenaufstellung

2 Erwachsene = 2 · 1600 €	= 3200 €
12-jähriger Sohn	= 1200 €
2-jährige Tochter	= 400 €
	4800 €

Der Urlaub kostet 4800 €.

Aufgabe 4

Der Schuletat von 55 485 € ist der Prozentwert und macht 100 % – 10 % Kürzung = 90 % vom Vorjahreswert aus.

a) Ursprünglicher Etat (letztes Jahr bzw. vorletztes Jahr) ist jeweils der gesuchte Grundwert.

I. Möglichkeit (Dreisatz)

$90\,\% \triangleq 55\,485\,€$

$1\,\% \triangleq \frac{55\,485\,€}{90} = 616{,}50\,€$

$100\,\% \triangleq 616{,}50\,€ \cdot 100 = 61\,650\,€$ (Etat letztes Jahr)

Berechnung Grundwert (vorletztes Jahr):

$90\,\% \triangleq 61\,650\,€$

$1\,\% \triangleq \frac{61\,650\,€}{90} = 685\,€$

$100\,\% \triangleq 685\,€ \cdot 100 = 68\,500\,€$ (Etat vorletztes Jahr)

II. Möglichkeit

Formel: $G = \frac{W \cdot 100}{p}$

$G_1 = \frac{55\,485\text{ €} \cdot 100}{90} = 61\,650\text{ €}$

$G_2 = \frac{61\,650\text{ €} \cdot 100}{90} = 68\,500\text{ €}$

Der Schulleiter hatte vor 2 Jahren noch 68 500 € zur Verfügung.

b) Gesamte Kürzung:

$$\begin{array}{r} 68\,500\text{ €} \\ -\ 55\,485\text{ €} \\ \hline 13\,015\text{ €} \end{array}$$

Der Grundwert ist der ursprüngliche Etat von vor 2 Jahren = 68 500 €. Das entspricht 100 %.

Lösung mit dem Dreisatz

$68\,500\text{ €} \mathrel{\hat{=}} 100\,\%$

$1\text{ €} \mathrel{\hat{=}} \frac{100\,\%}{68\,500}$

$13\,015\text{ €} \mathrel{\hat{=}} \frac{100\,\% \cdot 13\,015}{68\,500} = 19\,\%$

Lösung mit der Formel

$p = \frac{W \cdot 100}{G}$

$p = \frac{13\,015 \cdot 100}{68\,500} = 19\,\%$

Die prozentuale Kürzung insgesamt beträgt 19 %.

Aufgabe 5

a) $Z = \frac{K \cdot p \cdot m}{100 \cdot 12} \Rightarrow Z = \frac{4000\text{ €} \cdot 0{,}4 \cdot 4}{100 \cdot 12}$

$Z = 5{,}33\text{ €}$

b) $Z = \frac{K \cdot p \cdot i}{100} \Rightarrow Z = \frac{12\,500\text{ €} \cdot 0{,}75 \cdot 1}{100}$

$Z = 93{,}75\text{ €}$

c) $Z = \frac{K \cdot p \cdot t}{100 \cdot 360} \Rightarrow Z = \frac{8600\text{ €} \cdot 0{,}6 \cdot 178}{100 \cdot 360}$

$Z = 25{,}51\text{ €}$

Merke:
1 Zinsjahr hat 30 Tage!
Jeder Monat (auch der Februar) hat 30 Tage!

Aufgabe 6

a)

Jahr	Kapital zu Jahresbeginn in €	Zinsen in € ($Z = K \cdot p$ %)	Kapital am Jahresende in €
1	15 000	$15\,000 \cdot 0{,}008 = 120$	15 120
2	15 120	$15\,120 \cdot 0{,}008 = 120{,}96$	15 240,96
3	15 240,96	$15\,240{,}96 \cdot 0{,}008 = 121{,}93$	15 362,89

Das Endkapital beträgt 15 362,89 €.

b) $K_0 = 35\,000$; $n = 8$; $q = \left(1 + \frac{0{,}9}{100}\right) = 1{,}009$

Folglich gilt mit der Zinseszinsformel:

$K_8 = 35\,000 \cdot 1{,}009^8$

$K_8 = 37\,600{,}83$

Das Endkapital beträgt 37 600,83 €.

Aufgabe 7

a) $K_n = 19\,164{,}19$ €; $p = 1{,}05$ %; $n = 6$

$$K_n = K_0 \cdot \left(1 + \frac{p}{100}\right)^n$$

$$19\,164{,}19 = K_0 \cdot \left(1 + \frac{1{,}05}{100}\right)^6$$

$$19\,164{,}19 = K_0 \cdot (1{,}0105)^6$$

$$19\,164{,}19 = K_0 \cdot 1{,}0647 \quad |:1{,}0647$$

$$K_0 = 17\,999{,}61 \text{ €}$$

Das Anfangskapital betrug etwa 18 000 €.

b) $K_n = 63\,928{,}38$ €; $K_0 = 58\,000$ €; $n = 7$

$$K_n = K_0 \cdot \left(1 + \frac{p}{100}\right)^n$$

$$63\,928{,}38 = 58\,000 \cdot \left(1 + \frac{p}{100}\right)^7 \quad |:58\,000$$

$$1{,}1022 = \left(1 + \frac{p}{100}\right)^7 \quad |\sqrt[7]{}$$

$$\sqrt[7]{1{,}1022} = 1 + \frac{p}{100} \quad |-1$$

$$0{,}014 = \frac{p}{100} \quad |\cdot 100$$

$$p = 1{,}4\ \%$$

Der Zinssatz beträgt 1,4 %.

Aufgabe 8

$$K_n = K_0 \cdot \left(1 + \frac{p}{100}\right)^n$$

$$9525{,}34 = 9000 \cdot \left(1 + \frac{0{,}95}{100}\right)^n \quad | : 9000$$

$$1{,}058371 = 1{,}0095^n \quad | \log_{1{,}0095}(\ )$$

$$n = \log_{1{,}0095}(1{,}058371)$$

$$n \approx 6$$

$$a^n = c$$
$$\rightarrow n = \log_a c$$

Nach ungefähr 6 Jahren wächst der Anlagebetrag auf 9525,34 € an.

Aufgabe 9

$$K_n = K_0 \cdot \left(1 + \frac{p}{100}\right)^n$$

$$14\,000{,}00 = 13\,679{,}86 \cdot \left(1 + \frac{0{,}58}{100}\right)^n \quad | : 13\,679{,}86$$

$$1{,}023402 = 1{,}0058^n \quad | \log_{1{,}0058}(\ )$$

$$n = \log_{1{,}0058}(1{,}023402)$$

$$n \approx 4$$

Das Kapital wurde für ungefähr 4 Jahre angelegt.

5. Lineare Funktionen

Übungsaufgaben ohne Hilfsmittel

Aufgabe 1

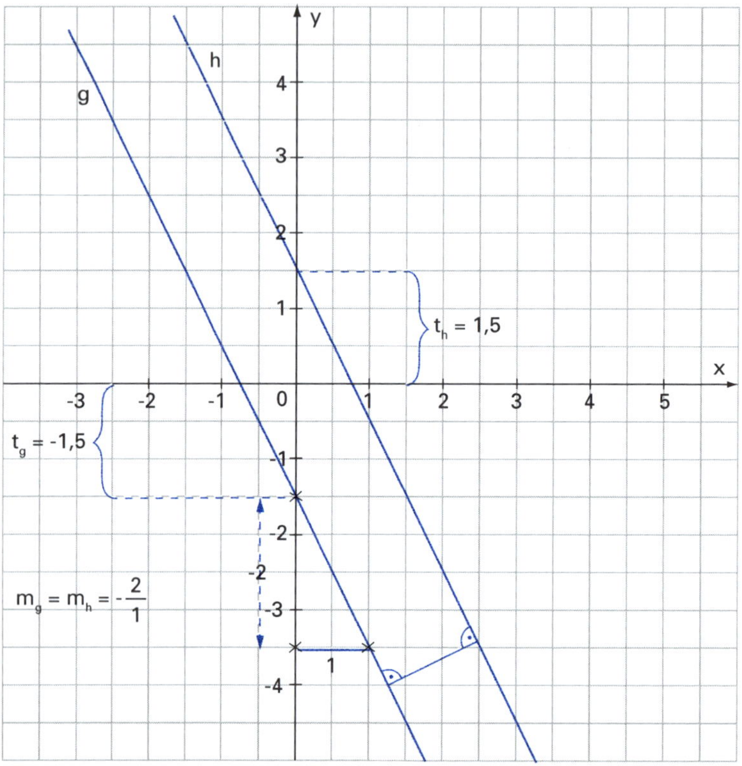

Aufgabe 2

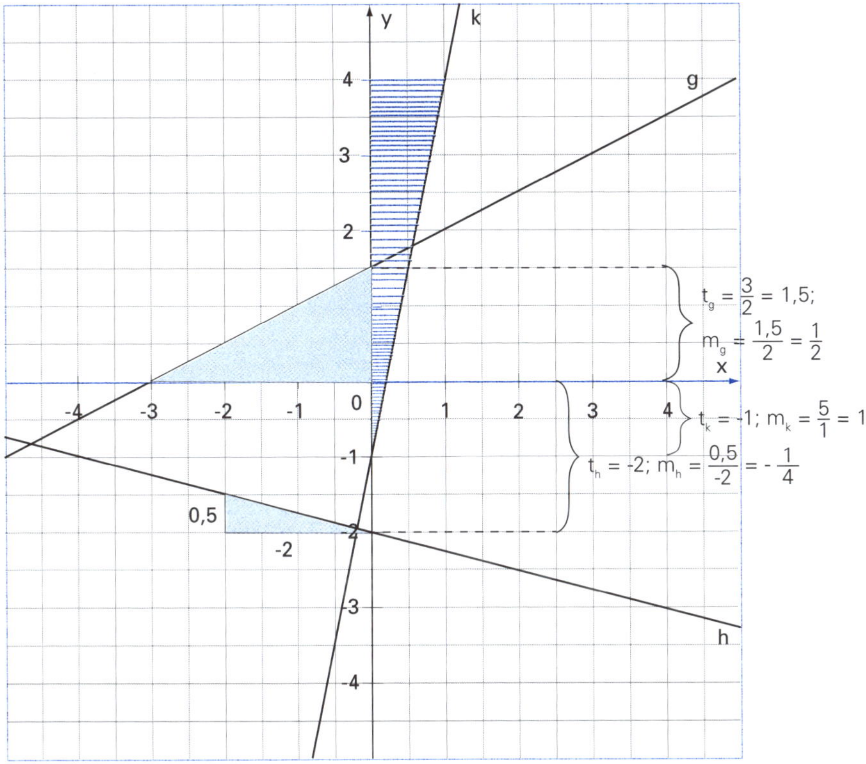

g: $y = \frac{1}{2}x + \frac{3}{2}$

h: $y = -\frac{1}{4}x - 2$

k: $y = 5x - 1$

Übungsaufgaben mit Hilfsmitteln (Taschenrechner, Formelsammlung)

Aufgabe 1

Nullstellen sind die Schnittpunkte von Graphen mit der x-Achse $\Rightarrow$ y = 0

Nullstelle von h_1:

$\frac{1}{2}x - 0{,}5y + 6 = 0 \quad \wedge \quad y = 0$

$\frac{1}{2}x + 6 = 0 \quad | -6$

$\frac{1}{2}x = -6 \quad | \cdot 2$

$x = -12 \quad \Rightarrow \quad N(-12 \mid 0)$

Nullstelle von h_2:

$y = -\frac{4}{3}x - 2 \quad \wedge \quad y = 0$

$-\frac{4}{3}x - 2 = 0 \quad | +2$

$-\frac{4}{3}x = 2 \quad | \cdot \left(-\frac{3}{4}\right)$

$x = -1{,}5 \quad \Rightarrow \quad N(-1{,}5 \mid 0)$

Aufgabe 2

$$m = \frac{y_B - y_A}{x_B - x_A}$$

a) $m = \frac{-4 + 1}{1{,}5 + 4} = \frac{-3}{5{,}5} = \frac{-30}{55} = -\frac{6}{11}$

b) $m = \frac{-1{,}5 + 2}{8 - 0{,}5} = \frac{0{,}5}{7{,}5} = \frac{5}{75} = \frac{1}{15}$

Aufgabe 3

1. Schritt:
Berechnung der Steigung m.

$m = \frac{0{,}5 + 1}{1 + 4} = \frac{1{,}5}{5} = \frac{3}{10}$

2. Schritt:
Berechnung des Achsenabschnittes t.

$g: y = \frac{3}{10}x + t$

P_1 in g eingesetzt:

$-1 = \frac{3}{10} \cdot (-4) + t$

$-1 = -\frac{12}{10} + t \quad | + \frac{12}{10}$

$t = \frac{2}{10}$

$t = \frac{1}{5}$

3. Schritt:
Aufstellen der Geradengleichung.

$g: y = \frac{3}{10}x + \frac{1}{5}$

Aufgabe 4

$h \parallel g_1 \Rightarrow m_h = m_{g_1}$

$l \perp g_1 \Rightarrow m_l = -\frac{1}{m_{g_1}}$

a) $m_{g_1} = -\frac{3}{4} \quad \Rightarrow \quad m_h = -\frac{3}{4}$

$h\colon y = -\frac{3}{4}x + t$

A in h eingesetzt:

$4 = -\frac{3}{4} \cdot 1 + t$

$t = \frac{19}{4} \quad \Rightarrow \quad h\colon y = -\frac{3}{4}x + \frac{19}{4}$

b) $m_{g_1} = -\frac{3}{4} \quad \Rightarrow \quad m_l = \frac{4}{3}$

$l\colon y = \frac{4}{3}x + t$

B in l eingesetzt:

$-3 = \frac{4}{3} \cdot (-1) + t$

$t = -\frac{5}{3} \quad \Rightarrow \quad l\colon y = \frac{4}{3}x - \frac{5}{3}$

c) Die Koordinaten von C werden in h eingesetzt:

$2{,}5 = -\frac{3}{4} \cdot 3 + \frac{19}{4}$

$2{,}5 = -\frac{9}{4} + \frac{19}{4}$

$2{,}5 = 2{,}5 \quad (w) \quad \Rightarrow C \in h$

d) $g_1 \cap g_2 = \{S\}$

$g_1\colon y = -\frac{3}{4}x + 1$

$g_2\colon y = \frac{1}{4}x - 1$

Gleichsetzverfahren:

$-\frac{3}{4}x + 1 = \frac{1}{4}x - 1 \quad | -\frac{1}{4}x - 1$

$-x = -2 \quad | \cdot (-1)$

$x = 2$

x = 2 in g_1 eingesetzt:

$y = -\frac{3}{4} \cdot 2 + 1$

$y = -0{,}5 \quad \Rightarrow S\,(2 \mid -0{,}5)$

Training

e)

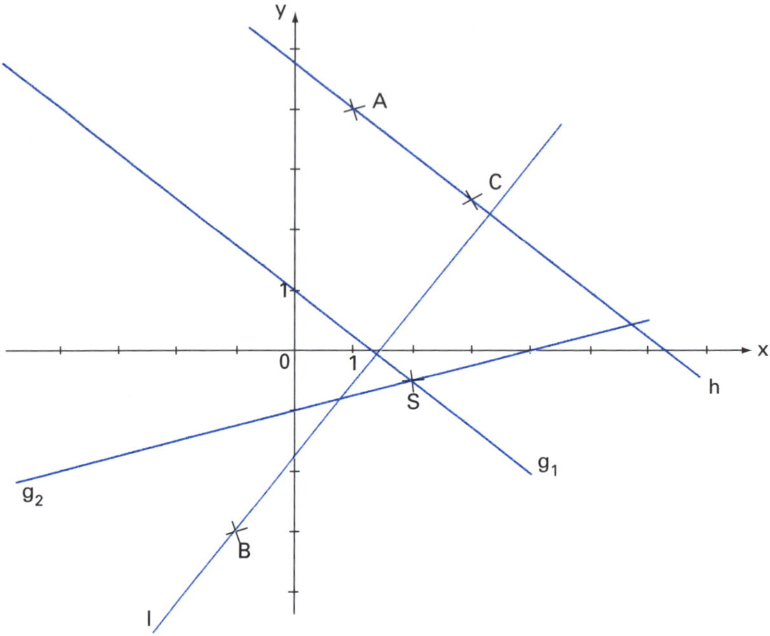

Aufgabe 5

a)

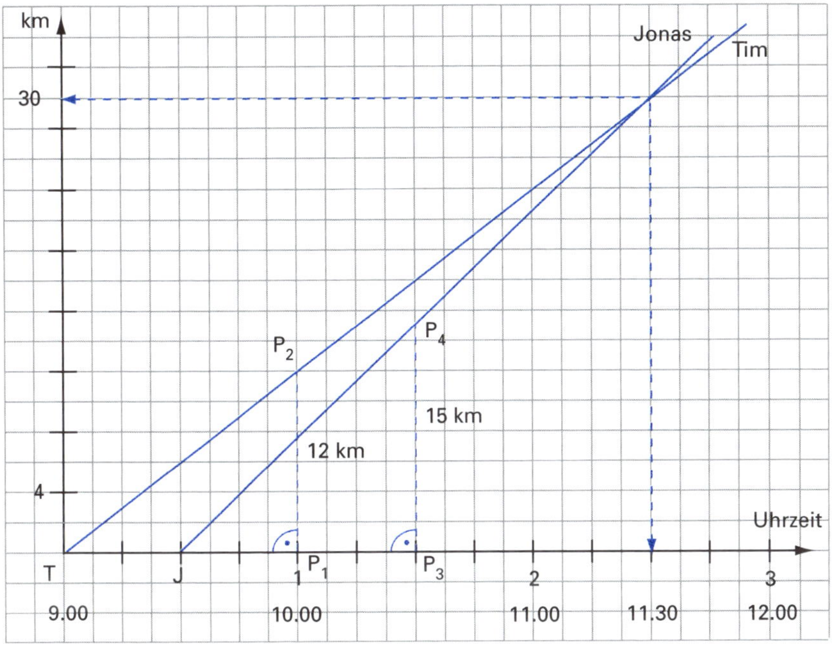

Erklärung zur Zeichnung:

Graph von Tim

Start um 9.00 Uhr ⇒ Punkt T $(0 \mid 0)$

In 1 h fährt er 12 km:

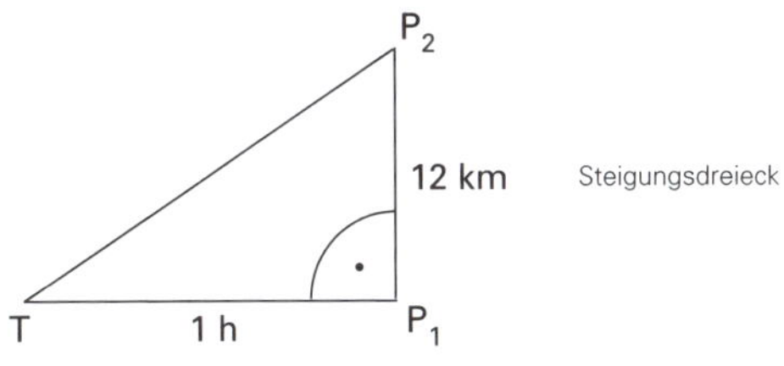

Graph von Jonas

Start um 9.30 Uhr ⇒ Punkt J $(\frac{1}{2} \mid 0)$

In 1 h fährt er 15 km:

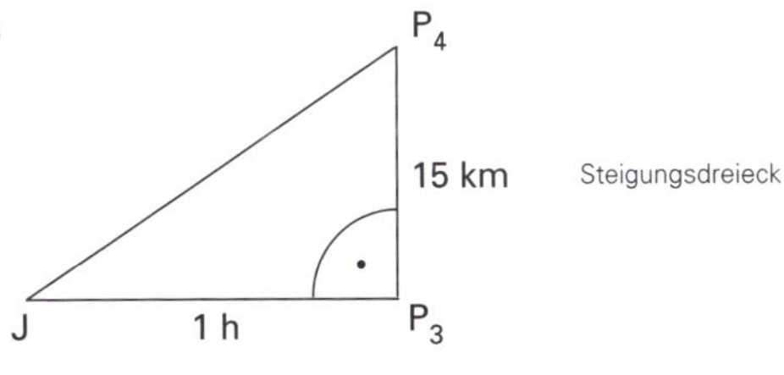

Jonas holt Tim nach 30 km um 11.30 Uhr ein.

b) **I. Möglichkeit**

$y \triangleq$ zurückgelegter Weg
$x \triangleq$ Zeit in Stunden

Fahrt von Tim: $y_T = 12x$
Fahrt von Jonas: $y_J = 15x + t$

Jonas startet um 9.30 Uhr, also ist der Punkt J $(\frac{1}{2} \mid 0)$ ein Punkt auf der Geraden y_J.
J wird in die Geradengleichung eingesetzt:

$0 = 15 \cdot \frac{1}{2} + t$

$t = -7{,}5 \quad \Rightarrow \quad y_J = 15x - 7{,}5$

Am Schnittpunkt von y_J und y_T haben beide den gleichen Weg zurückgelegt. $\Rightarrow$

$$y_J = y_T$$
$$15x - 7{,}5 = 12x \qquad | +7{,}5 - 12x$$
$$3x = 7{,}5 \qquad | :3$$
$$x = 2{,}5$$

Sie treffen sich 2,5 Stunden nach dem Start von Tim um 11.30 Uhr.
$x = 2{,}5$ in y_T eingesetzt:

$y_T = 12 \cdot 2{,}5$
$y_T = 30$

Jonas holt Tim nach 30 km um 11.30 Uhr ein.

II. Möglichkeit

$s = v \cdot t$ Weg ist Geschwindigkeit mal Zeit

Tim	Jonas
$v_1 = 12\,\frac{km}{h}$	$v_2 = 15\,\frac{km}{h}$
$t_1 = x\,h$	$t_2 = \left(x - \frac{1}{2}\right) h$
s_1	s_2

$s_1 = v_1 \cdot t_1 \qquad s_2 = v_2 \cdot t_2$

Bis zum Treffpunkt gilt: $s_1 = s_2$

$$v_1 t_1 = v_2 t_2$$
$$12x = 15\left(x - \frac{1}{2}\right)$$
$$12x = 15x - 7{,}5 \qquad | -15x$$
$$-3x = -7{,}5 \qquad | :(-3)$$
$$x = 2{,}5$$

$x = 2{,}5$ in s_1: $\quad s_1 = 12 \cdot 2{,}5$
$\qquad s_1 = 30$

Jonas holt Tim nach 30 km um 11.30 Uhr ein.

Aufgabe 6

Zunächst werden bei den Steigungen der Geraden alle Dezimalzahlen in vollständig gekürzte Brüche verwandelt:

g_3: $y = \frac{2}{5}x + 5$ g_4: $y = \frac{1}{4}x - 2$ g_5: $y = -\frac{5}{2}x - 3$

Zueinander parallele Geraden:

$g_1 \parallel g_3$ $g_4 \parallel g_6$

Zueinander senkrechte Geraden:

Da $\frac{2}{5} \cdot \left(-\frac{5}{2}\right) = -1$ ist, gilt $g_1 \perp g_5$ und $g_3 \perp g_5$.

Da $-4 \cdot \frac{1}{4} = -1$ ist, gilt $g_4 \perp g_2$ und $g_6 \perp g_2$.

Aufgabe 7

Der Wert -0,2 ist die Steigung des zugehörigen Graphen. Das bedeutet, dass die Kerze pro Minute 0,2 cm (also 2 mm) an Länge verliert. Der Wert 8 ist der y-Achsenabschnitt des zugehörigen Graphen. Das bedeutet, dass die Kerze zum Zeitpunkt des Anzündens 8 cm lang ist.

6. Quadratische Funktionen

Übungsaufgaben ohne Hilfsmittel

Aufgabe 1

p_1 hat S (-4 | -1) $\Rightarrow$ (C)

p_2 hat S (0 | 1) $\Rightarrow$ (A)

p_3 hat S (1 | 2) $\Rightarrow$ keine der angegebenen Funktionsgleichungen

p_4 hat S (1 | -4) $\Rightarrow$ (E)

p_5 hat S (0 | 4) $\Rightarrow$ (B)

p_6 hat S (4 | 0) $\Rightarrow$ (F)

Aufgabe 2

Anmerkung: Andere Lösungen sind möglich.

Zwei Schnittpunkte

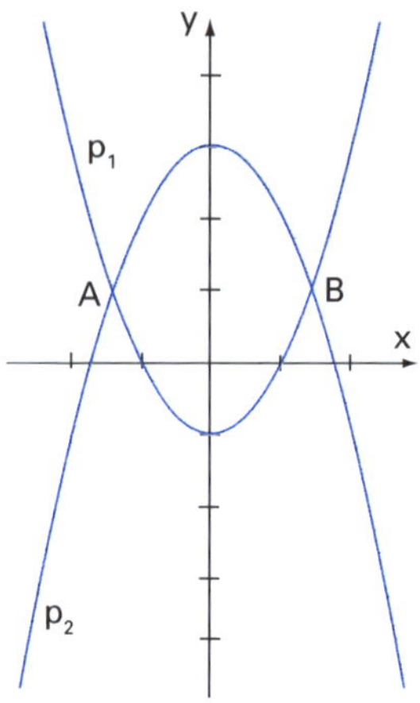

p_1: $y = x^2 - 1$
p_2: $y = -x^2 + 3$

Ein Berührpunkt

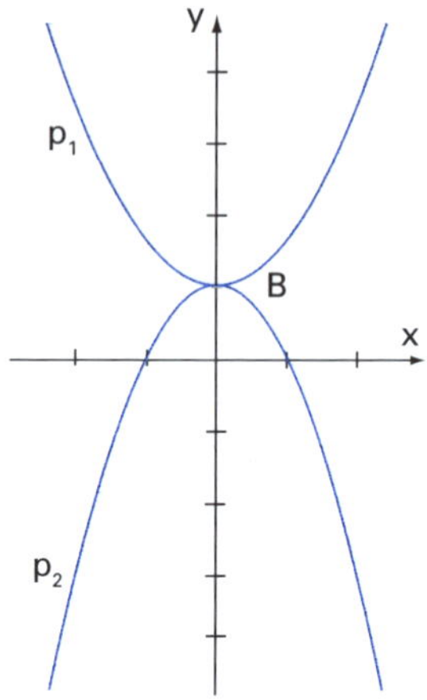

p_1: $y = x^2 + 1$
p_2: $y = -x^2 + 1$

Kein Schnittpunkt

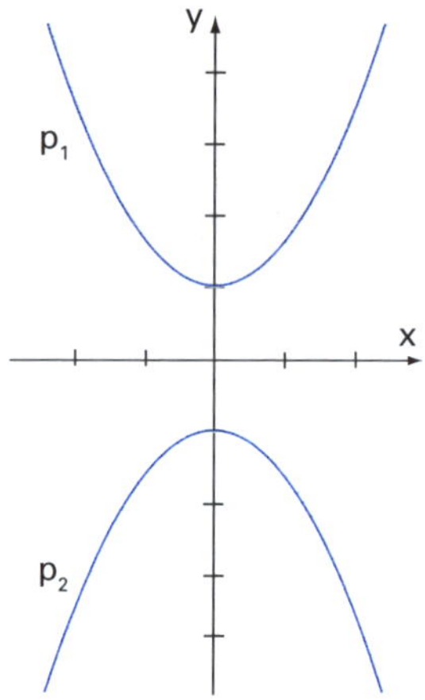

p_1: $y = x^2 + 1$
p_2: $y = -x^2 - 1$

Übungsaufgaben mit Hilfsmitteln (Taschenrechner, Formelsammlung)

Aufgabe 1

a) **I. Möglichkeit**

$y = x^2 - 5x + 1$
$y = x^2 - 5x + 2{,}5^2 - 2{,}5^2 + 1$ (quadratische Ergänzung)
$y = (x - 2{,}5)^2 - 5{,}25$ (Binom)
$\Rightarrow S\ (2{,}5 \mid -5{,}25)$ (Scheitelkoordinaten bestimmen)

II. Möglichkeit
Formel:

$$S\left(-\frac{p}{2} \mid q - \left(\frac{p}{2}\right)^2\right)$$

$p = -5 \quad q = 1$

$S\left(-\frac{-5}{2} \mid 1 - \left(-\frac{5}{2}\right)^2\right)$

$S\ (2{,}5 \mid -5{,}25)$

b) **I. Möglichkeit**

$y = -x^2 + 2x - 6$ (Minuszeichen ausklammern)
$y = -[x^2 - 2x + 6]$ (quadratische Ergänzung)
$y = -[x^2 - 2x + 1^2 - 1^2 + 6]$ (Binom)
$y = -[(x - 1)^2 + 5]$ (eckige Klammer auflösen)
$y = -(x - 1)^2 - 5$ (Scheitelkoordinaten bestimmen)
$\Rightarrow S\ (1 \mid -5)$

II. Möglichkeit
Formel:

$$S\left(\frac{p}{2} \mid q + \left(\frac{p}{2}\right)^2\right)$$

$p = 2 \quad q = -6$

$S\left(\frac{2}{2} \mid -6 + \left(\frac{2}{2}\right)^2\right)$

$S\ (1 \mid -5)$

Aufgabe 2

a) Nach unten geöffnet: Minuszeichen nicht vergessen!
$y = -x^2 + px + q$

A eingesetzt: $1 = -2^2 + 2p + q$
$1 = -4 + 2p + q$
I: $5 = 2p + q$

B eingesetzt: $-2 = -(-1)^2 - 1p + q$
$-2 = -1 - p + q$
II: $-1 = -p + q$

I: $5 = 2p + q$ $\Rightarrow$
II: $-1 = -p + q$ $\mid \cdot (-1)$

I: $5 = 2p + q$
III: $1 = p - q$

I + III: $6 = 3p$ $\mid : 3$
IV: $p = 2$

IV in I: $5 = 2 \cdot 2 + q$
$q = 1$ $\Rightarrow$ p: $y = -x^2 + 2x + 1$

Beachten Sie: Man kann das Additionsverfahren auch als „Subtraktionsverfahren" durchführen.

I: $5 = 2p + q$
II: $-1 = -p + q$

I – II: $6 = 3p$ | : 3
$p = 2$

Die weitere Berechnung wie oben!

b) Gleichung der Symmetrieachse $x = 1$ ⇒ Der Scheitel hat den x-Wert 1 ⇒ $x_S = 1$
Scheitelpunktform: $y = (x - 1)^2 + y_S$
C eingesetzt: $-1{,}75 = (-0{,}5 - 1)^2 + y_S$
$-1{,}75 = (-1{,}5)^2 + y_S$
$-1{,}75 = 2{,}25 + y_S$ | – 2,25
$-4 = y_S$

⇒ p: $y = (x - 1)^2 - 4$ Scheitelpunktform
$y = x^2 - 2x + 1 - 4$ ⇓
p: $y = x^2 - 2x - 3$ Normalform

Aufgabe 3

1. Schritt:
Berechnung der Scheitelkoordinaten S_1.

$y = x^2 + 8x + 15$
$y = x^2 + 8x + 4^2 - 4^2 + 15$
$y = (x + 4)^2 - 1$ ⇒ S_1 (-4 I -1)

2. Schritt:
Berechnung der Scheitelkoordinaten S_2 und S_3.

p_1 —x-Achse→ p_2

S_1 (-4 I -1) —x-Wert bleibt gleich!→ S_2 (-4 I +1)

p_1 —y-Achse→ p_3

S_1 (-4 I -1) —y-Wert bleibt gleich!→ S_3 (+4 I -1)

3. Schritt:
Berechnung der Parabelgleichungen p_2 und p_3.
Bei der Spiegelung an der x-Achse ändert sich die Öffnung:

p_2: $y = -(x + 4)^2 + 1$ Scheitelpunktform
$y = -(x^2 + 8x + 16) + 1$ ⇓
$y = -x^2 - 8x - 16 + 1$
p_2: $y = -x^2 - 8x - 15$ Normalform

Bei der Spiegelung an der y-Achse ändert sich die Öffnung nicht:

p_3: $y = (x - 4)^2 - 1$ Scheitelpunktform
$y = x^2 - 8x + 16 - 1$ ⇓
$y = x^2 - 8x + 15$ Normalform

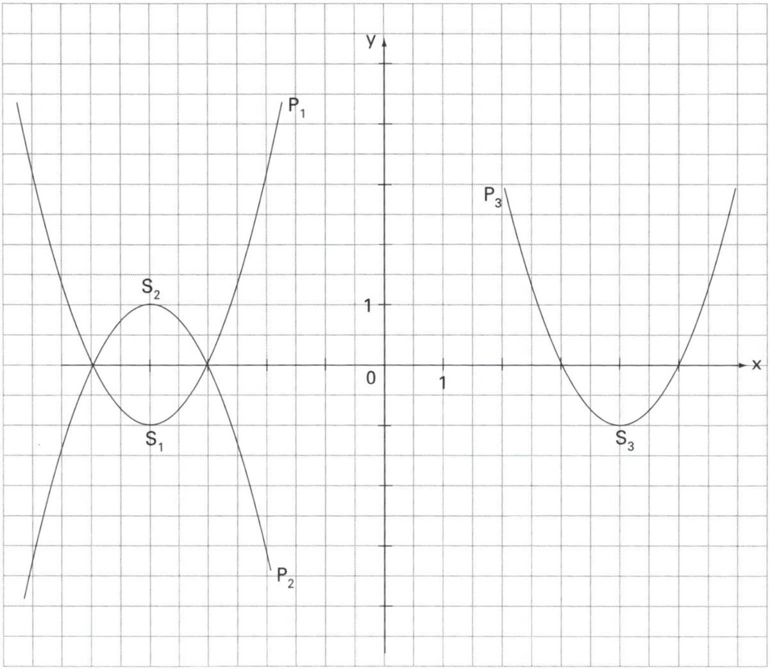

Aufgabe 4

a) p: $y = x^2 - 2x + 3$ g: $y = x + 1$

p ∩ g: $x^2 - 2x + 3 = x + 1$ $\quad | -x-1$

$x^2 - 3x + 2 = 0$

$x_{1/2} = 1{,}5 \pm \sqrt{(-1{,}5)^2 - 2}$

$x_{1/2} = 1{,}5 \pm 0{,}5$

$x_1 = 2 \qquad x_2 = 1$

$\downarrow \qquad \downarrow$

$y_1 = 3 \qquad y_2 = 2 \qquad \Rightarrow$ A (2 | 3) B (1 | 2)

$$x_{1/2} = -\frac{p}{2} \pm \sqrt{\left(\frac{p}{2}\right)^2 - q}$$

b) p_1: $y = x^2 - 2x - 3$ p_2: $y = -x^2 + 8x - 16$

$p_1 \cap p_2$: $x^2 - 2x - 3 = -x^2 + 8x - 16$ $\quad | + x^2 - 8x + 16$

$2x^2 - 10x + 13 = 0$ $\quad | : 2$

$x^2 - 5x + 6{,}5 = 0$

$x_{1/2} = 2{,}5 \pm \sqrt{(-2{,}5)^2 - 6{,}5}$

$x_{1/2} = 2{,}5 \pm \sqrt{-0{,}25}$

$D < 0 \quad \Rightarrow \mathbb{L} = \{\,\} \Rightarrow$ Es gibt keine Schnittpunkte.

Aufgabe 5

a) Die Halle ist 9 m breit ⇒ Ein Parabelbogen ist 3 m breit.
Der Scheitel S_1 liegt auf der Symmetrieachse der Parabel ⇒ $x_S = 1{,}5$.

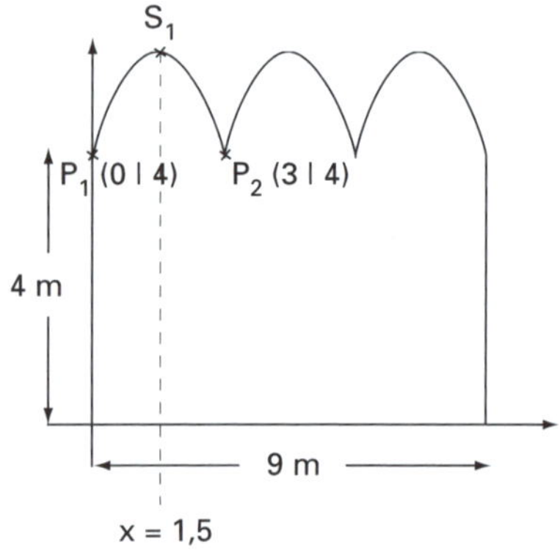

I. Möglichkeit

Normalform:

p: $y = -x^2 + px + q$

P_1 in p eingesetzt: $4 = -0^2 + p \cdot 0 + q$
$q = 4$

P_2 und $q = 4$ in p eingesetzt:
$4 = -3^2 + 3p + 4$
$4 = -9 + 3p + 4$
$4 = -5 + 3p \qquad | +5$
$9 = 3p \qquad | :3$
$p = 3$

⇒ p: $y = -x^2 + 3x + 4$

Die Höhe des Daches ist der y-Wert des Scheitels!
$y = -[x^2 - 3x - 4]$
$y = -[x^2 - 3x + 1{,}5^2 - 1{,}5^2 - 4]$
$y = -[(x - 1{,}5)^2 - 6{,}25]$
$y = -(x - 1{,}5)^2 + 6{,}25$

⇒ S (1,5 I 6,25)

⇒ Die Halle ist 6,25 m hoch.

II. Möglichkeit

Scheitelpunktform:

p: $y = -(x - 1{,}5)^2 + y_S$

$y = -(x - x_S)^2 + y_S$

P_1 eingesetzt:
$4 = -(0 - 1{,}5)^2 + y_S$
$4 = -2{,}25 + y_S \qquad | +2{,}25$

$y_S = 6{,}25$
⇒ $y_S = h$

⇒ Die Halle ist 6,25 m hoch.

b) p: $y = ax^2 + c$

S eingesetzt:

$3{,}5 = a \cdot 0^2 + c$

$c = 3{,}5$

$\Rightarrow$ p: $y = ax^2 + 3{,}5$

P eingesetzt:

$0 = a \cdot 3{,}8^2 + 3{,}5 \quad | -3{,}5$

$-3{,}5 = 14{,}44\,a \quad | : 14{,}44$

$a = -0{,}24$

$\Rightarrow$ p: $y = -0{,}24x^2 + 3{,}5$

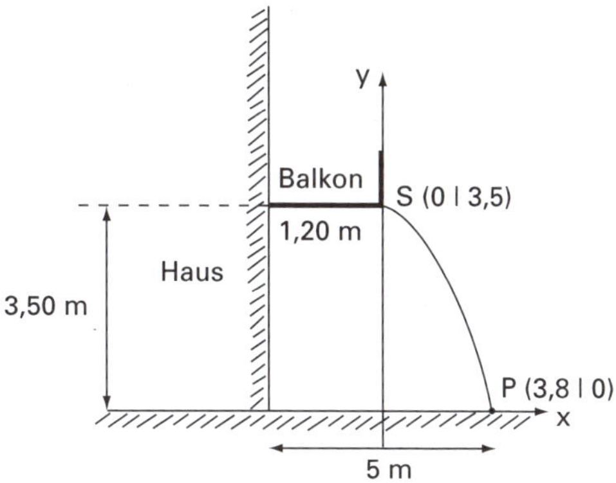

Aufgabe 6

Die Länge des Rechtecks wird mit x und die Breite mit y bezeichnet. Der Umfang des Rechtecks muss 24 cm betragen. Folglich gilt:

$u = 2x + 2y$

$24 = 2x + 2y \quad | -2x$

$24 - 2x = 2y \quad | : 2$

$12 - x = y$

Für den Flächeninhalt A des Rechtecks gilt dann:

$A = x \cdot y$

$A = x \cdot (12 - x)$

$A = 12x - x^2$

Die Gleichung $A = 12x - x^2$ kann als Funktionsgleichung einer quadratischen Funktion aufgefasst werden. Die zugehörige Parabel ist nach unten geöffnet, hat also in ihrem Scheitelpunkt ihren größten y-Wert. Wenn man also den größtmöglichen Flächeninhalt sucht, dann ist dies der y-Wert des Scheitelpunkts der zugehörigen Parabel. Um den Scheitelpunkt zu bestimmen, kann man z. B. zunächst die Schnittpunkte der Parabel mit der x-Achse berechnen:

$12x - x^2 = 0 \quad |$ ausklammern

$x(12 - x) = 0 \quad |$ Satz vom Nullprodukt

$x_1 = 0; \; x_2 = 12$

Die x-Koordinate x_S des Scheitelpunkts befindet sich genau in der Mitte zwischen den beiden x-Koordinaten der Schnittpunkte mit der x-Achse. Also gilt: $x_S = 6$

Damit gilt, dass als Länge des Rechtecks 6 cm und als Breite 12 cm – 6 cm = 6 cm gewählt werden muss. Es handelt sich also um ein Quadrat mit der Seitenlänge 6 cm. Dessen Flächeninhalt beträgt 36 cm^2.

7. Berechnungen an Flächen

Übungsaufgaben ohne Hilfsmittel

Aufgabe 1

=	$\frac{a}{b}$	$\frac{c}{a}$	$\frac{a}{c}$	$\frac{c}{b}$
$\sin(\alpha)$	x			
$\cos(\alpha)$				x
$\tan(\alpha)$			x	
$\sin(\gamma)$				x
$\cos(\gamma)$	x			
$\tan(\gamma)$		x		

Aufgabe 2

☑ $\frac{f + e}{c} = \frac{f}{d}$ ☑ $\frac{a}{a + b} = \frac{f}{e + f}$ ☑ $\frac{d}{a} = \frac{c}{a + b}$

Übungsaufgaben mit Hilfsmitteln (Taschenrechner, Formelsammlung)

Aufgabe 1

1. Schritt:
Berechnung des Flächeninhalts.

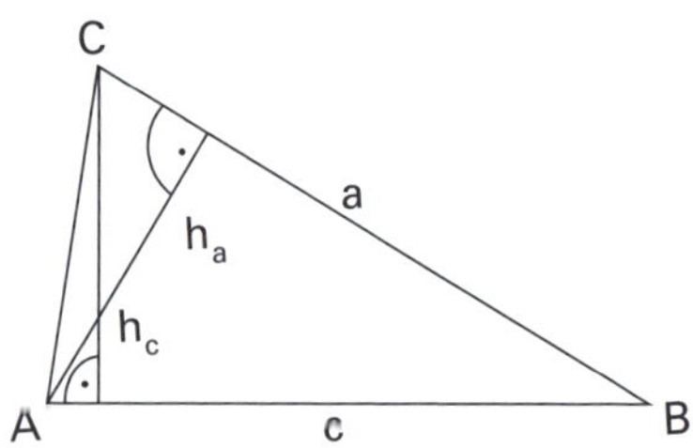

$$A = \frac{1}{2} c \cdot h_c$$

$$A = \frac{1}{2} \cdot 12{,}8\text{ cm} \cdot 4{,}2\text{ cm}$$

$$A = 26{,}88\text{ cm}^2$$

2. Schritt:
Berechnung der Länge der Höhe h_a.

$$A = \frac{1}{2} a \cdot h_a \quad | \cdot 2$$

$$2A = a \cdot h_a \quad | : a$$

auflösen nach h_a

$$h_a = \frac{2 \cdot A}{a}$$

$$h_a = \frac{2 \cdot 26{,}88\text{ cm}^2}{8\text{ cm}}$$

$$h_a = 6{,}72\text{ cm}$$

Aufgabe 2

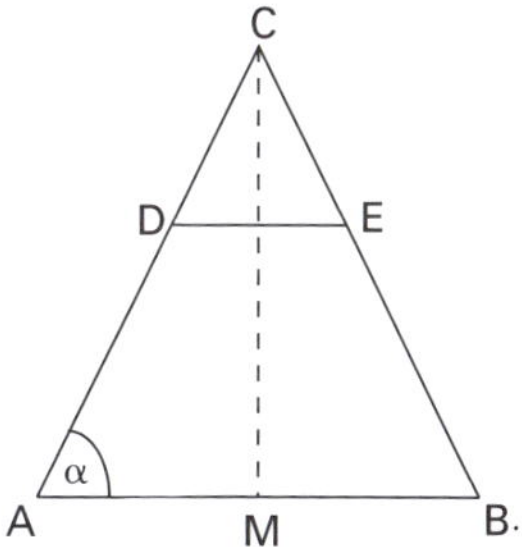

a)

$$|\overline{AD}| + |\overline{DC}| = |\overline{AC}|$$

$$\downarrow \quad \downarrow \quad \downarrow$$

$$2 \cdot |\overline{DC}| + |\overline{DC}| = 15\text{ cm}$$

$$3 \cdot |\overline{DC}| = 15\text{ cm} \quad |:3$$

$$|\overline{DC}| = 5\text{ cm} \quad \Rightarrow \quad |\overline{AD}| = 10\text{ cm}$$

b) Nach dem Strahlensatz gilt:

$$\frac{|\overline{DE}|}{|\overline{AB}|} = \frac{|\overline{CD}|}{|\overline{CA}|} \quad | \cdot |\overline{AB}|$$

$$|\overline{DE}| = \frac{|\overline{CD}| \cdot |\overline{AB}|}{|\overline{CA}|}$$

$$|\overline{DE}| = \frac{5\text{ cm} \cdot 12\text{ cm}}{15\text{ cm}}$$

$$|\overline{DE}| = 4\text{ cm}$$

c)

$$\cos\alpha = \frac{AK}{Hy}$$

$$\cos\alpha = \frac{6\text{ cm}}{15\text{ cm}}$$

$$\alpha = 66{,}42°$$

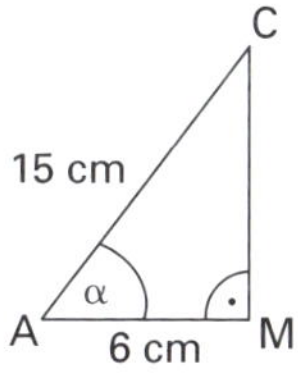

Aufgabe 3

a)

$$\sin 30° = \frac{6\text{ cm}}{|\overline{AB}|}$$

$$|\overline{AB}| = \frac{6\text{ cm}}{\sin 30°}$$

$$|\overline{AB}| = 12\text{ cm}$$

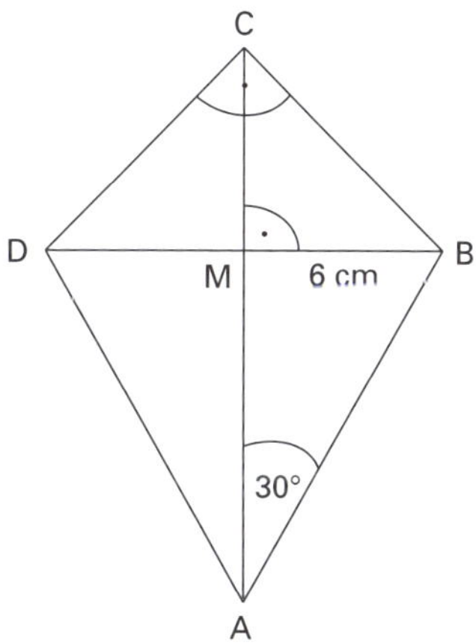

b) $\triangle$ MBC ist gleichschenklig-rechtwinklig.
$\Rightarrow |\overline{MC}| = 6$ cm

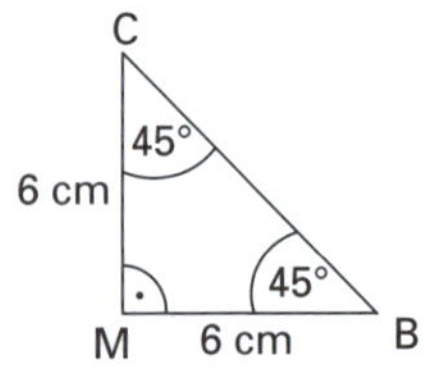

Berechnung von $|\overline{AM}|$ mit dem Satz des Pythagoras:

$$a^2 + b^2 = c^2$$

$$|\overline{AM}|^2 + |\overline{MB}|^2 = |\overline{AB}|^2 \qquad | - |\overline{MB}|^2$$
$$|\overline{AM}|^2 = |\overline{AB}|^2 - |\overline{MB}|^2$$
$$|\overline{AM}|^2 = (12 \text{ cm})^2 - (6 \text{ cm})^2$$
$$|\overline{AM}| = 10{,}39 \text{ cm}$$

$$\Rightarrow |\overline{AC}| = |\overline{AM}| + |\overline{MC}|$$
$$|\overline{AC}| = 10{,}39 \text{ cm} + 6 \text{ cm}$$
$$|\overline{AC}| = 16{,}39 \text{ cm}$$

c)

$$A = \frac{1}{2} |\overline{AC}| \cdot |\overline{BD}|$$

$$A = \frac{1}{2} \cdot 16{,}39 \text{ cm} \cdot 12 \text{ cm}$$
$$A = 98{,}34 \text{ cm}^2$$

Aufgabe 4

a) $\triangle MP_1P_2$ ist gleichschenklig $\Rightarrow |\overline{MN}| \perp P_1P_2$
$\Rightarrow |\overline{NP}|_1 = 6$ cm

$$\frac{\alpha}{2} = 57°$$

$$\sin \frac{\alpha}{2} = \frac{|\overline{NP}|_1}{r}$$

$$r = \frac{|\overline{NP}|_1}{\sin \frac{\alpha}{2}}$$

$$r = \frac{6 \text{ cm}}{\sin 57°}$$

$$r = 7{,}15 \text{ cm}$$

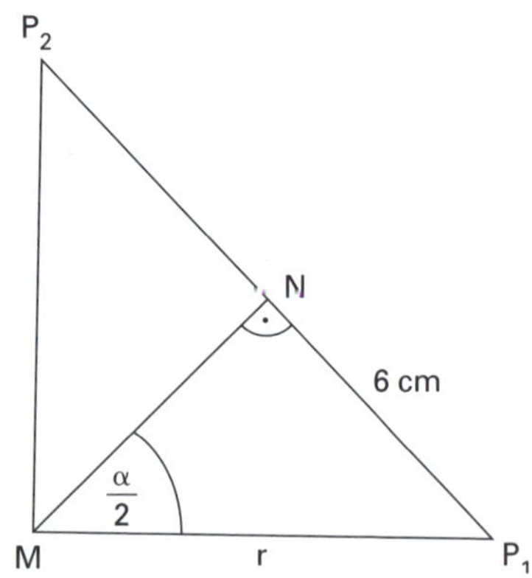

b) $A = A_{Sektor\ MP_1P_2} - A_{\triangle\ MP_1P_2}$

1. Schritt:
Berechnung des Flächeninhalts des Sektors.

$$A_{Sektor} = \frac{\alpha}{360°} \cdot r^2 \cdot \pi$$

$$A_{Sektor} = \frac{114°}{360°} \cdot (7{,}15\ cm)^2 \cdot \pi$$

$$A_{Sektor} = 50{,}86\ cm^2$$

2. Schritt:
Berechnung des Flächeninhalts des Dreiecks.

$$\tan 57° = \frac{6\ cm}{h}$$

$$h = \frac{6\ cm}{\tan 57°}$$

$$h = 3{,}9\ cm$$

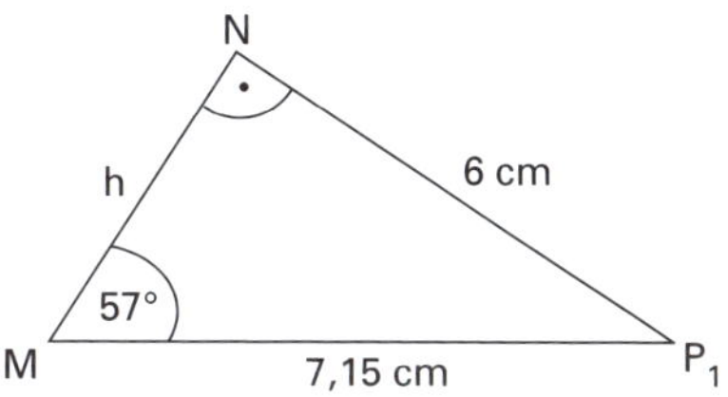

$$A = \frac{1}{2} \cdot |\overline{P_1P_2}| \cdot h$$

$$A = \frac{1}{2} \cdot 12\ cm \cdot 3{,}9\ cm$$

$$A = 23{,}4\ cm^2$$

3. Schritt:
Berechnung des Flächeninhalts der gefärbten Fläche.

$$A = 50{,}86\ cm^2 - 24{,}4\ cm^2$$

$$A = 26{,}46\ cm^2$$

Aufgabe 5

a)

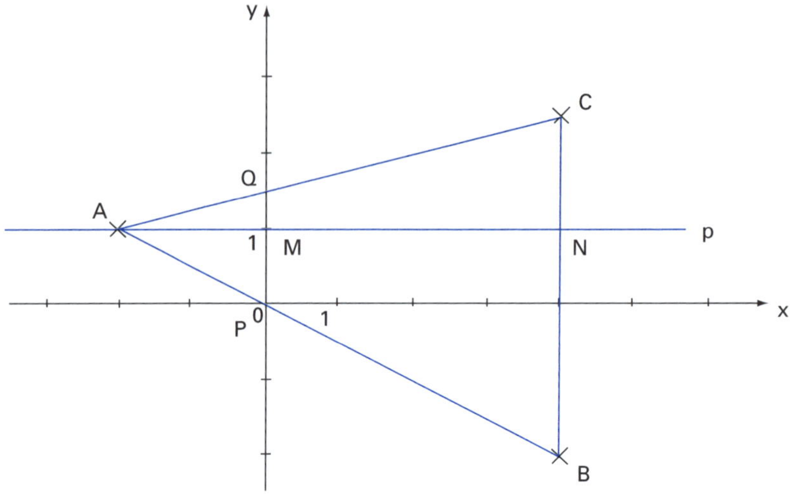

b) M (0 | 1) N (4 | 1)

c) $\overline{|PQ|}$ wird mit dem Strahlensatz berechnet. Dazu benötigt man folgende Streckenlängen:

$\overline{|AM|} = 2$ cm, $\overline{|AN|} = 6$ cm, $\overline{|BC|} = 5$ cm

$$\frac{\overline{|PQ|}}{\overline{|BC|}} = \frac{\overline{|AM|}}{\overline{|AN|}} \qquad | \cdot \overline{|BC|}$$

$$\overline{|PQ|} = \frac{\overline{|AM|} \cdot \overline{|BC|}}{\overline{|AN|}}$$

$$\overline{|PQ|} = \frac{2\text{ cm} \cdot 5\text{ cm}}{6\text{ cm}}$$

$$\overline{|PQ|} = \frac{5}{3}\text{ cm}$$

d) $k = \frac{\overline{|BC|}}{\overline{|PQ|}}$

$k = \frac{5\text{ cm}}{\frac{5}{3}\text{ cm}}$

$k = 3$

e) $A = \frac{1}{2}\,\overline{|BC|} \cdot \overline{|AN|}$

$A = \frac{1}{2} \cdot 5\text{ cm} \cdot 6\text{ cm}$

$A = 15\text{ cm}^2$

f) Bei der zentrischen Streckung gilt:

$$A' = k^2 \cdot A$$

$A' = 15\ cm^2$, $k = 3$, $k^2 = 9$

$\Rightarrow \quad 15\ cm^2 = 9 \cdot A \qquad | : 9$

$A = 1{,}67\ cm^2$

Aufgabe 6

1. Schritt:
Berechnung des Flächeninhalts des großen Blumenbeetes.

$A = 40\ m \cdot 25\ m$
$A = 1000\ m^2$

2. Schritt:
Berechnung der Wegfläche.
Wenn 90 % für Blumenbepflanzung verwendet werden, bleiben 10 % für die Wegfläche.

10 % von $1000\ m^2 = 100\ m^2$ Wegfläche

3. Schritt:
Berechnung der Breite x des Weges.

I. Möglichkeit

$A = A_1 + A_2 - A_3$
$A = 25 \cdot x + 40 \cdot x - x \cdot x$
$A = -x^2 + 65x^*$

$-x^2 + 65x = 100$
$-x^2 + 65x - 100 = 0 \qquad | \cdot (-1)$
$x^2 - 65x + 100 = 0$
$p = -65 \qquad q = 100$

$x_{1/2} = -\frac{p}{2} \pm \sqrt{\left(\frac{p}{2}\right)^2 - q}$
$x_{1/2} = 32{,}5 \pm \sqrt{32{,}5^2 - 100}$
$x_{1/2} = 32{,}5 \pm 30{,}92$
$x_1 = 62{,}92 \qquad x_2 = 1{,}58$

Der Weg muss 1,58 m breit sein.

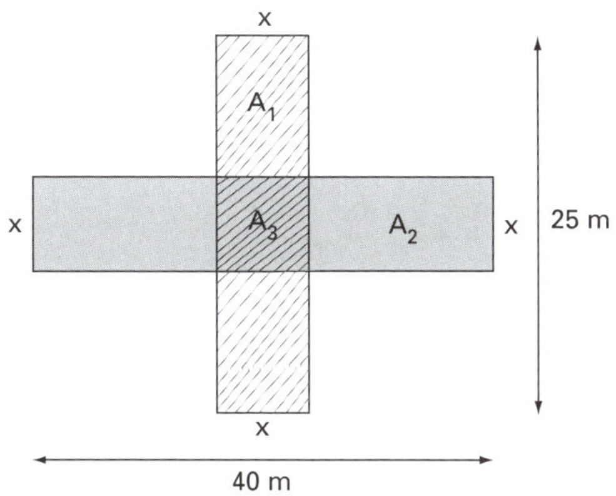

II. Möglichkeit

$A = A_1 + 2 \cdot A_4$

$A_1 = 25 \cdot x$

$A_4 = \left(20 - \frac{1}{2}x\right) \cdot x$

$A_4 = 20x - \frac{1}{2}x^2$

$A = 25x + 2 \cdot \left(20x - \frac{1}{2}x^2\right)$

$A = 25x + 40x - x^2$

$A = -x^2 + 65x$*

* siehe Möglichkeit I

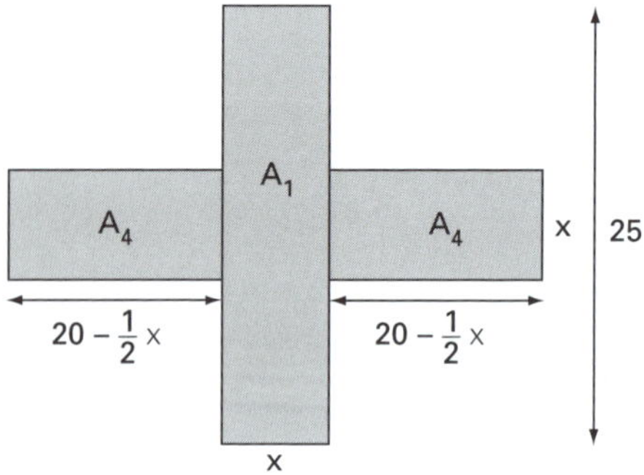

III. Möglichkeit

Man zerlegt die Gesamtfläche in vier gleich große Teilflächen. Dann muss die Wegfläche auch der 4. Teil von 100 m², also 25 m² sein.

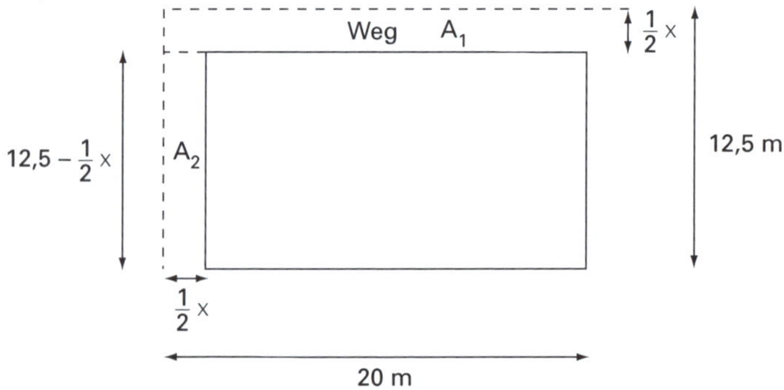

$A = A_1 + A_2$

$A_1 = 20 \cdot \frac{1}{2}x = 10x$

$A_2 = \left(12{,}5 - \frac{1}{2}x\right) \cdot \frac{1}{2}x$

$A_2 = 6{,}25x - \frac{1}{4}x^2$

$A = 10x + 6{,}25x - \frac{1}{4}x^2$

$A = -\frac{1}{4}x^2 + 16{,}25x$

$-\frac{1}{4}x^2 + 16{,}25x = 25$

$-\frac{1}{4}x^2 + 16{,}25x - 25 = 0 \qquad | \cdot (-4)$

$x^2 - 65x + 100 = 0$ siehe quadratische Gleichung bei Möglichkeit I

⋮

$x = 1{,}58$

8. Berechnungen an Körpern

Übungsaufgaben ohne Hilfsmittel

Aufgabe 1

In Worten:
Der Durchmesser der Kugel beträgt $2 \cdot 5$ cm = 10 cm und ist folglich genau so groß wie die Kantenlänge des Würfels. Also könnte man die Kugel vollständig in den Würfel hineinlegen. Dabei bleiben aber noch Teile des Würfelinneren außerhalb der Kugel übrig, die mit Luft gefüllt sind. Das Volumen des Würfels ist also größer als das Volumen der Kugel.

Mithilfe einer Skizze:

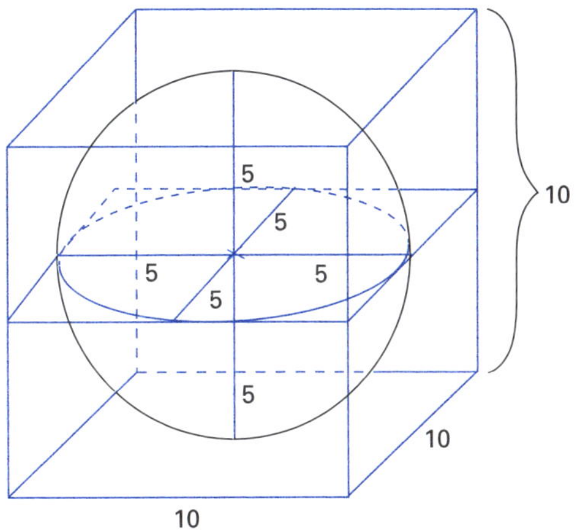

Aufgabe 2

$$\begin{aligned} V &= 2a \cdot a \cdot h \\ 24\ \text{cm}^3 &= 2a^2 \cdot 3\ \text{cm} \\ 24\ \text{cm}^3 &= a^2 \cdot 6\ \text{cm} \qquad \mid : 6\ \text{cm} \\ 4\ \text{cm}^2 &= a^2 \qquad \mid \sqrt{} \\ a &= 2\ \text{cm} \end{aligned}$$

Übungsaufgaben mit Hilfsmitteln (Taschenrechner, Formelsammlung)

Aufgabe 1

a) $V_Q = a \cdot b \cdot c$ $\Rightarrow$

$$V = a \cdot b \cdot c \qquad | : (a \cdot b)$$

$$c = \frac{V}{a \cdot b}$$

$$c = \frac{56\ cm^3}{6{,}5\ cm \cdot 3{,}2\ cm}$$

$$c = 2{,}69\ cm$$

b) $M = 2\,r\,\pi\,h$

1. Schritt:
Berechnung der Höhe h.

$$M = 2\,r\,\pi\,h \qquad | : (2r\pi)$$

$$h = \frac{M}{2r\pi}$$

$$h = \frac{168\ cm^2}{2 \cdot 8{,}2\ cm \cdot \pi}$$

$$h = 3{,}26\ cm$$

2. Schritt:
Berechnung des Volumens.

$V = r^2\,\pi\,h$ $\Rightarrow$

$$V = (8{,}2\ cm)^2 \cdot \pi \cdot 3{,}26\ cm$$

$$V = 688{,}64\ cm^3$$

c)

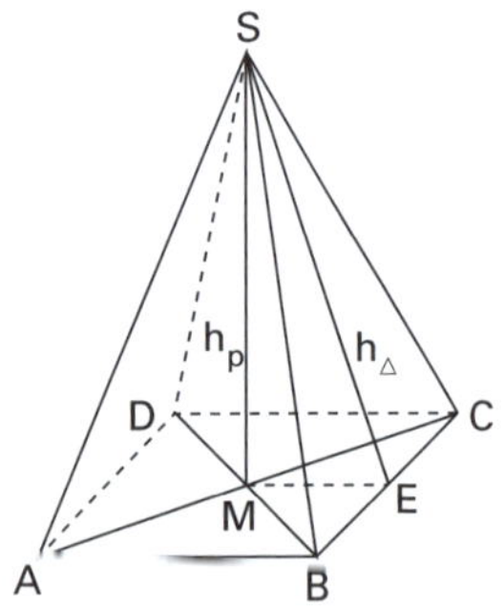

1. Schritt:
Berechnung der Pyramidenhöhe h_p.

$V = \frac{1}{3} G \cdot h$ $\Rightarrow$

$$V = \frac{1}{3} \cdot a^2 \cdot h_p \qquad | \cdot 3 \qquad | : a^2$$

$$h_p = \frac{3 \cdot V}{a^2}$$

$$h_p = \frac{3 \cdot 28\ cm^3}{(3{,}2\ cm)^2}$$

$$h_p = 8{,}2\ cm$$

2. Schritt:
Berechnung der Dreieckshöhe $h_\triangle$.

Nach dem Satz des Pythagoras gilt:
$h_\triangle^2 = (1{,}6\text{ cm})^2 + (8{,}2\text{ cm})^2$
$h_\triangle = 8{,}35\text{ cm}$

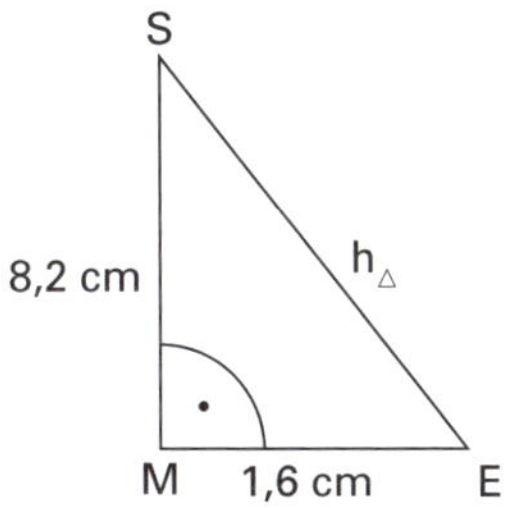

3. Schritt:
Berechnung des Flächeninhalts einer Seitenfläche.

$A_\triangle = \frac{1}{2} g \cdot h$ ⇒ $A_\triangle = \frac{1}{2} \cdot 3{,}2\text{ cm} \cdot 8{,}35\text{ cm}$

$A_\triangle = 13{,}36\text{ cm}^2$

4. Schritt:
Berechnung des Oberflächeninhalts.

$O = G + M$ ⇒ $O = G + 4 \cdot A_\triangle$
$O = (3{,}2\text{ cm})^2 + 4 \cdot 13{,}36\text{ cm}^2$
$O = 63{,}68\text{ cm}^2$

d) Die erste Aussage ist falsch!

Ursprünglicher Quader:
$V = a \cdot b \cdot c$

Neuer Quader:
$V' = 2a \cdot 2b \cdot 2c$
$V' = 8 \cdot a \cdot b \cdot c$
$V' = 8 \cdot V$

Das Volumen ist 8-mal so groß.

Die zweite Aussage ist richtig.

Ursprünglicher Würfel:
$O = 6 \cdot a^2$

Neuer Würfel:
$O' = 6 \cdot \left(\frac{1}{2} a\right)^2$
$O' = 6 \cdot \frac{1}{4} a^2$
$O' = \frac{1}{4} \cdot (6a^2)$
$O' = \frac{1}{4} \cdot O$

Die dritte Aussage ist richtig.

Ursprünglicher Quader:
$V = a \cdot b \cdot c$

Neuer Quader:
$V' = 2a \cdot \frac{1}{2} b \cdot c$
$V' = a \cdot b \cdot c$
$V' = V$

Die vierte Aussage ist falsch!

Großer Würfel:

$a = 4$ cm

$V = (4\ \text{cm})^3$

$V = 64\ \text{cm}^3$

Kleiner Würfel:

$a = 1$ cm

$V' = (1\ \text{cm})^3$

$V' = 1\ \text{cm}^3$

$\Rightarrow V = 64 \cdot V'$

$\Rightarrow$ In den großen Würfel passen 64 kleine Würfel.

Aufgabe 2

$V_z = r^2 \pi \cdot h$

$1\ \text{dm}^3 = 1$ Liter

$1000\ \text{cm}^3 = 1\ \text{dm}^3$

$V = (32\ \text{cm})^2 \cdot \pi \cdot 95\ \text{cm}$

$V = 305\,614{,}13\ \text{cm}^3 \quad \Rightarrow \quad V = 305{,}61\ \text{dm}^3$

In die Regentonne passen 305 Liter.

Aufgabe 3

$V_{Ke} = \frac{1}{3} r^2 \pi \cdot h$

$M = r \pi s$

1. Schritt:

Berechnung der Höhe h.

$\tan 50° = \frac{4\ \text{cm}}{h}$

$h = \frac{4\ \text{cm}}{\tan 50°}$

$h = 3{,}36$ cm

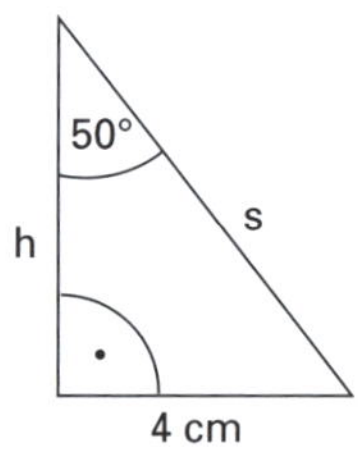

2. Schritt:

Berechnung der Mantellinie s.

I. Möglichkeit

$\sin 50° = \frac{4\ \text{cm}}{s}$

$s = \frac{4\ \text{cm}}{\sin 50°}$

$s = 5{,}22$ cm

II. Möglichkeit

$s^2 = (4\ \text{cm})^2 + (3{,}36\ \text{cm})^2$

$s = 5{,}22$ cm

$\sin \alpha = \frac{\text{Gegenkathete}}{\text{Hypotenuse}}$

$a^2 + b^2 = c^2$

3. Schritt:
Berechnung des Volumens V.

$V = \frac{1}{3} \cdot (4\ \text{cm})^2\ \pi \cdot 3{,}36\ \text{cm}$

$V = 56{,}30\ \text{cm}^3$

4. Schritt:
Berechnung des Inhalts der Mantelfläche M.

$M = 4\ \text{cm} \cdot \pi \cdot 5{,}22\ \text{cm}$
$M = 65{,}60\ \text{cm}^2$

Aufgabe 4

a) **1. Schritt:**
Berechnung der Gesamtlänge l des Drahtes.

$l = 4 \cdot 8\ \text{cm} + 4 \cdot 6\ \text{cm} + 4 \cdot 4\ \text{cm}$
$l = 72\ \text{cm}$

2. Schritt:
Berechnung der Seitenkante s der Pyramide.

$72\ \text{cm} - 4 \cdot 5\ \text{cm} = 52\ \text{cm}$
$52\ \text{cm} : 4 = 13\ \text{cm}$
$\Rightarrow\ s = 13\ \text{cm}$

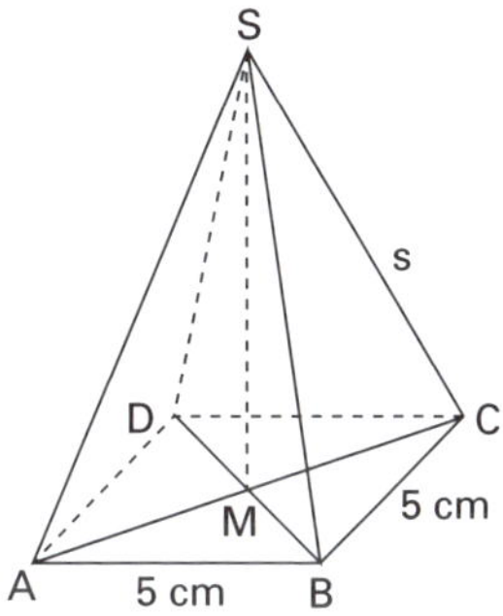

3. Schritt:
Berechnung der Höhe $h = |\overline{MS}|$.

$|\overline{MB}|$ ist die Länge der halben Diagonalen im Quadrat ABCD.

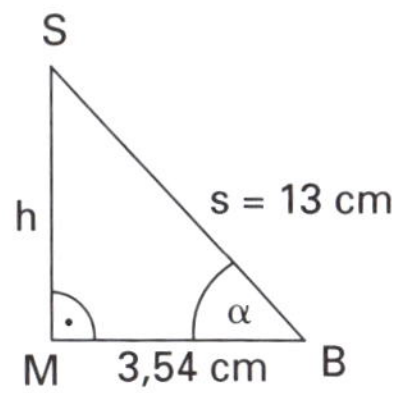

$d = a\sqrt{2}$

$\Rightarrow\ d = 5\ \text{cm} \cdot \sqrt{2}$
$d = 7{,}07\ \text{dm}$
$\Rightarrow\ |\overline{MB}| = 3{,}54\ \text{cm}$

Nach dem Satz des Pythagoras gilt:
$h^2 = (13\ \text{cm})^2 - (3{,}54\ \text{cm})^2$
$h = 12{,}51\ \text{cm}$

b) **I. Möglichkeit**

$\tan\alpha = \frac{GK}{AK}$

$\tan\alpha = \frac{12{,}51\ \text{cm}}{3{,}54\ \text{cm}}$
$\alpha = 74{,}2°$

II. Möglichkeit

$\cos\alpha = \frac{AK}{Hy}$

$\cos\alpha = \frac{3{,}54\ \text{cm}}{13\ \text{cm}}$
$\alpha = 74{,}2°$

III. Möglichkeit

$\sin\alpha = \frac{GK}{Hy}$

$\sin\alpha = \frac{12{,}51\ \text{cm}}{13\ \text{cm}}$
$\alpha = 74{,}2°$

Aufgabe 5

a) Volumen des Schwimmbeckens:

$V = 20\ m \cdot 8\ m \cdot 3\ m$
$V = 480\ m^3$

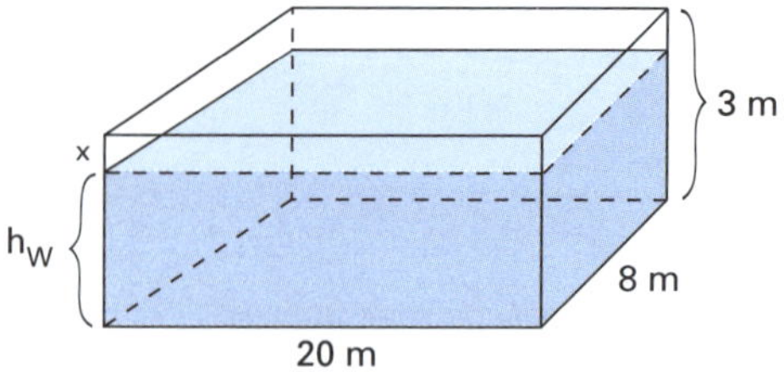

$100\ \% \triangleq 480\ cm^3$

$85\ \% \triangleq \frac{480\ cm^3 \cdot 85}{100}$

$= 408\ m^3$

Berechnung der Wasserhöhe h_W:

$V = 20\ m \cdot 8\ m \cdot h_W$
$408\ m^3 = 160\ m^2 \cdot h_W \quad |:160\ m^2$
$h_W = 2{,}55\ m$

$x = 3\ m - 2{,}55\ m$
$x = 0{,}45\ m$

Zwischen Wasseroberfläche und Beckenrand liegen 45 cm.

b) Diese Wassermenge muss nachgefüllt werden:

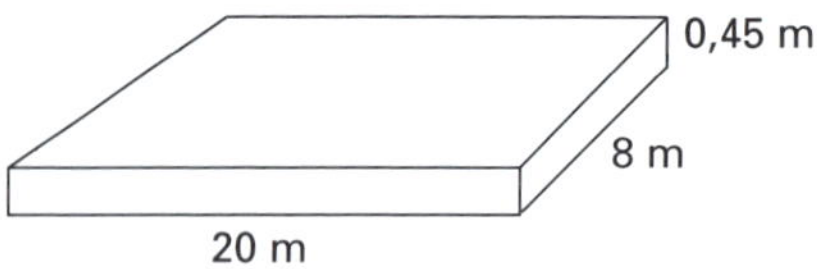

$V = 20\ m \cdot 8\ m \cdot 0{,}45\ m$
$V = 72\ m^3 \quad \Rightarrow \quad V = 72\,000\ dm^3$

1 dm³ = 1 Liter

Es müssen 72 000 Liter nachgefüllt werden.

72 000 l : 15 l = 4800
Der Füllvorgang dauert 4800 Sekunden.

4800 s : 60 ⇒ 80 min ⇒ 1h 20 min
Der Füllvorgang dauert 1 h 20 min.

Aufgabe 6

a) $V = V_{HK} + V_Z + V_K$

↑ Halbkugel ↑ Zylinder ↑ Kegel

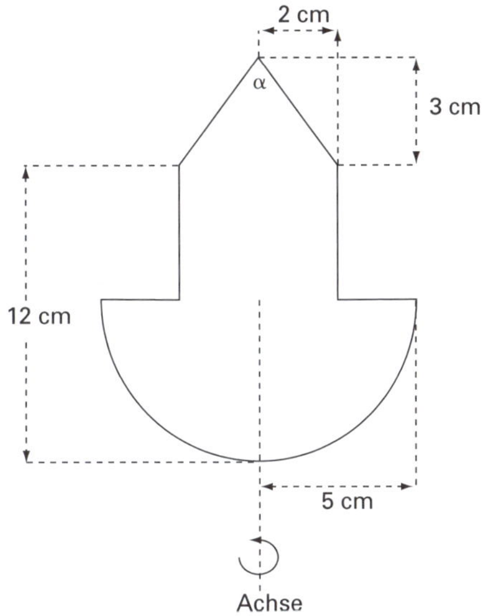

$$V_{HK} = \frac{1}{2} \cdot \frac{4}{3} r^3 \pi$$ $r = 5$ cm

$V_{HK} = \frac{1}{2} \cdot \frac{4}{3} \cdot (5\text{ cm})^3 \cdot \pi$

$V_{HK} = 261{,}80\text{ cm}^3$

$$V_Z = r^2 \pi \cdot h$$ $r = 2$ cm
$h = 12\text{ cm} - 5\text{ cm}$
$h = 7$ cm

$V_Z = (2\text{ cm})^2 \pi \cdot 7\text{ cm}$
$V_Z = 87{,}96\text{ cm}^3$

$$V_K = \frac{1}{3} r^2 \pi \cdot h$$ $r = 2$ cm
$h = 3$ cm

$V_K = \frac{1}{3} \cdot (2\text{ cm})^2 \cdot \pi \cdot 3\text{ cm}$
$V_K = 12{,}57\text{ cm}^3$

$V = 261{,}80\text{ cm}^3 + 87{,}96\text{ cm}^3 + 12{,}57\text{ cm}^3$
$V = 362{,}33\text{ cm}^3$ Volumen des Gesamtkörpers

b) $O = O_{HK} + M_Z + M_K + A_{Kreisring}$

$$O_{HK} = \frac{1}{2} 4r^2 \pi$$ $O_{HK} = \frac{1}{2} \cdot 4 \cdot (5\text{ cm})^2 \pi$

$O_{HK} = 157{,}08\text{ cm}^2$

$$M_Z = 2r\ \pi\ h$$ $M_Z = 2 \cdot 2\text{ cm}\ \pi \cdot 7\text{ cm}$

$M_Z = 87{,}96\text{ cm}^2$

$$M_K = r\ \pi\ s$$ $M_K = 2\text{ cm} \cdot \pi \cdot 3{,}61\text{ cm}$

$M_K = 22{,}68\text{ cm}^2$

Satz des Pythagoras:
$s^2 = (2\text{ cm})^2 + (3\text{ cm})^2$
$s = 3{,}61$ cm

$$A_{Kreisring} = r_1^2\pi - r_2^2\pi$$ $r_1 = 5$ cm
$r_2 = 2$ cm

$A_{KR} = (5\text{ cm})^2\pi - (2\text{ cm})^2\pi$
$A_{KR} = 65{,}97\text{ cm}^2$

Training

$O = 157{,}08\ cm^2 + 87{,}96\ cm^2 + 22{,}68\ cm^2 + 65{,}97\ cm^2$
$O = 333{,}69\ cm^2$

c) Das Winkelmaß $\frac{\alpha}{2}$ kann mit dem Sinus, Kosinus oder Tangens berechnet werden.

$\tan \frac{\alpha}{2} = \frac{2\ cm}{3\ cm}$

$\frac{\alpha}{2} = 33{,}69° \quad \Rightarrow \quad \alpha = 67{,}38°$

Der Öffnungswinkel hat das Maß 67,38°.

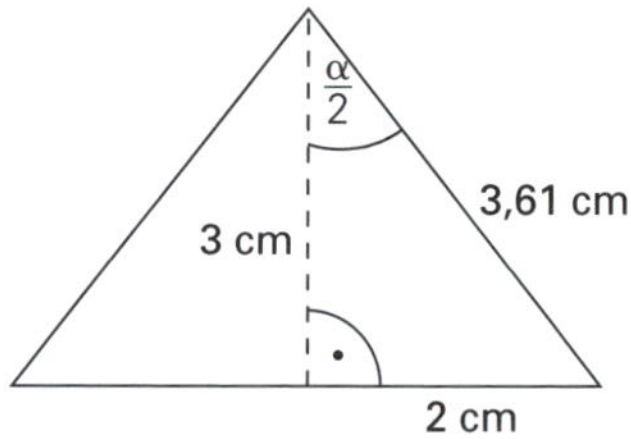

Aufgabe 7

Berechnung des Volumens des Goldkegels:

$V_{Kegel} = \frac{1}{3} \cdot G \cdot h = \frac{1}{3} \cdot \pi \cdot r^2 \cdot h = \frac{1}{3} \cdot \pi \cdot 7^2 \cdot 8 = 410{,}3\ cm^3$

Das Volumen des Goldkegels beträgt 410,3 cm³.

Berechnung der Masse von 1 cm³ Gold:

$7922{,}7 : 410{,}3 = 19{,}3$
1 cm³ Gold hat eine Masse von 19,3 g.

Masse = Dichte · Volumen
$m = D \cdot V$

Berechnung des Radius der Aluminiumkugel:

$V_{Kugel} = \frac{4}{3} \cdot \pi \cdot r^3$

$293{,}7 = \frac{4}{3} \cdot \pi \cdot r^3 \qquad | \cdot \frac{3}{4} \qquad | : \pi$

$r^3 = 70{,}15 \qquad | \sqrt[3]{\ }$

$r = 4{,}12$

Der Radius der Aluminiumkugel beträgt etwa 4,1 cm.

Bestimmung der Anzahl an benötigten Aluminiumkugeln:

$293{,}7\ cm^3 \cdot 2{,}7\ \frac{g}{cm^3} = 792{,}99\ g$ → Masse einer Aluminiumkugel

$7922{,}7\ g : 792{,}99\ g \approx 10$

Man benötigt also etwa 10 solcher Aluminiumkugeln, um dieselbe Masse zu erreichen wie die des Goldkegels.

9. Wachstum und Zerfall

Übungsaufgaben ohne Hilfsmittel

Aufgabe 1

☑ Ein Auto unterliegt vom 2. Jahr nach dem Neukauf an in den folgenden Jahren einem Wertverlust von etwa 5 % seines jeweiligen Vorjahreswertes.

☑ Nach einer Umweltkatastrophe verringert sich der Fischbestand in einem See jede Woche um ein Achtel des jeweiligen Bestandes in der Vorwoche.

Aufgabe 2

Es handelt sich hier um ein exponentielles Wachstum, das man z. B. mithilfe der Zinseszinsformel berechnen kann:
(K_0 = Ausgabepreis der Aktie; K_7 = Wert der Aktie nach einer Woche)

$$K_7 = K_0 \cdot \left(1 + \frac{100}{100}\right)^7$$
$$K_7 = K_0 \cdot 2^7$$
$$K_7 = K_0 \cdot 128$$

Die Aktie wäre also bereits nach einer Woche das 128-Fache ihres Ausgabepreises wert.

Übungsaufgaben mit Hilfsmitteln (Taschenrechner, Formelsammlung)

Aufgabe 1

a) $x^5 = 8 \quad | \sqrt[5]{\ }$
$x = 1{,}516$

b) $6^x = 110$

I. Möglichkeit

$x = \log_6 110$

$x = \frac{\log 110}{\log 6}$

$x = 2{,}623$

II. Möglichkeit

$\log 6^x = \log 110$

$x \cdot \log 6 = \log 110 \quad | : \log 6$

$x = \frac{\log 110}{\log 6}$

$x = 2{,}623$

c) $\log_3 x = 5$

$3^5 = x$

$x = 243$

d) $2{,}5^{2x} = 20$

↙ ↘

I. Möglichkeit

$2x = \log_{2,5} 20$

$2x = \frac{\log 20}{\log 2{,}5}$ | : 2

$x = \frac{1}{2} \frac{\log 20}{\log 2{,}5}$

$x = 1{,}635$

II. Möglichkeit

$\log 2{,}5^{2x} = \log 20$

$2x \cdot \log 2{,}5 = \log 20$ | : log 2,5

$2x = \frac{\log 20}{\log 2{,}5}$ | : 2

$x = \frac{1}{2} \frac{\log 20}{\log 2{,}5}$

$x = 1{,}635$

Aufgabe 2

a) Vorschlag Vater: $y = 2x + 5$

Vorschlag Mutter: $y = 2^x$

b)

	x	0	1	2	3	4	5
Vater	y	5	7	9	11	13	15
Mutter	y	1	2	4	8	16	32

c)

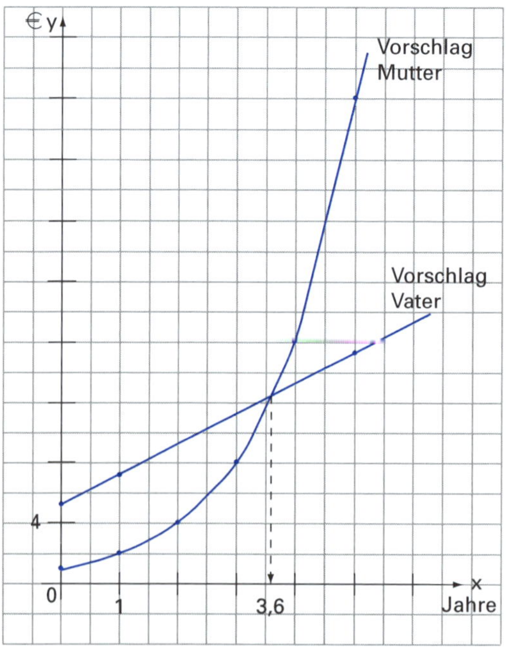

d) Die Höhe des Taschengeldes steigt beim exponentiellen Wachstum (Vorschlag Mutter) viel stärker an als beim linearen Wachstum (Vorschlag Vater).

	Taschengeld	
	Vorschlag Mutter	**Vorschlag Vater**
6 – 9,6 Jahre	weniger	mehr
etwa 9,6 Jahre	gleicher Betrag	
ab 9,6 Jahre	mehr	weniger

Der Unterschied zwischen den beiden Beträgen wird immer größer.

Aufgabe 3

Die Gleichungen werden nach dem Gleichsetzverfahren (siehe Themenbereich Lineare Gleichungssysteme mit zwei Variablen) gelöst.

Ⓐ = Ⓑ ⇒

$$20 \cdot 0{,}92^x = 30 \cdot 0{,}90^x \qquad |:20$$
$$0{,}92^x = 1{,}5 \cdot 0{,}90^x \qquad |:0{,}90^x$$
$$\frac{0{,}92^x}{0{,}90^x} = 1{,}5$$
$$\left(\frac{0{,}92}{0{,}90}\right)^x = 1{,}5$$

$$\frac{a^n}{b^n} = \left(\frac{a}{b}\right)^n$$

$$1{,}022^x = 1{,}5$$

↙ oder ↘

Basis-umrechnung

$$x = \log_{1{,}022} 1{,}5$$
$$x = \frac{\log 1{,}5}{\log 1{,}022}$$
$$x = 18{,}63$$

oder

$$\log 1{,}022^x = \log 1{,}5$$
$$x \log 1{,}022 = \log 1{,}5 \qquad |:\log 1{,}022$$
$$x = \frac{\log 1{,}5}{\log 1{,}022}$$
$$x = 18{,}63$$

x = 18,63 in Ⓐ einsetzen oder x = 18,63 in Ⓑ einsetzen

$y = 20 \cdot 0{,}92^{18{,}63}$ | $y = 30 \cdot 0{,}90^{18{,}63}$

$y = 4{,}23$ | $y = 4{,}21$

Nach 18,63 Wochen sind bei beiden Produkten noch 4,23 kg vorhanden.

Training

Aufgabe 4

Zuerst muss die Anzahl der Halbwertszeiten berechnet werden.
Die angegebene Halbwertszeit beträgt 55,6 Sekunden. Die Zeitdauer des Zerfalls beträgt 2 min = 120 s. Daraus ergibt sich die Anzahl der Halbwertszeiten mit $\frac{t}{T}$ = 120 s : 55 s = 2,158.

$$N_t = N_o \cdot 0{,}5^{\frac{t}{T}} \quad \Rightarrow \quad N_2 = 125\text{ g} \cdot 0{,}5^{2{,}158} \qquad \frac{1}{8}\text{ kg} = 125\text{ g}$$

$$N_2 = 28\text{ g}$$

Nach 2 Minuten sind noch 28 g Radon vorhanden.

Aufgabe 5

1. Schritt:
Berechnung des Neupreises.

$$55\ \% \triangleq 21\,500\ €$$

$$100\ \% \triangleq \frac{21\,500 \cdot 100}{55}\ €$$

$$= 39\,090{,}91\ €$$

2. Schritt:
Berechnung des durchschnittlichen Wertverlustes.

$$W_n = W_o\left(1 - \frac{p}{100}\right)^n \qquad W_o = 39\,090{,}91\ € \quad W_n = 21\,500\ € \quad n = 4$$

$$21\,500\ € = 39\,090{,}91\ €\left(1 - \frac{p}{100}\right)^4 \qquad |: 39\,090{,}91\ €$$

$$0{,}55 = \left(1 - \frac{p}{100}\right)^4 \qquad |\sqrt[4]{}$$

$$0{,}861 = 1 - \frac{p}{100} \qquad |-1$$

$$-0{,}139 = -\frac{p}{100} \qquad |\cdot(-100)$$

$$p = 13{,}9$$

Der durchschnittliche jährliche Wertverlust beträgt 13,9 %.

Aufgabe 6

a) $B_n = 79\,209\,000$
$p = 0{,}58$
$n = 20$

$$79\,209\,000 = B_0\left(1 + \frac{0{,}58}{100}\right)^{20}$$

$$79\,209\,000 = B_0 \cdot 1{,}0058^{20} \qquad |: 1{,}0058^{20}$$

$$70\,557\,292 = B_0$$

Im Jahr 1956 hatte das Land 70 557 000 Einwohner.

Berechnete Werte in der Tabelle:

1956	70 557 000
1976	79 209 000
1996	81 912 000
2006	82 357 000

b) $B_0 = 79\,209\,000$
$p = 0{,}13$
$n = 30$

$$B_n = 79\,209\,000 \cdot \left(1 + \frac{0{,}13}{100}\right)^{30}$$

$$B_n = 79\,209\,000 \cdot 1{,}0013^{30}$$
$$B_n = 82\,357\,094$$

Im Jahr 2006 hatte das Land 82 357 000 Einwohner.

c) $B_0 = 81\,912\,000$
$B_n = 82\,357\,000$
$n = 10$

$$82\,357\,000 = 81\,912\,000 \cdot \left(1 + \frac{p}{100}\right)^{10} \qquad |:81\,912\,000$$

$$1{,}0054 = \left(1 + \frac{p}{100}\right)^{10} \qquad |\sqrt[10]{\ }$$

$$1{,}00053 = 1 + \frac{p}{100} \qquad |-1$$

$$0{,}00053 = \frac{p}{100} \qquad |\cdot 100$$

$$0{,}053 = p$$

Die Bevölkerung nahm pro Jahr durchschnittlich um 0,053 % zu.

d)

Jahre	Jährliches Wachstum
1956–1976	0,58 %
1976–1996	0,13 %
1996–2006	0,053 %

Das prozentuale Bevölkerungswachstum wird immer geringer. Wenn die Entwicklung so weitergeht, könnte es sogar zu einer Bevölkerungsabnahme kommen.

10. Beschreibende Statistik und Wahrscheinlichkeit

Übungsaufgaben ohne Hilfsmittel

Aufgabe 1

P(„mindestens einmal Katze")
= 1 – P(„keinmal Katze")
= 1 – P(nicht Katze; nicht Katze)

$= 1 - \frac{2}{3} \cdot \frac{2}{3}$

$= 1 - \frac{4}{9}$

$= \frac{5}{9}$

Aufgabe 2

Arithmetisches Mittel:
(-2,4 + 1,0 + 1,2 – 3,6 + 1,5 – 1,2 – 1,0 – 0,8 + 0,3 – 1,0) : 10
= (-2,4 – 3,6 – 1,2 – 0,8 – 1,0 – 1,0 + 1,0 + 1,2 + 1,5 + 0,3) : 10
= (-10 + 4) : 10
= (-6) : 10
= -0,6

Im Durchschnitt hat der Arbeitnehmer die Regelarbeitszeit in diesen 10 Wochen um 0,6 h unterschritten.

Übungsaufgaben mit Hilfsmitteln (Taschenrechner, Formelsammlung)

Aufgabe 1

5 + 3 + 11 + 10 + 2 + 2 = 33

$$\text{Notendurchschnitt} = \frac{5 \cdot 1 + 3 \cdot 2 + 11 \cdot 3 + 10 \cdot 4 + 2 \cdot 5 + 2 \cdot 6}{33}$$

$$= \frac{5 + 6 + 33 + 40 + 10 + 12}{33} = \frac{106}{33} = 3{,}21$$

Der Notendurchschnitt liegt bei 3,21.

Aufgabe 2

	Absolute Häufigkeit	Relative Häufigkeit		
		Bruch	Dezimalzahl	Prozent
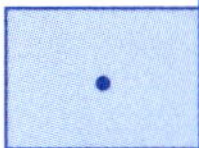	② –	② $\frac{0}{15}$	② 0,0	0
	⑥ 3	⑦ $\frac{1}{5}$	0,2	⑧ 20
	2	⑨ $\frac{2}{15}$	⑩ 0,13	⑪ 13
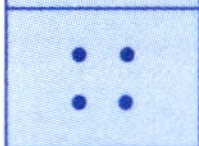	③ 5	$\frac{1}{3}$	④ 0,33	⑤ 33
	4	⑫ $\frac{4}{15}$	⑬ 0,27	⑭ 27
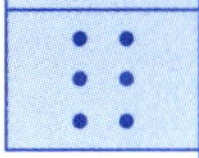	1	⑮ $\frac{1}{15}$	⑯ 0,07	⑰ 7
	① 15			

$$\text{Relative Häufigkeit} = \frac{\text{Absolute Häufigkeit}}{\text{Gesamtzahl aller Würfe}}$$

Berechnung der oberen Werte:

① Es wurde 15-mal gewürfelt.

② 0 % bedeutet, dass die „1" nicht gewürfelt wurde.

③ $\frac{1}{3}$ erweitert auf den Nenner 15 $\Rightarrow$ $\frac{5}{15}$ $\Rightarrow$ es wurde 5-mal die „4" gewürfelt.

④ 1 : 3 = 0,33 $\Rightarrow$ ⑤ 33 %

⑥ I. Möglichkeit: Differenz 15 – 1 – 4 – 5 – 2 = 3

II. Möglichkeit: $0{,}2 = \frac{1}{5} = \frac{3}{15}$ $\Rightarrow$ ⑦ $\frac{1}{5}$

$\Rightarrow$ Die „2" wurde 3-mal gewürfelt.

⑧ $0{,}20 = \frac{20}{100} = 20\ \%$

⑨ $\frac{2}{15}$ $\Rightarrow$ ⑩ 2 : 15 = 0,13 $\Rightarrow$ ⑪ 13 %

⑫ $\frac{4}{15}$ $\Rightarrow$ ⑬ 4 : 15 = 0,27 $\Rightarrow$ ⑭ 27 %

⑮ $\frac{1}{15}$ $\Rightarrow$ ⑯ 1 : 15 = 0,07 $\Rightarrow$ ⑰ 7 %

Probe

Die Summe aller Brüche und Dezimalzahlen muss 1 ergeben, die Summe der Prozentwerte muss 100 ergeben:

$$\frac{0}{15} + \frac{1}{5} + \frac{2}{15} + \frac{1}{3} + \frac{4}{15} + \frac{1}{15} = 0 + \frac{3}{15} + \frac{2}{15} + \frac{5}{15} + \frac{4}{15} + \frac{1}{15} = \frac{15}{15} = 1$$

0,0 + 0,2 + 0,13 + 0,33 + 0,27 + 0,07 = 1
0 + 20 + 13 + 33 + 27 + 7 = 100

Aufgabe 3

12 15 ☐ 23 28 30 34 34 40

a) Es stehen 9 Werte in der Rangliste ⇒ der mittlere Wert ist der Zentralwert ⇒ Zentralwert = 28

b) Im Platzhalter können stehen: 15, 16, 17, 18, 19, 20, 21, 22, 23

c) Spannweite d = 40 – 12
d = 28

d) Wenn Zahlen fehlen bzw. unbekannt sind, kann das arithmetische Mittel nicht berechnet werden.

Aufgabe 4

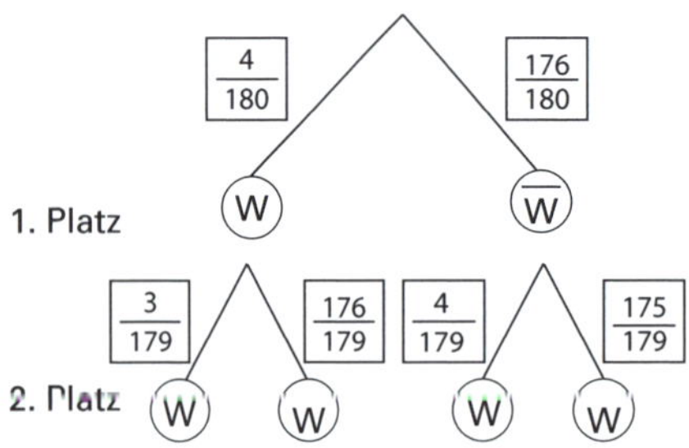

$P(\overline{W}; \overline{W}) = \frac{176}{180} \cdot \frac{175}{179} \approx 95{,}6\ \%$

Die Wahrscheinlichkeit, dass kein Mitglied von Familie Weller ausgewählt wird, beträgt etwa 95,6 %.

Aufgabe 5

Auf dem Glücksrad befinden sich 4 Sektoren mit Vokalen (A; A; I; A) und 5 Sektoren mit Konsonanten (K; T; H; R; N).

Für das Baumdiagramm soll gelten: V = Vokal; $\overline{V}$ = kein Vokal

1. Versuch **2. Versuch**

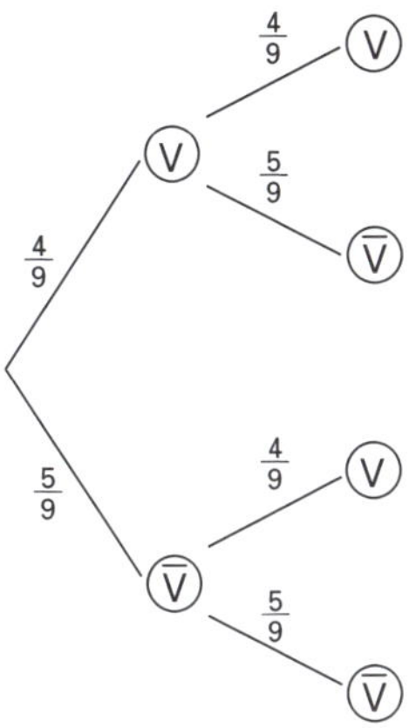

P(mindestens ein Vokal) = 1 – P(kein Vokal) = 1 – P($\overline{V}$; $\overline{V}$) = $1 - \frac{5}{9} \cdot \frac{5}{9} \approx 69{,}1\ \%$

Die Wahrscheinlichkeit, dass Dunja einen Preis gewinnt, beträgt etwa 69,1 %.

Alternativer Lösungsweg:

P(mindestens ein Vokal) = $\frac{4}{9} \cdot \frac{4}{9} + \frac{4}{9} \cdot \frac{5}{9} + \frac{5}{9} \cdot \frac{4}{9} = \frac{56}{81} \approx 69{,}1\ \%$

Aufgabe 6

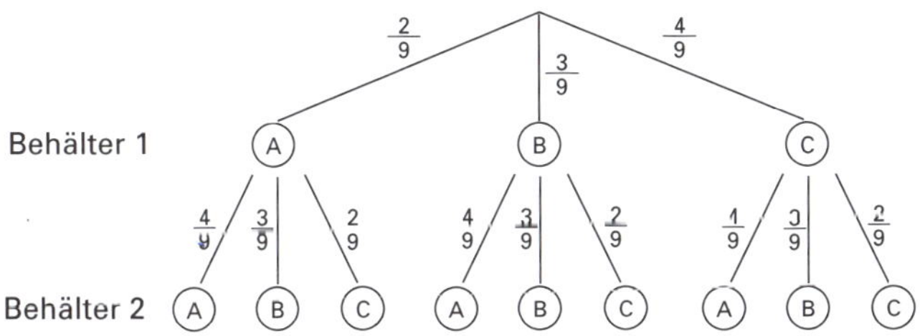

Berechnung der Wahrscheinlichkeit, dass jeweils der gleiche Buchstabe aus Behälter 1 und Behälter 2 gezogen wird:

P(„Gleicher Buchstabe aus Behälter 1 und Behälter 2“)

$= P(A; A) + P(B; B) + P(C; C) = \frac{2}{9} \cdot \frac{4}{9} + \frac{3}{9} \cdot \frac{3}{9} + \frac{4}{9} \cdot \frac{2}{9} = \frac{25}{81} = 30{,}9\ \%$

Berechnung der Wahrscheinlichkeit, dass zwei gleiche Buchstaben aus Behälter 3 gezogen werden:

Behälter 3

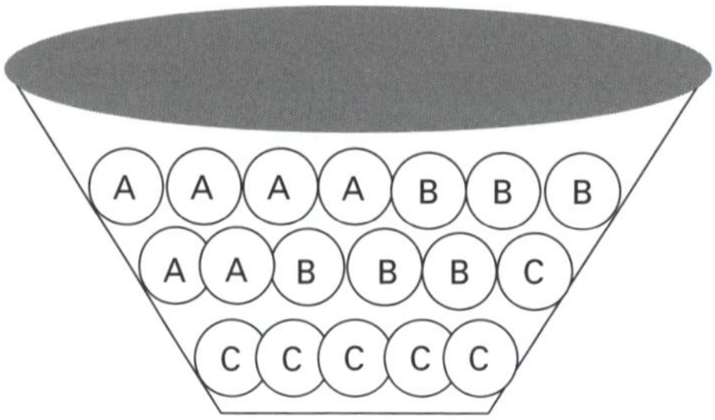

In diesem Fall werden die beiden Kugeln gleichzeitig aus einem einzigen Behälter gezogen. Dies bedeutet, dass es sich um Ziehen ohne Zurücklegen handelt. Behälter 3 enthält zu Beginn 6 Kugeln mit dem Buchstaben A, 6 Kugeln mit dem Buchstaben B und 6 Kugeln mit dem Buchstaben C.

P(„Zwei gleiche Buchstaben aus Behälter 3")

$= P(A; A) + P(B; B) + P(C; C) = \frac{6}{18} \cdot \frac{5}{17} + \frac{6}{18} \cdot \frac{5}{17} + \frac{6}{18} \cdot \frac{5}{17} = \frac{90}{306} = 29{,}4\ \%$

Die Wahrscheinlichkeit ist etwas kleiner als zuvor.

Aufgabengruppe I

Aufgabe 1

a) p_1: $y = (x + 4)^2 + 1$
$y = x^2 + 8x + 16 + 1$
$y = x^2 + 8x + 17$

Scheitelpunktform
⇓
Normalform

b) p_2: $y = -x^2 + px + q$

Einsetzen der Koordinaten von A:
$1 = -(-4)^2 - 4p + q$
$1 = -16 - 4p + q$ | $+ 4p + 16$

(I) $4p + 17 = q$
Einsetzen der Koordinaten von B:
(II) $1 = q$

(II) in (I) $4p + 17 = 1$ | $- 17$
$4p = -16$ | $: 4$
$p = -4$

⇒ p_2: $y = -x^2 - 4x + 1$ | (-1) ausklammern
$y = -[x^2 + 4x - 1]$ | quadratische Ergänzung
$y = -[x + 4x + 2^2 - 2^2 - 1]$ | Binom
$y = -[(x + 2)^2 - 5]$ | Klammer auflösen
$y = -(x + 2)^2 + 5$

⇒ Scheitelpunkt S_2 (-2 | 5)

$y = \pm (x - x_S)^2 + y_S$
mit $S (x_S | y_S)$

c)

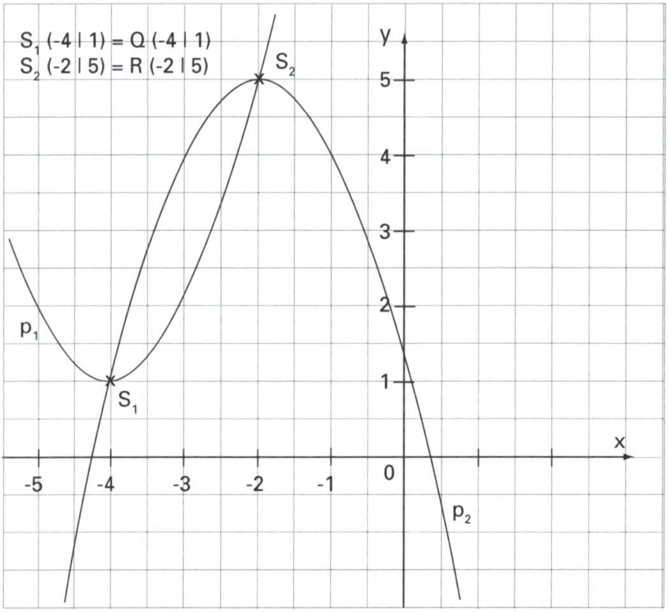

d) p_3: $y = x^2 + 2x - 2$; p_4: $y = -x^2 - 2x + 4$
Schnittpunkte M und N von p_3 und p_4 $\Rightarrow$ $y_3 = y_4$

$$
\begin{aligned}
x^2 + 2x - 2 &= -x^2 - 2x + 4 && \mid + x^2 + 2x + 2 \\
2x^2 + 4x &= 6 && \mid : 2 \\
x^2 + 2x &= 3 && \mid \text{z. B. quadratische Ergänzung} \\
x^2 + 2 + 1^2 &= 3 + 1^2 && \mid \text{Binom} \\
(x + 1)^2 &= 4 && \mid \sqrt{} \\
x + 1 &= \pm 2 && \mid - 1 \\
x_1 &= 1 \quad \Rightarrow \quad y_1 = 1 + 2 - 2 = 1 \\
x_2 &= -3 \quad \Rightarrow \quad y_2 = 9 - 6 - 2 = 1
\end{aligned}
$$

$\Rightarrow$ M (1 I 1); N (-3 I 1)

Aufgabe 2

a) Anzahl der Jahre:

$$25\,000\ € = 37\,450\ € \cdot 0{,}873^n \qquad \mid : 37\,450\ €$$

$$\frac{25\,000\ €}{37\,450\ €} = 0{,}873^n$$

$$n = \log_{0{,}873} \frac{25\,000}{37\,450}$$

$$n = \log \frac{25\,000}{37\,450} : \log 0{,}873$$

$$n \approx 3$$

$$K_n = K_0 \left(1 \pm \frac{p}{100}\right)^n$$

$$a = b^n \\ \rightarrow n = \log_b a$$

b) Wertverlust in %:

$9000\,€ = 37\,450\,€ \cdot q^8$ | : 37 450 €

$q^8 = \frac{9000\,€}{37\,450\,€}$

$q = \sqrt[8]{9000\,€ : 37\,450\,€}$

$q \approx 0{,}837$

$\Rightarrow\ p = (1 - 0{,}837) \cdot 100 = 16{,}3\ \%$

$q = 1 - \frac{p}{100}$

c) Wert des Autos in € nach 6 Jahren:

$W_6 = 37\,450\,€ \cdot 0{,}75 \cdot 0{,}82 \cdot 0{,}91^4$

$W_6 \approx 15\,794\,€$

Aufgabe 3

$\overline{AF}$ in cm:

$72\text{ cm}^2 = \overline{AD} \cdot 8\text{ cm}$ | : 8 cm

$\overline{AD} = 72\text{ cm}^2 : 8\text{ cm}$

$\overline{AD} = 9\text{ cm}$

$A_{Rechteck} = a \cdot b$
$b = A_R : a$

$\overline{CF}$ in cm:

$\tan(25°) = \overline{CF} : 9\text{ cm}$

$\overline{CF} = \tan(25°) \cdot 9\text{ cm}$

$\overline{CF} \approx 4{,}2\text{ cm}$

$\tan(\alpha) = \frac{GK}{AK}$

$\overline{BF}$ in cm:

$\overline{CF}^2 = \overline{AF} \cdot \overline{BF}$ | : $\overline{AF}$

$\overline{BF} = (4{,}2\text{ cm})^2 : 9\text{ cm}$

$\overline{BF} = 1{,}96\text{ cm} \approx 2\text{ cm}$

Höhensatz:
$h^2 = p \cdot q$

Flächeninhalt des Dreiecks ABC in cm²:

$A = \frac{1}{2} \cdot (9\text{ cm} + 2\text{ cm}) \cdot 4{,}2\text{ cm} = 23{,}1\text{ cm}^2$

$A_\Delta = \frac{1}{2} \cdot g \cdot h$

Aufgabe 4

$\frac{21x^{-4} \cdot 9y^3 \cdot 6z^5 \cdot x^3 \cdot 8z^{-8}}{4y^2 \cdot 7x^{-6} \cdot 3y \cdot 18z^{-4}}$ | (ordnen)

$= \frac{21 \cdot 9 \cdot 6 \cdot 8 \cdot x^{-4} \cdot x^3 \cdot y^3 \cdot z^5 \cdot z^{-8}}{4 \cdot 7 \cdot 3 \cdot 18 \cdot x^{-6} \cdot y^2 \cdot y^1 \cdot z^{-4}}$ | (zusammenfassen und kürzen)

$= \frac{2 \cdot 3 \cdot x^{-1} \cdot y^3 \cdot z^{-3}}{x^{-6} \cdot y^3 \cdot z^{-4}}$ | (zusammenfassen und kürzen)

$= 6 \cdot x^{-1} \cdot x^6 \cdot z^{-3} \cdot z^4$

$= 6x^5z$

$a^m \cdot a^n = a^{m+n}$

$a^{-n} = \frac{1}{a^n}$

Prüfungen

Aufgabe 5

a) Funktionsgleichung von g_1:

$m_1 = \frac{3}{4}$

$\Rightarrow y = \frac{3}{4} \cdot x + t$

$y = m \cdot x + t$

Einsetzen der Koordinaten von A (4 | 4,5):

$4{,}5 = \frac{3}{4} \cdot 4 + t \qquad | -\left(\frac{3}{4} \cdot 4\right)$

$1{,}5 = t$

$\Rightarrow g_1\!: y = \frac{3}{4}x + 1{,}5$

b) Nullstellen der Gerade g_2 ($y = 0$):

$g_2\!: y = -2{,}5x - 7{,}5$

$\Rightarrow 0 = -2{,}5x - 7{,}5 \qquad | + 2{,}5x$

$2{,}5x = -7{,}5 \qquad | : 2{,}5$

$x = -3$

$\Rightarrow$ N (-3 | 0)

c) y-Koordinate von P (-4 | y) auf g_2:

Einsetzen der x-Koordinate in:

$y = -2{,}5 \cdot (-4) - 7{,}5$

$y = 10 - 7{,}5 = 2{,}5 \quad \Rightarrow \quad y = 2{,}5 \quad \Rightarrow \quad$ P (-4 | 2,5)

d) Funktionsgleichung von g_4:

$g_4 \perp g_3 \quad \Rightarrow \quad m_3 \cdot m_4 = -1$

$\Rightarrow 0{,}25 \cdot m_4 = -1 \qquad | : 0{,}25$

$m_4 = -1 : 0{,}25 = -4$

Einsetzen der Koordinaten von C (4,5 | -2):

$-2 = (-4) \cdot 4{,}5 + t_4 \qquad | + 1^8$

$16 = t_4 \quad \Rightarrow \quad g_4\!: y = -4x + 16$

e) Koordinaten von D:

Umformen von g_5 in die Normalform:

$14 - 3y = 3{,}75x - 7 \qquad | - 14$

$-3y = 3{,}75x - 21 \qquad | : (-3)$

$y = -1{,}25x + 7$

Gleichsetzen der y-Werte von g_3 und g_5:

$0{,}25x + 4 = -1{,}25x + 7 \qquad | + 1{,}25x - 4$

$1{,}5x = 3 \qquad | : 1{,}5$

$x = 2$

in g_3:

$\Rightarrow y = 0{,}25 \cdot 2 + 4 = 4{,}5$

$\Rightarrow$ D (2 | 4,5)

f) Funktionsgleichung von g_6:

$$m_6 = \frac{6 - (-2)}{-1{,}5 - 4{,}5} = -\frac{8}{6} = -\frac{4}{3}$$

$$\Rightarrow y = -\frac{4}{3}x + t$$

$$m = \frac{y_2 - y_1}{x_2 - x_1}$$

Einsetzen der Koordinaten von z. B. F (-1,5 I 6):

$$6 = -\frac{4}{3}\left(-\frac{3}{2}\right) + t$$

$$6 = 2 + t \qquad | -2$$

$$4 = t$$

$$g_6\text{: } y = -\frac{4}{3}x + 4$$

g) Hilfspunkte:

g_2: t = -7,5; N (-3 I 0)

g_3: t = 4; D (2 I 4,5)

g_6: E (4,5 I -2); F (-1,5 I 6)

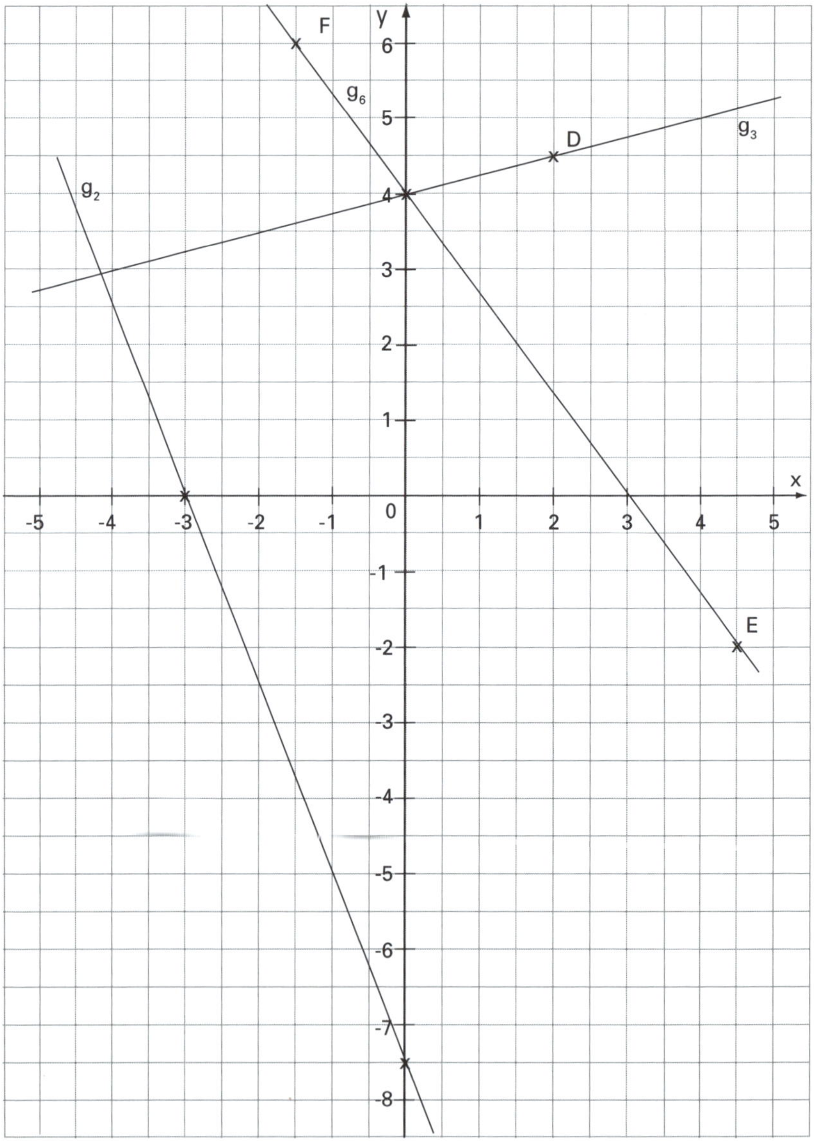

Aufgabe 6

$\mathbb{D} = \mathbb{R} \setminus \{-6{,}5 \mid 1{,}5\}$
HN = $(x + 6{,}5)(2x - 3)$

$$\frac{1{,}5x + 6}{x + 6{,}5} = \frac{x - 3}{2x - 3} \quad | \cdot (x + 6{,}5)(2x - 3)$$
$$(1{,}5x + 6)(2x - 3) = (x - 3)(x + 6{,}5) \quad | \text{ Klammern ausmultiplizieren}$$
$$3x^2 - 4{,}5x + 12x - 18 = x^2 + 6{,}5x - 3x - 19{,}5 \quad | \text{ zusammenfassen}$$
$$3x^2 + 7{,}5x - 18 = x^2 + 3{,}5x - 19{,}5 \quad | - x^2 - 3{,}5x + 19{,}5$$
$$2x^2 + 4x + 1{,}5 = 0 \quad | : 2$$
$$x^2 + 2x + 0{,}75 = 0$$

z. B. Lösungsformel
$p = 2;\ q = 0{,}75$

$$x_{1/2} = -\left(\frac{2}{2}\right)^2 \pm \sqrt{\left(\frac{2}{2}\right)^2 - 0{,}75}$$
$$= -1 \pm \sqrt{1 - 0{,}75}$$
$$= -1 \pm \sqrt{0{,}25}$$
$$x_{1/2} = -1 \pm 0{,}5$$

$\Rightarrow\ x_1 = -1 + 0{,}5 = -0{,}5$
$\quad\ x_2 = -1 - 0{,}5 = -1{,}5$

$\Rightarrow\ \mathbb{L} = \{-1{,}5; -0{,}5\}$

Normalform:
$x^2 + px + q = 0$
$x_{1/2} = -\frac{p}{2} \pm \sqrt{\left(\frac{p}{2}\right)^2 - q}$

Aufgabe 7

a) Volumen der 4 Kugeln in cm^3:

$V_K = 4 \cdot \frac{4}{3} \cdot (1{,}5\ cm)^3 \cdot \pi$

$V_K = 4 \cdot \frac{4}{3} \cdot 3{,}375\ cm^3 \cdot 3{,}14 = 56{,}52\ cm^3$

$V_{Ku} = \frac{4}{3} \cdot r^3 \cdot \pi$

Volumen im Zylinder:

$V_Z = (1{,}6\ cm)^2 \cdot 12{,}2\ cm \cdot 3{,}14 \approx 98{,}07\ cm^3$

$V_Z = r^2 \cdot \pi \cdot h_Z$

Volumen der Luft:

$V_L = 98{,}07\ cm^3 - 56{,}52\ cm^3 = 41{,}55\ cm^3$

V_L in %:

$p_{Luft} = \frac{41{,}55\ cm^3 \cdot 100}{98{,}07\ cm^3} \approx 42\ \%$

$p = \frac{PW \cdot 100}{GW}$

b) Oberfläche der Kugel in cm^2:

$O = 4 \cdot (1{,}5\ cm)^2 \cdot 3{,}14 = 28{,}26\ cm^2$

$O_K = 4 \cdot r^2 \cdot \pi$

c) Masse der Goldkugel in g:

$m = 19{,}3\ \frac{g}{cm^3} \cdot 0{,}753\ cm^3$

$m \approx 14{,}5\ g$

$m = D \cdot V$

Aufgabe 8

$\overline{BC}$ bei Scheinwerferposition A in cm:

1. Strahlensatz

$\overline{BC} : \overline{CC'} = \overline{AB} : \overline{AA'}$

$\overline{BC} : 7{,}5\ cm = 100\ cm : 12\ cm \quad | \cdot 7{,}5\ cm$

$\overline{BC} = \frac{100\ cm}{12\ cm} \cdot 7{,}5\ cm$

$\overline{BC} = 62{,}5\ cm$

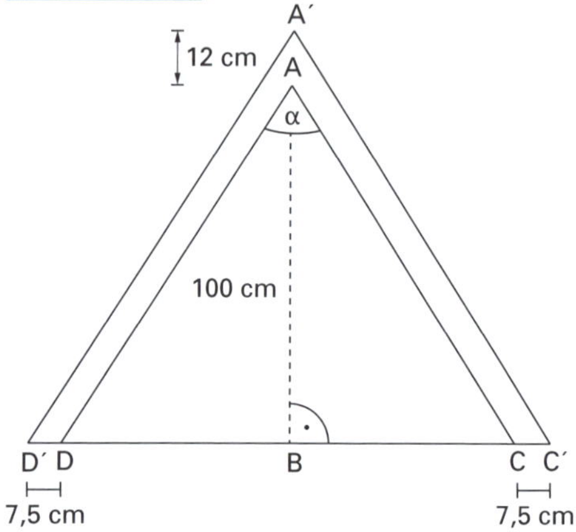

$\overline{D'C'}$ in cm:

$\overline{D'C'} = \overline{D'D} + \overline{DB} + \overline{BC} + \overline{CC'}$

$= 7{,}5\ cm + 2 \cdot 62{,}5\ cm + 7{,}5\ cm$

$= 140\ cm$

Berechnung des Winkels α:

$\triangle$ ABC ist rechtwinklig

$\sphericalangle BAC = \frac{1}{2} \cdot \alpha$

$\Rightarrow \quad \tan\left(\frac{\alpha}{2}\right) = \overline{BC} : \overline{AB}$

$\tan\left(\frac{\alpha}{2}\right) = \frac{62{,}5\ cm}{100\ cm} = 0{,}625 \Rightarrow \left(\frac{\alpha}{2}\right) = 32°$

$\Rightarrow \quad \alpha = 2 \cdot 32° = 64°$

$\tan(\alpha) = \frac{GK}{AK}$

Aufgabe 9

$2 \cdot 7a^3 \cdot 10c$

I. $49a^6 + \boxed{140a^3c} + 100c^2 = \left(\boxed{7a^3} + \boxed{10c}\right)^2$

1. binomische Formel

$a^2 + 2ab + b^2 = (a + b)^2$

II. $\left(18ac + \boxed{\frac{1}{5}b}\right) \cdot \left(18ac - \boxed{\frac{1}{5}b}\right) = \boxed{324a^2c^2} - \frac{1}{25}b^2$

$(18ac)^2$

3. binomische Formel

$(a + b) \cdot (a - b) = a^2 - b^2$

$\Rightarrow$ I. $\quad 49a^6 + 140a^3c + 100c^2 = (7a^3 + 10c)^2$

II. $\quad \left(18ac + \frac{1}{5}b\right) \cdot \left(18ac - \frac{1}{5}b\right) = 324a^2c^2 - \frac{1}{25}b^2$

Aufgabe 10

a)

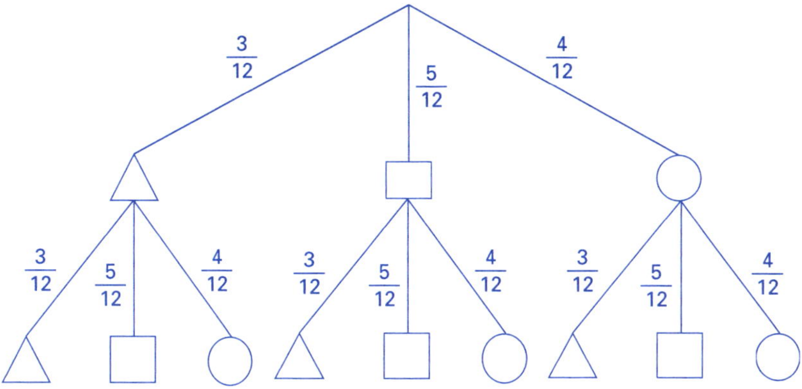

b) Wahrscheinlichkeit in %:

$p = \frac{3}{12} \cdot \frac{5}{12} \cdot \frac{4}{12} = \frac{1}{4} \cdot \frac{5}{12} \cdot \frac{1}{3} = \frac{5}{144} \mathrel{\hat{=}} \approx 3{,}5\ \%$

c) Wahrscheinlichkeit in %:

Gegenereignis $\overline{E}$:

$p = 1 - \left(\frac{4}{12}\right)^4 = 1 - \frac{1}{81} = \frac{80}{81}$

$\Rightarrow \ p \approx 98{,}8\ \%$

$p(\overline{E}) = 1 - p(E)$

Aufgabengruppe II

Aufgabe 1

a) g_1: $y = -x + 3{,}5$

Berechnung der Nullstelle N (y = 0)

$0 = -x + 3{,}5 \qquad | + x$

$x = 3{,}5 \quad \Rightarrow \quad N = (3{,}5 \mid 0)$

b) Funktionsgleichung von g_2:

Berechnung von m_2:

$$m = \frac{y_2 - y_1}{x_2 - x_1}$$

z. B. $m_2 = \frac{6{,}5 - 3{,}5}{4 - 2} = \frac{3}{2} = 1{,}5$

Berechnung von t_2:

$y = 1{,}5 \cdot x + t_2$

Einsetzen des Punktes (2 | 3,5):

$3{,}5 = 1{,}5 \cdot 2 + t_2 \qquad | - 3$

$0{,}5 = t_2$

$\Rightarrow$ g_2: $y = 1{,}5x + 0{,}5$

c) $g_1 \cap g_3$

Berechnung des Schnittpunktes T ($y_1 = y_3$):

$-x + 3{,}5 = -0{,}2x - 1{,}5 \qquad | + x + 1{,}5$

$5 = 0{,}8x$

$6{,}25 = x$

Eingesetzt in g_1:

$y = -6{,}25 + 3{,}5 = -2{,}75$

$\Rightarrow$ T (6,25 | -2,75)

d) Funktionsgleichung von g_4:

$g_1 \parallel g_4$

$\Rightarrow$ $m_4 = m_1 = -1$
$t_4 = -3{,}5$

$\Rightarrow$ g_4: $y = -x - 3{,}5$

Hilfsskizze:

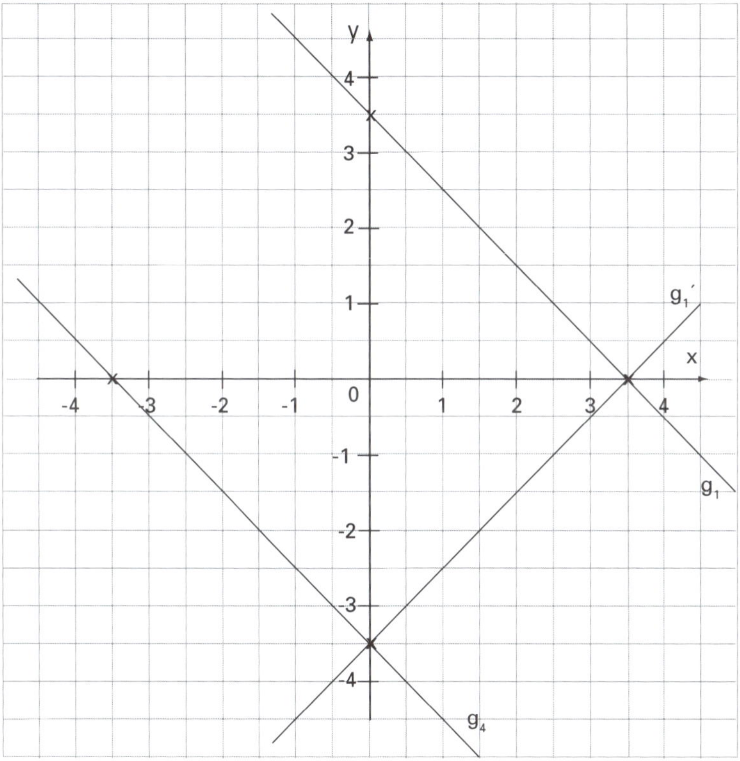

e) g_5: $y = \frac{1}{3}x + 4$; $g_6 \perp g_5$; P (-1 I 5) $\in g_6$

Bestimmung der Funktionsgleichung von m_6:
Steigung:

$m_6 = -\frac{1}{\frac{1}{3}} = -3 \quad \Rightarrow \quad y = -3 \cdot x + t$

Einsetzen von P:
$5 = -3 \cdot (-1) + t \qquad | -3$
$2 = t$

$\Rightarrow$ $y = -3x + 2$

$g_1 \perp g_2$:
$m_2 = -\frac{1}{m_1}$

f)

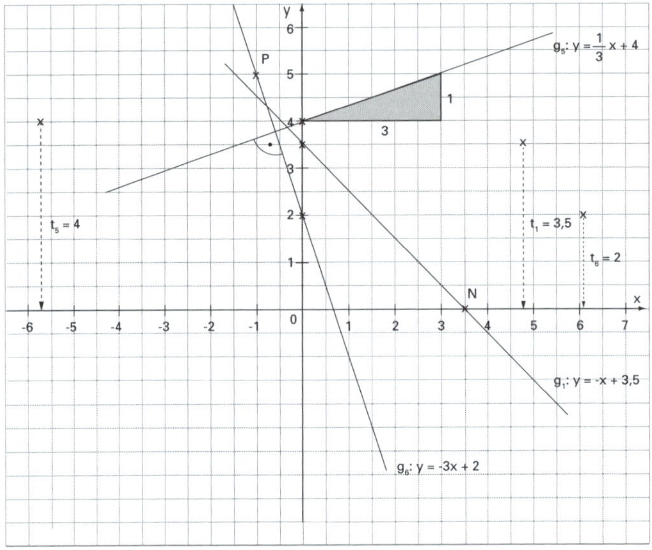

Maßstab: verkleinert

Aufgabe 2

Volumen des Teigs in cm^3:

$$V_{Zyl.} = (13\ cm)^2 \cdot 3{,}14 \cdot (28\ cm - 8\ cm)$$
$$= 10\,613{,}2\ cm^3$$

$$V_Z = r^2 \cdot \pi \cdot h_Z$$

Volumen einer Kugel in cm^3:

$$V_{Ku} = \frac{4}{3} \cdot (2{,}5\ cm)^3 \cdot 3{,}14$$
$$\approx 65{,}4\ cm^3$$

$$V_{Ku} = \frac{4}{3} \cdot r^3 \cdot \pi$$

Anzahl der Kugeln:

$10\,613{,}2\ cm^3 : 65{,}4\ cm^3 \approx 162$

Volumen des restlichen Teigs in cm^3:

$$V_R = 10\,613{,}2\ cm^3 - 65{,}4\ cm^3 \cdot 162$$
$$= 18{,}4\ cm^3$$

Durchmesser der kleineren Kugel in cm:

$$18{,}4\ cm^3 = \frac{4}{3} \cdot r^3 \cdot \pi \qquad | \cdot 3 : 4 : 3{,}14$$
$$r^3 = 18{,}4\ cm^3 \cdot 3 : 4 : 3{,}14 \qquad | \sqrt[3]{\ }$$
$$r = \sqrt[3]{4{,}395}\ cm$$
$$r \approx 1{,}6\ cm$$

$\Rightarrow$ d = 3,2 cm

Aufgabe 3

a) Anwendung des Strahlensatzes:

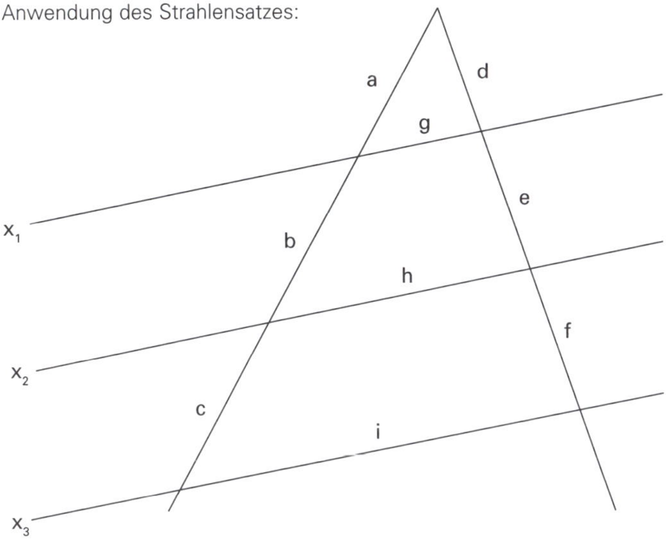

I. $\frac{a + b + c}{\boxed{i}} = \frac{a}{g}$

II. $\frac{c}{f} = \frac{\boxed{b}}{e}$

III. $\frac{\boxed{d + e}}{h} = \frac{d}{g}$

b) Länge der Strecke h in cm:

$$\frac{4\text{ cm}}{2\text{ cm}} = \frac{4\text{ cm} + 6\text{ cm}}{h}$$

$$2 = \frac{10\text{ cm}}{h} \qquad | \cdot h : 2$$

$$h = 5\text{ cm}$$

1. Strahlensatz:

$\frac{a}{g} = \frac{a + b}{h}$

Aufgabe 4

a) Baumdiagramm:

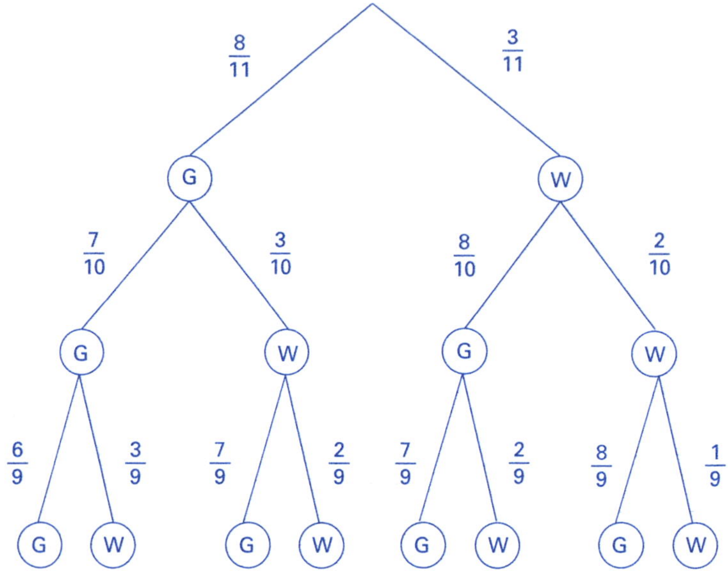

b) Wahrscheinlichkeit für mindestens 2 gelbe Kugeln:

$$P = \frac{8}{11} \cdot \frac{7}{10} \cdot \frac{6}{9} + \frac{8}{11} \cdot \frac{7}{10} \cdot \frac{3}{9} + \frac{8}{11} \cdot \frac{3}{10} \cdot \frac{7}{9} + \frac{3}{11} \cdot \frac{8}{10} \cdot \frac{7}{9}$$

$$P = \frac{336 + 168 + 168 + 168}{990} = \frac{84}{99} = \frac{28}{33} \approx 0{,}85 = 85\ \%$$

c) Anzahl der Reihenfolgen:
$11! = 39\,916\,800$

Aufgabe 5

a) p_1 in Normalform:

$y = x^2 + p \cdot x + q$

A eingesetzt:

$1 = (-3)^2 - 3p + q$

(I) $3p \cdot 8 = q$

B eingesetzt:

$6 = 2^2 + 2p + q \quad | -4$

(II) $2 = 2p + q$

(I) in (II):

$2 = 2p + 3p - 8 \quad | +8$

$10 = 5p \quad | :5$

(III) $2 = p$

(III) in (II):

$2 = 2 \cdot 2 + q \qquad | -4$

$-2 = q$

$\Rightarrow \; p_1\text{: } y = x^2 + 2x - 2$

b) p_2 in Normalform:

$y = -(x - 3)^2 + 4$

$y = -(x^2 - 6x + 9) + 4$

$y = -x^2 + 6x - 9 + 4$

$y = -x^2 + 6x - 5$

> Scheitelpunktform:
> $y = \pm\,(x - x_S)^2 + y_S$
> $S\,(x_S \mid y_S)$

c)

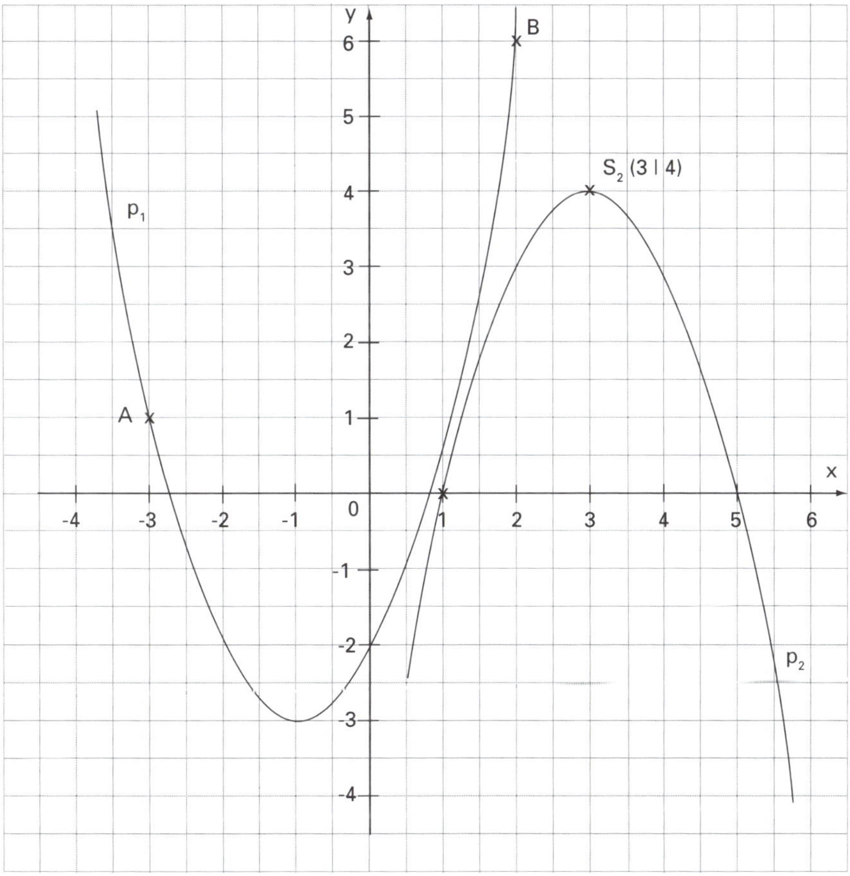

d) Berechnung der y-Koordinate:

p_3: $y = -x^2 + 7x + 14$

Einsetzen der Koordinate x = 7:
$y = -(7)^2 + 7 \cdot 7 + 14$
$y = -49 + 49 + 14$
$y = 14$

e) Nachweis, ob D (-3 I 16) $\in p_3$:

Einsetzen der Koordinaten von D:
$16 = -(-3)^2 + (-3) \cdot 7 + 14$
$16 = -9 - 21 + 14$
$16 = -16$ → falsche Aussage!

$\Rightarrow$ D liegt nicht auf p_3.

f) Scheitelpunkt S_3:

p_3: $y = -x^2 + 7x + 14$
$y = -(x^2 - 7x - 14)$
$y = -(x^2 - 7x + 3{,}5^2 - 3{,}5^2 - 14)$
$y = -[(x - 3{,}5)^2 - 26{,}25]$
$y = -(x - 3{,}5)^2 + 26{,}25$
$\Rightarrow$ S_3 (3,5 I 26,25)

g) Nullstellen von p_4 (y = 0):

$0 = x^2 - 20x + 96$
$\Rightarrow p = -20;\ q = 96$

$x_{1/2} = -\frac{(-20)}{2} \pm \sqrt{\left(\frac{-20}{2}\right)^2 - 96}$
$x_{1/2} = 10 \pm \sqrt{100 - 96}$
$x_{1/2} = 10 \pm \sqrt{4}$
$x_1 = 10 + 2 = 12$
$x_2 = 10 - 2 = 8$

$\Rightarrow N_1$ (12 I 0); N_2 (8 I 0)

Lösungsformel:
$x^2 + px + q = 0$
$\Rightarrow x_{1/2} = -\frac{p}{2} \pm \sqrt{\left(\frac{p}{2}\right)^2 - q}$

h) Nachweis:
g: $2y + 6x = 38$ I : 2
$y + 3x = 19$ I − 3x
$y = -3x + 19$
p_4: $y = x^2 - 20x + 96$

y-Werte gleichsetzen:
$x^2 - 20x + 96 = -3x + 19$ I + 3x − 96
$x^2 - 17x = -77$
$x^2 - 17x + 8{,}5^2 = -77 + 8{,}5^2$
$(x - 8{,}5)^2 = -4{,}75$ → keine Lösung

g und p_4 haben keinen Punkt gemeinsam.

Aufgabe 6

a) $\sqrt{\square} = m^4b$

$\Rightarrow (m^4b)^2 = m^8b^2$

$\Rightarrow \sqrt{m^8b^2} = m^4b$

b)

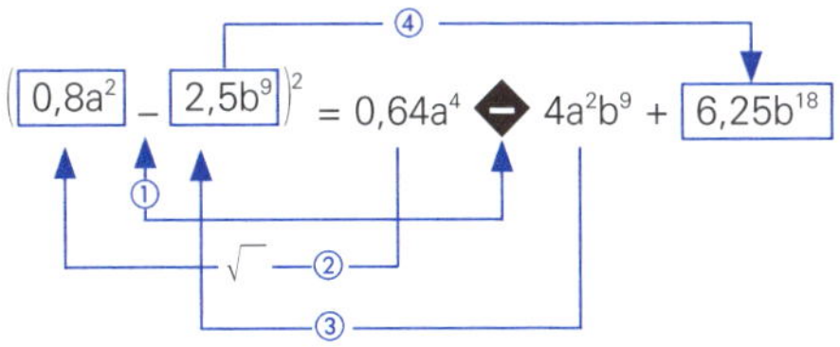

2. binomische Formel

$(a - b)^2 = a^2 - 2ab + b^2$

③ $4a^2b^9 = 2 \cdot 0{,}8a^2 \cdot x \qquad | : 1{,}6a^2$

$2{,}5b^9 = x$

④ $(2{,}5b^8)^2 = 6{,}25b^{18}$

Aufgabe 7

a) Berechnung von $\overline{DE}$:

$\overline{DE} = \overline{EC} - \overline{DC} = 6{,}25\text{ m} - 2{,}25\text{ m}$

$\overline{DE} = 4\text{ m}$

Höhensatz

$h^2 = p \cdot q$

Berechnung von $\overline{FD}$:

$\overline{FD}^2 = \overline{CD} \cdot \overline{ED}$

$\overline{FD}^2 = 2{,}25\text{ m} \cdot 4\text{ m} \qquad | \sqrt{}$

$FD = \sqrt{9\text{ m}^2} = 3\text{ m}$

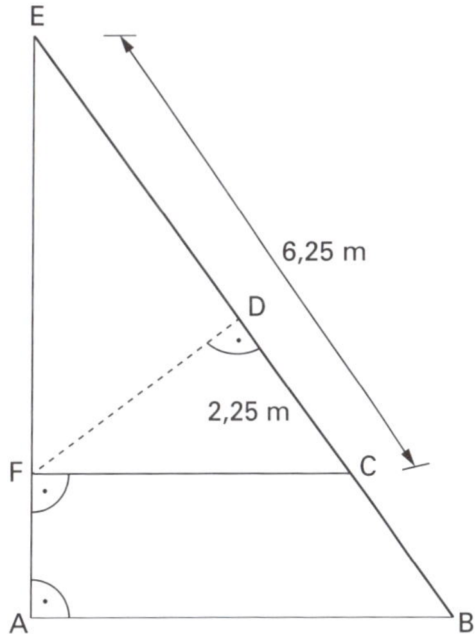

Berechnung des Flächeninhalts des Dreiecks CEF:

$A_\Delta = \frac{1}{2} \cdot g \cdot h$

$A_{CEF} = \frac{1}{2} \cdot \overline{EC} \cdot \overline{FD}$

$= \frac{1}{2} \cdot 6{,}25\text{ m} \cdot 3\text{ m}$

$= 9{,}375\text{ m}^2$

Berechnung des Flächeninhalts des Dreiecks ABE:

$A_{\Delta ABE} = A_{\Delta CEF} \cdot k^2$

$\Rightarrow k = 1{,}5$

Zentrische Streckung
$A' = A \cdot k^2$

$A_{\Delta ABE} = 9{,}375\text{ m}^2 \cdot 1{,}5^2$

$A_{\Delta ABE} \approx 21{,}1\text{ m}^2$

Berechnung der Trapezfläche:

$A_{Tr} = A_{\Delta ABE} - A_{\Delta FCE}$

$A_{Tr} = 21{,}1\text{ m}^2 - 9{,}375\text{ m}^2$

$A_{Tr} = 11{,}725\text{ m}^2$

Prüfungen

b) Nachweis:
$\sphericalangle CBA = \sphericalangle DCF$

Berechnung von $\sphericalangle DCF$:

In rechtwinkligen Dreieck DCF gilt:

$\tan \sphericalangle DCF = \frac{\overline{DF}}{\overline{DC}}$

$\tan \sphericalangle DCF = 3 \text{ m} : 2{,}25 \text{ m}$

$\sphericalangle DCF \approx 53°$

$\tan(\alpha) = \frac{GK}{AK}$

Berechnung von $\sphericalangle FED$:

$\sphericalangle FED = 180° - \sphericalangle EFC - \sphericalangle DCF$

$\sphericalangle FED = 180° - 90° - 53° = 37°$

$\Rightarrow$ 37° > 25° $\Rightarrow$ Für den LED-Lichtschlauch geeignet.

Aufgabe 8

$\mathbb{D} = \mathbb{R} \setminus \{-4\}$

HN: $(-2x - 8)(8 + 2x)$

$\frac{-32}{(-2x-8)} = 4 + \frac{5x}{(8+2x)}$ | $\cdot (-2x-8)(8+2x)$

$-32(8 + 2x) = 4(-2x - 8)(8 + 2x) + 5x(-2x - 8)$ | ausmultiplizieren

$-256 - 64x = (-8x - 32)(8 + 2x) - 10x^2 - 40x$

$-256 - 64x = -64x - 16x^2 - 256 - 64x - 10x^2 - 40x$ | zusammenfassen

$-256 - 64x = -26x^2 - 168x - 256$ | $+ 26x^2 + 168x + 256$

$26x^2 + 104x = 0$ | $: 26$

$x^2 + 4x = 0$ | quadratische Ergänzung

$x^2 + 4x + 2^2 = 2^2$

$(x + 2)^2 = 4$ | $\sqrt{\;}$

$x + 2 = \pm 2$ | -2

$x_1 = 0$

$x_2 = -4 \quad \notin \mathbb{D}$

$\Rightarrow \mathbb{L} = \{0\}$

Aufgabe 9

a) Jährliches Wachstum in %:

$460\,725 + 30\,800 = 460\,725 \cdot q^9$

$491\,525 = 460\,725 \cdot q^9$ | $: 460\,725$

$\frac{491\,525}{460\,725} = q^9$ | $\sqrt[9]{\;}$

$q \approx 1{,}0072$

$W_n = W_0 \cdot q^n$

$q = 1 \pm \frac{p}{100}$

$\Rightarrow p = 0{,}72$ %

b) Zeitraum in Jahren:

$$2\,000\,000 = 1\,847\,253 \cdot 1{,}0038^n \qquad |:1\,847\,253$$

$$1{,}0038^n = \frac{2\,000\,000}{1\,847\,253}$$

$$n = \log_{1{,}0038} 1{,}0827$$

$$n \approx 21 \text{ Jahre}$$

$a^n = b$
$n = \log_a b$

c) Einwohnerzahl nach 10 Jahren:

$$W_{10} = 246\,334 \cdot 0{,}9899^{10}$$

$$W_{10} \approx 222\,555$$

$q = 1 - \frac{p}{100}$

d) Anzahl der Einwohner im Jahr 2000:

$$2510 = W_0 \cdot 0{,}972^{21} \qquad |:0{,}972^{21}$$

$$W_0 = 2510 : 0{,}972^{21}$$

$$W_0 \approx 4557$$

Musterprüfung I – A

Teil A

Aufgabe 1

Da in der Klammer ein Produkt $(3 \cdot x^4)$ steht, muss beim Potenzieren dieser Klammer jeder einzelne Faktor innerhalb der Klammer potenziert werden. In der hier falschen Lösung wurde nur der zweite Faktor x^4 potenziert, nicht aber der erste Faktor 3.

Fehlerberichtigung: $(3x^4)^2 = 3^2 \cdot (x^4)^2 = 9 \cdot x^8$

Aufgabe 2

a) Auch bei Angebot B handelt es sich um eine lineare Funktion.

$y = 0{,}2x + 10$ (x in km; y in €)

b) In die Funktionsgleichung $y = 0{,}4x$ muss für x der Wert 80 eingesetzt werden:

$y = 0{,}4 \cdot 80$
$= 32$

Die Fahrt kostet bei Angebot A folglich 32 €.

Aufgabe 3

☑ Die Anzahl einer bestimmten Bakterienart verdoppelt sich im Labor alle 20 Minuten.

Bei den anderen beiden Sachverhalten handelt es sich jeweils nicht um exponentielles Wachstum.

Aufgabe 4

Da die trigonometrische Beziehung $\sin \alpha = \frac{\text{Gegenkathete}}{\text{Hypotenuse}}$ nur in rechtwinkligen Dreiecken gilt, muss dasjenige Dreieck in der Skizze gefunden werden, das rechtwinklig ist. Da der Punkt E auf dem Thaleskreis über der Strecke $\overline{CD}$ liegt, ist das Dreieck CDE nach dem Satz des Thales rechtwinklig. Folglich gilt die trigonometrische Beziehung $\sin \alpha = \frac{\text{Gegenkathete}}{\text{Hypotenuse}}$ im Dreieck CDE.

Aufgabe 5

Faktor: 8

Mögliche, aber für die Lösung nicht notwendige Begründung:

$V_{\text{ursprüngliche Kugel}} = \frac{4}{3} \cdot \pi \cdot r^3$

Eine Kugel mit doppeltem Durchmesser hat auch den doppelten Radius. Also gilt:

$$\begin{aligned} V_{\text{Kugel mit doppeltem Durchmesser}} &= \frac{4}{3} \cdot \pi \cdot (2r)^3 \\ &= \frac{4}{3} \cdot \pi \cdot 8 \cdot r^3 \\ &= 8 \cdot \frac{4}{3} \cdot \pi \cdot r^3 \\ &= 8 \cdot V_{\text{ursprüngliche Kugel}} \end{aligned}$$

Aufgabe 6

Die richtige Zuordnung ist in der folgenden Tabelle zusammengefasst:

Sachverhalt	Graph
Zerfall eines radioaktiven Stoffs x-Achse: Zeit y-Achse: Restmenge	4
Bewegung eines Pendels x-Achse: Zeit y-Achse: Geschwindigkeit	3

Mögliche, aber für die Lösung nicht notwendige Begründung:

Der Zerfall eines radioaktiven Stoffs kann durch ein exponentielles Abklingen modelliert werden. Der Graph eines solchen exponentiellen Abklingens hat die Form von Graph 4.

Die Bewegung eines Pendels kann durch eine Sinuskurve modelliert werden. Der Graph einer solchen Sinuskurve hat die Form von Graph 3.

Aufgabe 7

a) Im Baumdiagramm stehen beim ersten und beim zweiten Ziehen der Kugel als Wahrscheinlichkeiten an allen Pfaden vollständig gekürzte Brüche mit demselben Nenner (4). Dies bedeutet, dass die Anzahl der Kugeln im Behälter beim ersten und zweiten Zug identisch sein muss. Mit anderen Worten: Die im ersten Zug gezogene Kugel wird vor dem zweiten Zug zurückgelegt.

b) Im ersten Zug wird laut Baumdiagramm eine schwarze Kugel mit der Wahrscheinlichkeit $\frac{1}{4}$ gezogen. Da sich zu Beginn insgesamt 20 Kugeln im Behälter befinden, muss folgende Gleichung gelten:

$$\frac{1}{4} = \frac{\text{Anzahl schwarzer Kugeln zu Beginn}}{20}.$$

Durch Erweitern des Bruches $\frac{1}{4}$ mit 5 erhält man

$\frac{1}{4} = \frac{5}{20} = \frac{\text{Anzahl schwarzer Kugeln zu Beginn}}{20}$.

Folglich müssen sich zu Beginn fünf schwarze Kugeln im Behälter befinden.

Aufgabe 8

Es handelt sich bei der Skizze um eine Strahlensatzfigur. Die richtige Aussage ist:

☑ $\frac{w}{b + d} = \frac{y}{e}$

Teil B

Aufgabengruppe I

Aufgabe 1

a) Einsetzen der Koordinaten des Punktes A ergibt:

$y_A = (-3)^2 + 2 \cdot (-3) + 5$

$y_A = 9 - 6 + 5$

$y_A = 8$

Zur Ermittlung der fehlenden Koordinaten von B und C muss folgende Gleichung gelöst werden:

$x^2 + 2x + 5 = 13 \qquad | -13$

$x^2 + 2x - 8 = 0 \qquad |$ Lösungsformel

$x_{1,2} = \frac{-2 \pm \sqrt{2^2 - 4 \cdot 1 \cdot (-8)}}{2 \cdot 1}$

$x_{1,2} = \frac{-2 \pm \sqrt{4 + 32}}{2}$

$x_{1,2} = \frac{-2 \pm \sqrt{36}}{2}$

$x_{1,2} = \frac{-2 \pm 6}{2}$

$x_1 = \frac{-2 - 6}{2} = \frac{-8}{2} = -4; \qquad x_2 = \frac{-2 + 6}{2} = \frac{4}{2} = 2$

Damit gilt z. B. $x_B = -4$; $x_C = 2$ (oder: $x_C = -4$; $x_B = 2$).

b) $y = x^2 + 2x + 5$
$y = x^2 + 2x + 1 - 1 + 5$ | quadratische Ergänzung
$y = (x + 1)^2 - 1 + 5$
$y = (x + 1)^2 + 4$

Damit gilt: S_1 (-1 | 4)

c) Als Ansatz eignet sich für p_2: $y = -x^2 + px + q$.

Einsetzen der Koordinaten von D und E ergibt:

I: $-(-1)^2 + p \cdot (-1) + q = -12$
II: $-2^2 + p \cdot 2 + q = -9$

I: $-1 - p + q = -12$
II: $-4 + 2p + q = -9$

I aufgelöst nach q (durch Addition von (1 + p) auf beiden Seiten ergibt:
Ia: $q = p - 11$

q aus Ia eingesetzt in II ergibt:
IIa: $-4 + 2p + p - 11 = -9$
$3p - 15 = -9$ | + 15
$3p = 6$ | : 3
$p = 2$

Einsetzen von p = 2 in z. B. Ia ergibt:
$q = 2 - 11$
$q = -9$

Damit gilt für p_2: $y = -x^2 + 2x - 9$.

d) Als Ansatz eignet sich die Scheitelpunktform für p_3: $y = (x - 2{,}5)^2 - 3$.
Durch Ausmultiplizieren und anschließendes Vereinfachen des Funktionsterms ergibt sich:
$y = x^2 - 2 \cdot 2{,}5x + 2{,}5^2 - 3$
$y = x^2 - 5x + 6{,}25 - 3$
$y = x^2 - 5x + 3{,}25$

e)

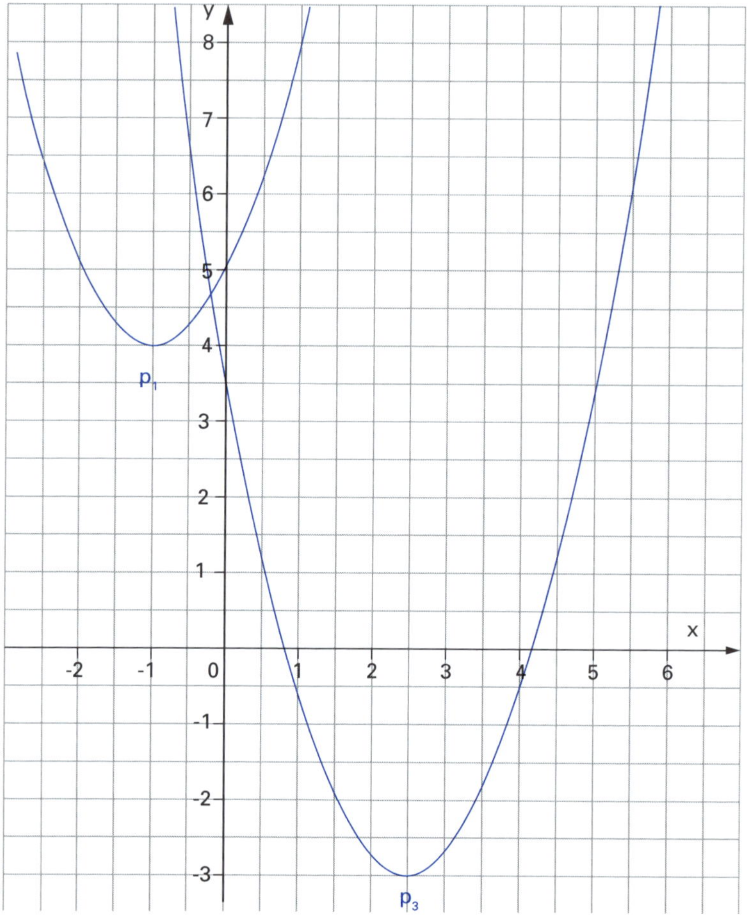

f) Wenn sich die Funktionsgleichung von p_4 durch das Spiegeln an der y-Achse nicht ändert, ändert sich auch der Graph (also die Parabel) nicht. Das ist aber nur möglich, wenn die Parabel p_4 symmetrisch zur y-Achse ist. Dies wiederum ist nur dann möglich, wenn der Scheitelpunkt S_4 auf der y-Achse liegt.

Aufgabe 2

Da es sich um die zweite binomische Formel handelt, muss für das gemischte Glied gelten:
$24a^6b^2 = 2 \cdot$ Anfangsglied $\cdot$ Endglied
Wenn man beide Seiten dieser Gleichung durch 2 dividiert, erhält man:
$12a^6b^2 =$ Anfangsglied $\cdot$ Endglied
Da z. B. $3a^4b \cdot 4a^2b = 12a^6b^2$ ist, kann man für das Anfangsglied $3a^4b$ und für das Endglied $4a^2b$ wählen.
Dann lautet die vollständige Gleichung wie folgt:
$(3a^4b - 4a^2b)^2 = (3a^4b)^2 - 24a^6b^2 + (4a^2b)^2 = 9a^8b^2 - 24a^6b^2 + 16a^4b^2$

Anmerkung: Es gibt viele andere mögliche Lösungen.

Aufgabe 3

a) Für die Steigung m einer Geraden durch zwei Punkte $(x_1 \mid y_1)$ und $(x_2 \mid y_2)$ gilt allgemein:
$m = \frac{y_2 - y_1}{x_2 - x_1}$
Für die Gerade g_1 gilt dann mit den Punkten P und Q:
$m_1 = \frac{-4 - 5}{2 - (-1)} = \frac{-9}{3} = -3$
Damit gilt für die Funktionsgleichung von g_1: $y = -3x + t_1$.

Punktprobe z. B. mit P (-1 | 5) ergibt:
$5 = -3 \cdot (-1) + t_1$
$5 = 3 + t_1 \qquad | -3$
$2 = t_1$

Damit lautet die Funktionsgleichung von g_1: $y = -3x + 2$.

b) Zwei Geraden, die keinen Punkt gemeinsam haben, müssen (echt) parallel zueinander verlaufen. Das bedeutet, dass sie dieselbe Steigung, aber verschiedene y-Achsenabschnitte haben müssen. Zunächst muss man g_3 in die Normalform umformen, um die Steigung m_3 von g_3 und den y-Achsenabschnitt t_3 von g_3 zu bestimmen:
$2y = -x + 10 \qquad | :2$
$y = -0{,}5x + 5$
Die Gerade g_3 hat also die Steigung $m_3 = -0{,}5$ und den y-Achsenabschnitt $t_3 = 5$.
Für die Funktionsgleichung einer möglichen Gerade g_2, die dieselbe Steigung wie g_3, aber einen von g_3 verschiedenen y-Achsenabschnitt hat, muss gelten: $m_2 = m_3$ und $t_2 \neq t_3$.
Eine mögliche Funktionsgleichung von g_2 ist also: $y = -0{,}5x + 1$

Anmerkung: Es gibt viele andere mögliche Lösungen.

c) Nullstelle d.h. $y = 0$
$-0{,}5x + 5 = 0 \qquad | -5$
$-0{,}5x = -5 \qquad | \cdot (-2)$
$x = 10$

Damit gilt: N (10 | 0).

d) $y_3 = y_4$

$$-0{,}5x + 5 = 2{,}5x - 4 \quad | -2{,}5x$$
$$-3x + 5 = -4 \quad | -5$$
$$-3x = -9 \quad | : (-3)$$
$$x = 3$$

Einsetzen von $x = 3$ in z. B. $y = 2{,}5x - 4$ ergibt:

$y = 2{,}5 \cdot 3 - 4$

$y = 7{,}5 - 4$

$y = 3{,}5$

Damit ist der Schnittpunkt von g_3 und g_4 der Punkt S (3 | 3,5).

e)

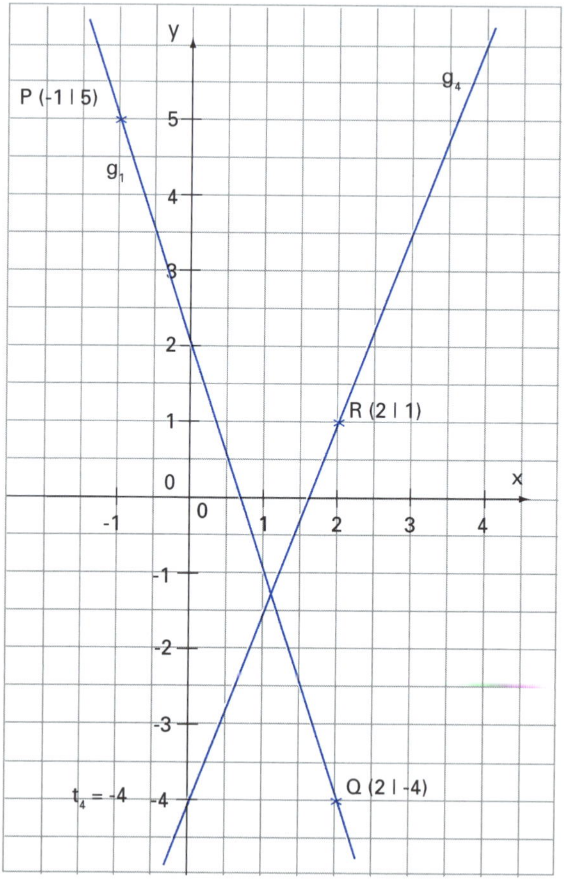

$y = 2{,}5x - 4$

für $x = 2$:

$y = 2{,}5 \cdot 2 - 4 = 1$

Aufgabe 4

$$2 \cdot (14 \cdot x) + 2 \cdot (10{,}5 \cdot x) + 4x^2 = \frac{2}{3}(14 \cdot 10{,}5) \qquad | \text{ Vereinfachen}$$

$$28x + 21x + 4x^2 = \frac{2}{3} \cdot 147 \qquad | \text{ Vereinfachen}$$

$$4x^2 + 49x = 98 \qquad | -98$$

$$4x^2 + 49x - 98 = 0 \qquad | \text{ Lösungsformel}$$

$$x_{1,2} = \frac{-49 \pm \sqrt{49^2 - 4 \cdot 4 \cdot (-98)}}{2 \cdot 4}$$

$$x_{1,2} = \frac{-49 \pm \sqrt{2401 + 1568}}{8}$$

$$x_{1,2} = \frac{-49 \pm \sqrt{3969}}{8}$$

$$x_{1,2} = \frac{-49 \pm 63}{8}$$

$$x_1 = \frac{-49 - 63}{8} = \frac{-112}{8} = -14; \qquad x_2 = \frac{-49 + 63}{8} = \frac{14}{8} = 1{,}75$$

Die Lösung $x_1 = -14$ ist keine sinnvolle Lösung (da es keine negativen Längen gibt).
Damit ist die einzige sinnvolle Lösung $x_2 = 1{,}75$.
Die Breite des Streifens beträgt also 1,75 m.

Aufgabe 5

a) Das Volumen des Würfels mit der Kantenlänge a (in cm) ist $V_{Würfel} = a^3$ (in cm^3). Sechs Kugeln mit dem Radius r = 8 cm haben das Gesamtvolumen $V_{gesamt} = 6 \cdot \frac{4}{3} \cdot 8^3 \cdot \pi$ (in cm^3). Gleichsetzen von $V_{Würfel}$ und V_{gesamt} ergibt die Gleichung:

$$a^3 = 6 \cdot \frac{4}{3} \cdot 8^3 \cdot \pi \qquad | \sqrt[3]{}$$

$$a = \sqrt[3]{6 \cdot \frac{4}{3} \cdot 8^3 \cdot \pi}$$

$$a \approx 23{,}4$$

Der Würfel hat eine Kantenlänge a = 23,4 cm.

b) $V_{Würfel} = a^3$

$$V_{Kugel} = \frac{4}{3} \cdot \left(a \cdot \sqrt[3]{\frac{3}{4\pi}}\right)^3 \cdot \pi$$

$$V_{Kugel} = \frac{4}{3} \cdot a^3 \cdot \left(\sqrt[3]{\frac{3}{4\pi}}\right)^3 \cdot \pi$$

$$V_{Kugel} = \frac{4}{3} \cdot a^3 \cdot \frac{3}{4\pi} \cdot \pi$$

$$V_{Kugel} = \frac{4}{3} \cdot \frac{3}{4\pi} \cdot \pi \cdot a^3 \qquad | \text{ Kürzen}$$

$$V_{Kugel} = a^3$$

Folglich haben die Kugel und der Würfel das gleiche Volumen.

Aufgabe 6

- Im rechtwinkligen Dreieck BCG gilt:

$$\cos(53°) = \frac{3}{|\overline{GB}|} \quad | \cdot |\overline{GB}|$$
$$\cos(53°) \cdot |\overline{GB}| = 3 \quad | : \cos(53°)$$
$$|\overline{GB}| = \frac{3}{\cos(53°)}$$
$$|\overline{GB}| \approx 5{,}0$$

$\cos(\alpha) = \frac{AK}{Hy}$

- Im rechtwinkligen Dreieck ABH gilt:

$$\tan(\sphericalangle HBA) = \frac{|\overline{HA}|}{|\overline{AB}|} = \frac{|\overline{GB}|}{|\overline{HG}|}$$
$$\tan(\sphericalangle HBA) = \frac{5{,}0}{7{,}5}$$
$$\sphericalangle HBA \approx 33{,}7°$$

$\tan(\alpha) = \frac{GK}{AK}$

- Im rechtwinkligen Dreieck HBG gilt mit dem Satz des Pythagoras:

$$|\overline{HB}|^2 = |\overline{BG}|^2 + |\overline{HG}|^2$$
$$|\overline{HB}|^2 = 5{,}0^2 + 7{,}5^2 \quad | \sqrt{\ }$$
$$|\overline{HB}| \approx 9{,}0$$

$a^2 + b^2 = c^2$

Die Raumdiagonale $|\overline{HB}|$ ist etwa 9,0 cm lang.

Aufgabe 7

a) Variante A: Hier handelt es sich um ein lineares Wachstum. Bei jeder Zeiteinheit (hier: jeden Monat) erhöht sich das Taschengeld um 1 €.
Damit lautet die Funktionsgleichung: $y = 10 + n \cdot 1$ (n in Monaten; y in €).
Nach 3 Jahren (nach 36 Monaten) erhält Tim zu seinem 15. Geburtstag $(10 + 36 \cdot 1)$ € = 46 €.

Variante B: Hier handelt es sich um ein exponentielles Wachstum. Bei jeder Zeiteinheit (hier: jeden Monat) erhöht sich das Taschengeld um 4 % gegenüber dem Vormonat.
Damit lautet die Funktionsgleichung: $y = 10 \cdot 1{,}04^n$ (n in Monaten; y in €).
Nach 3 Jahren (nach 36 Monaten) erhält Tim zu seinem 15. Geburtstag $(10 \cdot 1{,}04^{36})$ € ≈ 41 €.

Tim würde an seinem 15. Geburtstag folglich mit Variante A ein höheres Taschengeld erhalten.

b) Die folgende Gleichung muss nach n aufgelöst werden:

$$10 \cdot 1{,}04^n = 100 \quad | : 10$$
$$1{,}04^n = 10 \quad | \log_{1,04}(\ )$$
$$n = 58{,}7$$

Vom 59. Monat an erhält Tim mehr als 100 €.

c) Zwei Jahre sind 24 Monate. Damit muss folgende Gleichung nach q aufgelöst werden:

$$10 \cdot q^{24} = 200 \quad | :10$$
$$q^{24} = 20 \quad | \sqrt[24]{}$$
$$q \approx 1{,}133$$

Um den Prozentsatz p zu bestimmen, muss folgende Gleichung nach p aufgelöst werden:

$$1 + \frac{p}{100} = 1{,}133 \quad | -1$$
$$\frac{p}{100} = 0{,}133 \quad | \cdot 100$$
$$p = 13{,}3$$

Die gesuchte prozentuale Taschengelderhöhung beträgt also 13,3 %.

d) Auf der waagerechten Achse werden die Monate eingetragen. Da das Taschengeld nur einmal monatlich ausgezahlt wird, kann man immer nur einzelne Punkte für jeden einzelnen Monat in das Koordinatensystem eintragen, aber keine „Zwischenwerte".

Aufgabe 8

a) $P(\text{„erste Spielerin ist A"}) = \frac{\text{Anzahl der für das Ereignis "günstigen" Ergebnisse}}{\text{Anzahl aller möglichen Ergebnisse}} = \frac{3}{11}$

b) $P(M - A - S - T) = \frac{5}{11} \cdot \frac{3}{10} \cdot \frac{2}{9} \cdot \frac{1}{8} = \frac{1}{264} \approx 0{,}38\ \%$

c) Hier bietet sich die Berechnung mithilfe des Gegenereignisses an:

$$P(\text{„höchstens eine M"}) = 1 - P(\text{beide sind M})$$
$$= 1 - \frac{5}{11} \cdot \frac{4}{10}$$
$$= \frac{9}{11}$$

d) Hier geht es um die Anzahl aller möglichen Anordnungen von elf unterscheidbaren Objekten. Diese Gesamtzahl wird mit 11 ! = 39.916.800 berechnet.
Da 39.916.800 > 32 ist, ist es innerhalb einer Saison mit insgesamt 32 Spielen natürlich problemlos möglich.

> $11! = 11 \cdot 10 \cdot 9 \cdot 8 \cdot 7 \cdot 6 \cdot 5 \cdot 4 \cdot 3 \cdot 2 \cdot 1$
> ↓
> Sprich: 11 Fakultät

Aufgabe 9

Länge der Strecke x in m:
Kathetensatz:

$$x^2 = 2 \cdot (2 + 8)$$
$$x^2 = 20 \quad | \sqrt{}$$
$$x \approx 4{,}47$$

Mit dem Satz des Pythagoras gilt:
Länge der Strecke y in m:

$$4{,}47^2 + y^2 = 10^2 \qquad | -4{,}47^2$$
$$y^2 = 100 - 4{,}47^2 \qquad | \sqrt{}$$
$$y \approx 8{,}95$$

Mit dem Höhensatz gilt:
Länge der Strecke h in m:

$$h^2 = 2 \cdot 8$$
$$h^2 = 16 \qquad | \sqrt{}$$
$$h = 4$$

Im rechtwinkligen Dreieck mit den Seiten x, h und p gilt:

$$\sin(\beta) = \frac{h}{x}$$
$$\sin(\beta) = \frac{4}{4{,}47}$$
$$\beta \approx 63{,}5°$$

Im rechtwinkligen Dreieck mit den Seiten y, x und z gilt:

$$\cos(\alpha) = \frac{y}{z}$$
$$\cos(\alpha) = \frac{8{,}95}{10}$$
$$\alpha \approx 26{,}5°$$

Aufgabengruppe II

Aufgabe 1

a) Um die x-Koordinaten der Punkte N_1 und N_2 zu bestimmen, muss der zur Parabel gehörende Funktionsterm gleich 0 gesetzt und die daraus resultierende Gleichung nach x aufgelöst werden:

$$-x^2 + 7x - 10 = 0 \qquad | \text{ Lösungsformel}$$
$$x_{1,2} = \frac{-7 \pm \sqrt{7^2 - 4 \cdot (-1) \cdot (-10)}}{2 \cdot (-1)}$$
$$x_{1,2} = \frac{-7 \pm \sqrt{49 - 40}}{-2}$$
$$x_{1,2} = \frac{-7 \pm \sqrt{9}}{-2}$$
$$x_{1,2} = \frac{-7 \pm 3}{-2}$$
$$x_1 = \frac{-7 - 3}{-2} = \frac{-10}{-2} = 5; \qquad x_2 = \frac{-7 + 3}{-2} = \frac{-4}{-2} = 2$$

oder: Einsetzen von Q (3 I -2):
$-2 = -3^2 + 21 - 10$
$-2 = 2 \quad \Rightarrow \quad$ falsche Aussage
$\Rightarrow \quad Q \notin p_1$

b) Punktprobe mit Q (3 I -2):
Einsetzen von x = 3 in die Parabelgleichung von p_1 ergibt:
$y = -3^2 + 7 \cdot 3 - 10$
$y = -9 + 21 - 10$
$y = 2$

Da die y-Koordinate von Q -2 ist und $-2 \neq 2$ ist, liegt Q nicht auf p_1.

Punktprobe mit Q (7 I -10):
Einsetzen von x = 5 in die Parabelgleichung von p_1 ergibt:
$y = -7^2 + 7 \cdot 7 - 10$
$y = -49 + 49 - 10$
$y = -10$

Der Punkt P liegt also auf p_1.

c) p_2: $y = (x - 5)^2 - 4$
$= x^2 - 10x + 25 - 4$
$= x^2 - 10x + 21$

d) Gleichsetzen der beiden Funktionsterme ergibt die Gleichung:
$(x - 2)^2 + 2 = 3x - 4$ | Ausmultiplizieren
$x^2 - 4x + 4 + 2 = 3x - 4$ | -3x + 4
$x^2 - 7x + 10 = 0$ | Lösungsformel

$$x_{1,2} = \frac{-(-7) \pm \sqrt{(-7)^2 - 4 \cdot 1 \cdot 10}}{2 \cdot 1}$$

$$x_{1,2} = \frac{7 \pm \sqrt{49 - 40}}{2}$$

$$x_{1,2} = \frac{7 \pm \sqrt{9}}{2}$$

$$x_{1,2} = \frac{7 \pm 3}{2}$$

$$x_1 = \frac{7 - 3}{2} = \frac{4}{2} = 2; \qquad x_2 = \frac{7 + 3}{2} = \frac{10}{2} = 5$$

Einsetzen von $x_1 = 2$ in die Geradengleichung von g ergibt:
$y_1 = 3 \cdot 2 - 4$
$y_1 = 6 - 4$
$y_1 = 2$

Damit ist der erste Schnittpunkt der Gerade g und der Parabel p_3 der Punkt R (2 I 2).

Einsetzen von $x_2 = 5$ in die Geradengleichung von g ergibt:
$y_2 = 3 \cdot 5 - 4$
$y_2 = 15 - 4$
$y_2 = 11$

Damit ist der zweite Schnittpunkt der Gerade g und der Parabel p_3 der Punkt T (5 I 11).

e)

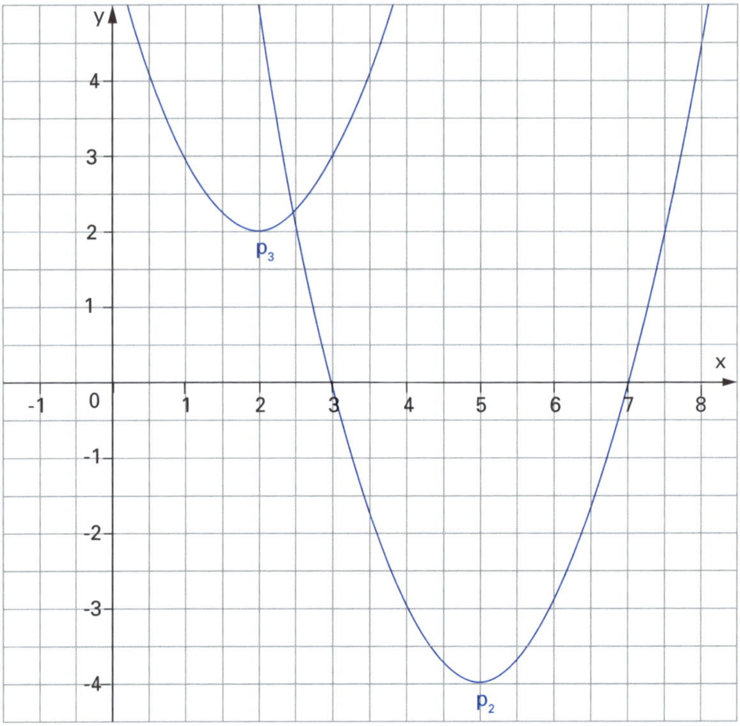

f) Die Parabel p_4: $y = (x - 1)^2 + 3$ ist nach oben geöffnet und hat den Scheitelpunkt S_4 (1 I 3). Nimmt man für p_5 nun denselben Scheitelpunkt S_4, lässt p_5 aber nach unten geöffnet sein, dann haben die beiden Parabeln p_4 und p_5 nur den Scheitelpunkt S_4 gemeinsam. Die Funktionsgleichung von p_5 ist dann $y = -(x - 1)^2 + 3$.

Anmerkung: Es sind auch andere Lösungswege durch Zeichnung, Text oder Rechnung möglich.

Aufgabe 2

a) Gleichung:

$$49x^2 - \boxed{168xy^2} + 144y^4 = (\boxed{7x} - 12y^2)^2$$

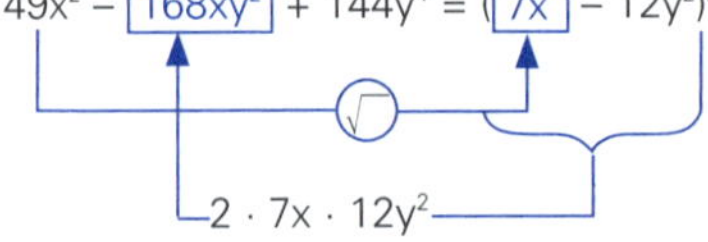

b) Gleichung:
$-(4a - 9b)^2 = -16a^2 \oplus 72ab \ominus 81b^2$

Aufgabe 3

a) Die wahren Aussagen sind (2) und (3).

b) Punktprobe mit B (86 I -168):

$y = -2 \cdot 86 + 4$
$y = -172 + 4$
$y = -168$

Damit gilt: B liegt auf g_1.

c) Ansatz für die Funktionsgleichung von g_2: $y = m_2x + t_2$.

Da die Steigung $m_2 = \frac{1}{4}$ vorgegeben ist, gilt für die Funktionsgleichung:

$y = \frac{1}{4}x + t_2$

Einsetzen der Koordinaten von P ergibt:

$2 = \frac{1}{4} \cdot 4 + t_2$
$2 = 1 + t_2 \quad | -1$
$t_2 = 1$

Damit gilt: g_2: $y = \frac{1}{4}x + 1$

d) Da eine Gerade durch zwei Punkte eindeutig bestimmt ist, haben zwei Geraden, die mindestens zwei gemeinsame Punkte haben, automatisch alle Punkte gemeinsam. Das bedeutet, dass solche zwei Geraden identisch sind.

Umformen der Funktionsgleichung von g_3:

$0 = 3y + 6x - 12 \quad | -3y$
$-3y = 6x - 12 \quad | : (-3)$
$y = -2x + 4$

Die Geraden g_1 und g_3 haben identische Funktionsgleichungen. Das bedeutet, dass sie alle Punkte gemeinsam haben und damit unter anderem auch mindestens zwei.

e) Falls $m_1 \cdot m_4 = -1$ ist, hat man gezeigt, dass g_1 und g_4 senkrecht aufeinander stehen:

$m_1 \cdot m_4 = -2 \cdot 0{,}5 = -1$

Damit ist der Nachweis erbracht.

f) Nullstelle bei $y = 0$:

$-0{,}5x + 3 = 0 \quad | -3$
$-0{,}5x = -3 \quad | \cdot (-2)$
$x - 6$

Damit gilt: N (6 I 0).

g)

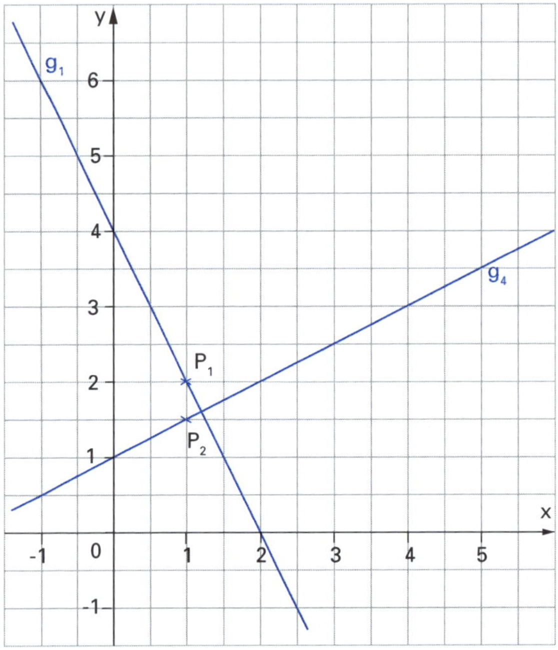

g_1: $t_1 = 4$

x	1
y	$(-2) \cdot 1 + 4 = 2$

$\longrightarrow P_1\ (1 \mid 2)$

g_4: $t_4 = 1$

x	1
y	$0{,}5 + 1 = 1{,}5$

$\longrightarrow P_2\ (1 \mid 1{,}5)$

Aufgabe 4

$\frac{4}{x+2} - \frac{3}{x-1} = 5$ $\qquad \mathbb{D} = \mathbb{R} \setminus \{-2; 1\}$

Der Hauptnenner ist $(x + 2) \cdot (x - 1)$.

$$\frac{4}{x+2} - \frac{3}{x-1} = 5 \qquad | \cdot (x+2) \cdot (x-1)$$

$$\frac{4(x+2)(x-1)}{x+2} - \frac{3(x+2)(x-1)}{x-1} = 5(x+2)(x-1) \qquad | \text{ kürzen}$$

$$4(x-1) - 3(x+2) = 5(x+2)(x-1) \qquad | \text{ ausmultiplizieren}$$

$$4x - 4 - 3x - 6 = 5(x^2 - x + 2x - 2) \qquad | \text{ zusammenfassen}$$

$$x - 10 = 5(x^2 + x - 2) \qquad | \text{ ausmultiplizieren}$$

$$x - 10 = 5x^2 + 5x - 10 \qquad | -x + 10$$

$$5x^2 + 4x = 0 \qquad | \text{ ausklammern}$$

$$x(5x + 4) = 0 \qquad | \text{ Satz vom Nullprodukt}$$

$$x_1 = 0; \qquad x_2 = -\frac{4}{5}$$

Da $x_1 \in \mathbb{D}$ und $x_2 \in \mathbb{D}$ ist, ergibt sich als Lösungsmenge $\mathbb{L} = \{-\frac{4}{5}; 0\}$.

Aufgabe 5

a) Zunächst wird das Volumen V (in cm^3) des Materials Messing in dieser Hohlkugel bestimmt:

$V_{Messing} = 4352\ g : 8,5\ \frac{g}{cm^3} = 512\ cm^3$

Das Volumen des Materials Messing beträgt 512 cm^3.

m = Dichte · V V = m : D

Der äußere Radius der Hohlkugel beträgt 18 cm : 2 = 9 cm. Zur Berechnung des inneren Radius r_i der Hohlkugel muss folgende Gleichung nach r_i aufgelöst werden:

$V_{Messing}$ = Gesamtvolumen der Hohlkugel – Volumen der mit Luft gefüllten inneren Kugel

$$512 = \frac{4}{3} \cdot 3{,}14 \cdot 9^3 - \frac{4}{3} \cdot 3{,}14 \cdot r_i^3 \qquad | -\frac{4}{3} \cdot 3{,}14 \cdot 9^3$$

$$512 - \frac{4}{3} \cdot 3{,}14 \cdot 9^3 = -\frac{4}{3} \cdot 3{,}14 \cdot r_i^3 \qquad | : \left(-\frac{4}{3} \cdot 3{,}14\right)$$

$$\frac{512 - \frac{4}{3} \cdot 3{,}14 \cdot 9^3}{-\frac{4}{3} \cdot 3{,}14} = r_i^3 \qquad | \sqrt[3]{\ }$$

$$r_i \approx 8{,}47$$

$V_{Ku} = \frac{4}{3} \cdot r^3 \cdot \pi$

Der innere Radius dieser Kugel beträgt etwa 8,47 cm.

b) Der Blatt-Preis von 200 €/m^2 entspricht einem Preis von 2 €/dm^2 und einem Preis von 0,02 €/cm^2.
Der Oberflächeninhalt O (in cm^2) der Messingkugel wird wie folgt berechnet:
$O = 4 \cdot (12{,}5\ cm)^2 \cdot 3{,}14 = 1962{,}5\ cm^2$

Der Materialpreis P (in €) wird wie folgt berechnet:
P = 1962,5 · 0,02 = 39,25 €

$O_{Ku} = 4 \cdot r^2 \cdot \pi$

Damit beträgt der Materialpreis für das Blattgold 39,25 €.

Aufgabe 6

a) Anzahl der Halbwertzeiten:

$n = \frac{30}{5} = 6$ (eingerahmt: = 6)

Masse in mg:
$W_n = 200\ mg \cdot 0{,}5^6 \quad \Rightarrow \quad W_n = 3{,}125\ mg$

b) $n = \frac{20}{5} = 4$ (eingerahmt: = 4)

Masse in mg:
$15\ mg = W_0 \cdot 0{,}5^4 \quad \Rightarrow \quad W_0 = 240\ mg$

c) Anzahl der Zerfallsperioden:

$12{,}5\ mg = 400\ mg \cdot 0{,}5^n \qquad | : 400\ mg$
$0{,}5^n = 0{,}03125 \qquad | (\log)$
$n = \log_{0,5} 0{,}03125$
$n = \log 0{,}03125 : \log 0{,}5$
$n = 5$

Aufgabe 7

Im gleichseitigen Dreieck gilt für alle drei Winkel: $\alpha = \beta = \gamma = 60°$.
Berechnung der Länge der Strecke $\overline{CG}$ in cm:

Skizze:

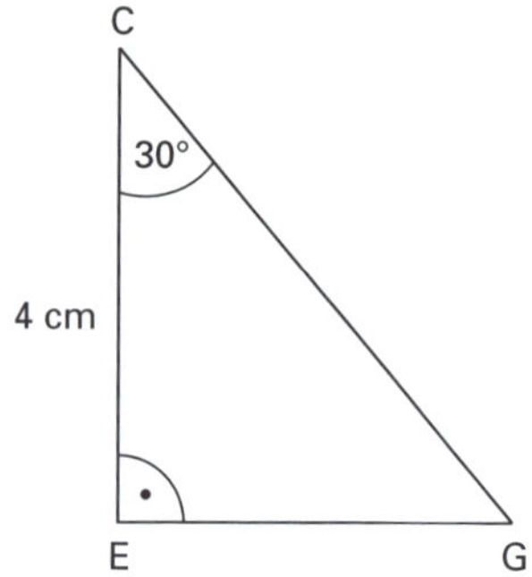

$$\cos(30°) = \frac{|\overline{CE}|}{|\overline{CG}|}$$

$$\cos(30°) = \frac{4}{|\overline{CG}|} \quad | \cdot |\overline{CG}|$$

$$|\overline{CG}| \cdot \cos(30°) = 4\text{ cm} \quad | : \cos(30°)$$

$$|\overline{CG}| = \frac{4\text{ cm}}{\cos(30°)}$$

$$|\overline{CG}| \approx 4{,}6\text{ cm}$$

Berechnung der Länge der Strecke $\overline{EG}$ in cm:

$$\sin(30°) = \frac{|\overline{EG}|}{|\overline{CG}|}$$

$$\sin(30°) = \frac{|\overline{EG}|}{4{,}6\text{ cm}} \quad | \cdot 4{,}6\text{ cm}$$

$$4{,}6\text{ cm} \cdot \sin(30°) = |\overline{EG}|$$

$$|\overline{EG}| = 2{,}3\text{ cm}$$

Berechnung des Flächeninhalts des Dreiecks FGC in cm^2:

$$A = \frac{1}{2} \cdot 4{,}6\text{ cm} \cdot 4\text{ cm} \quad \Rightarrow \quad A = 9{,}2\text{ cm}^2$$

Berechnung der Länge der Strecke $\overline{DB}$ in cm mithilfe der Strahlensätze:

$$\frac{|\overline{CG}|}{|\overline{EG}|} = \frac{|\overline{CG}| + |\overline{GB}|}{|\overline{DB}|}$$

$$\frac{4{,}6\text{ cm}}{2{,}3\text{ cm}} = \frac{4{,}6\text{ cm} + 9{,}2\text{ cm}}{|\overline{DB}|}$$

$$2 = \frac{13{,}8\text{ cm}}{|\overline{DB}|} \quad | \cdot |\overline{DB}|$$

$$2 \cdot |\overline{DB}| = 13{,}8\text{ cm} \quad | : 2$$

$$|\overline{DB}| = 6{,}9\text{ cm}$$

Berechnung der Länge der Strecke $\overline{ED}$ in cm mithilfe der Strahlensätze:

$$\frac{|\overline{CE}|}{|\overline{EG}|} = \frac{|\overline{CE}| + |\overline{ED}|}{|\overline{DB}|}$$

$$\frac{4\text{ cm}}{2{,}3\text{ cm}} = \frac{4\text{ cm} + |\overline{ED}|}{6{,}9\text{ cm}} \quad | \cdot 6{,}9\text{ cm}$$

$$12\text{ cm} = 4\text{ cm} + |\overline{ED}| \quad | - 4\text{ cm}$$

$$|\overline{ED}| = 8\text{ cm}$$

Berechnung des Radius r des Kreissektors in cm:

$r = |\overline{CE}| + |\overline{ED}|$
$r = 4 \text{ cm} + 8 \text{ cm}$
$r = 12 \text{ cm}$

Berechnung des Flächeninhalts der Figur PQGF in cm^2:

$A_{PQGF} = A_{Kreissektor} - A_{Dreieck\ FGC}$

$A_{PQGF} = \frac{1}{6} \cdot (12 \text{ cm})^2 \cdot 3{,}14 - 9{,}2 \text{ cm}^2$

$A_{PQGF} \approx 66{,}2 \text{ cm}^2$

Aufgabe 8

a) Baumdiagramm:

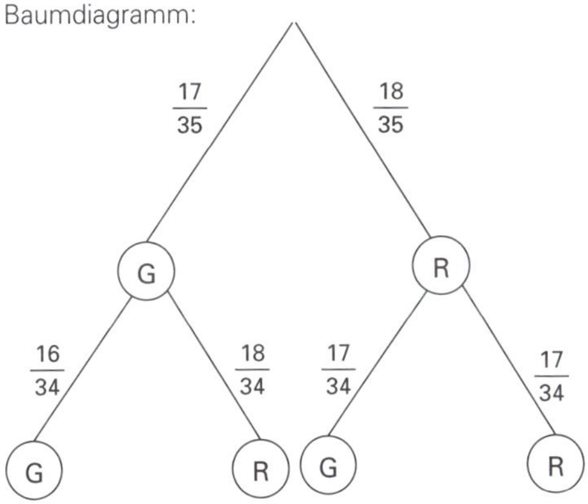

b) P(„ein roter und ein grüner Apfel") = P(GR) + P(RG) = $\frac{17}{35} \cdot \frac{18}{34} + \frac{18}{35} \cdot \frac{17}{34} = \frac{18}{35} \approx 0{,}51$

c) Eine Wahrscheinlichkeit von 0,2 ist als Bruch ausgedrückt $\frac{1}{5}$. Das bedeutet aber, dass sich in jeder fünften Kiste faule Kirschen befinden und nicht in jeder zweiten.

Aufgabe 9

$$\frac{144a^{25} \cdot 0{,}5b^4 \cdot 10a^{-7}c^{-2}}{8c^{-2} \cdot 0{,}25b^{-4} \cdot 5b^3 \cdot 12a^{15}}$$

$$= \frac{144 \cdot 0{,}5 \cdot 10a^{25}a^{-7}b^4c^{-2}}{8 \cdot 0{,}25 \cdot 5 \cdot 12a^{15}b^{-4}b^3c^{-2}}$$

$$= \frac{720a^{18}b^4c^{-2}}{120a^{15}b^{-1}c^{-2}}$$

$$= 6a^3b^5$$

Musterprüfung II – A

Teil A

Aufgabe 1

Wurzelgesetze gibt es nur für die Multiplikation und die Division. Der Radikand unter der Wurzel ist aber eine Summe (9 + 16). Im ersten Rechenschritt wird durch das erste Gleichheitszeichen „behauptet“, dass diese Wurzel den gleichen Wert hat wie die Summe, die aus der Wurzel des ersten Summanden (9) und der Wurzel des zweiten Summanden (16) gebildet wird. Ein solches Wurzelgesetz gibt es für die Addition nicht, und in der Regel führt dieses Vorgehen auch zu falschen Ergebnissen.

Fehlerberichtigung: $\sqrt{9 + 16} = \sqrt{25} = 5$

Aufgabe 2

A → ③ B → ①

Die Wasserhöhe steigt linear an. Weil die Grundfläche des Gefäßes A kleiner ist als beim Gefäß B, verläuft die Gerade bei ③ steiler als bei ①.

C → ④

Die Wasserfläche wird immer kleiner, die Wasserhöhe muss also immer schneller ansteigen.

D → ②

Die Wasserfläche wird immer größer, die Wasserhöhe nimmt also immer langsamer zu.

Aufgabe 3

Es sind die Rechtecke A und D.

Aufgabe 4

a) $|\overline{AC}|$

b) Im rechtwinkligen Dreieck ABE gilt:

$\tan(\alpha) = \frac{|\overline{EB}|}{|\overline{AB}|}$

Im rechtwinkligen Dreieck ACD gilt:

$\tan(\alpha) = \frac{|\overline{CD}|}{|\overline{AC}|}$

Da es sich in beiden Fällen um den gleichen Winkel α handelt, gilt folglich:

$\frac{|\overline{EB}|}{|\overline{AB}|} = \frac{|\overline{CD}|}{|\overline{AC}|}$

Aufgabe 5

a) **Faktor: 3**

Mögliche, aber für die Lösung nicht notwendige Begründung:

$u_{\text{ursprünglicher Kreis}} = 2 \cdot \pi \cdot r$

$u_{\text{Kreis mit dreifachem Radius}} = 2 \cdot \pi \cdot (3 \cdot r)$

$= 2 \cdot \pi \cdot 3 \cdot r$

$= 3 \cdot 2 \cdot \pi \cdot r$

$= 3 \cdot (2 \cdot \pi \cdot r)$

$= 3 \cdot u_{\text{ursprünglicher Kreis}}$

b) **Faktor: 9**

Mögliche, aber für die Lösung nicht notwendige Begründung:

$A_{\text{ursprünglicher Kreis}} = \pi \cdot r^2$

$A_{\text{Kreis mit dreifachem Radius}} = \pi \cdot (3 \cdot r)^2$

$= \pi \cdot 3^2 \cdot r^2$

$= \pi \cdot 9 \cdot r^2$

$= 9 \cdot \pi \cdot r^2$

$= 9 \cdot (\pi \cdot r^2)$

$= 9 \cdot A_{\text{ursprünglicher Kreis}}$

Aufgabe 6

a)

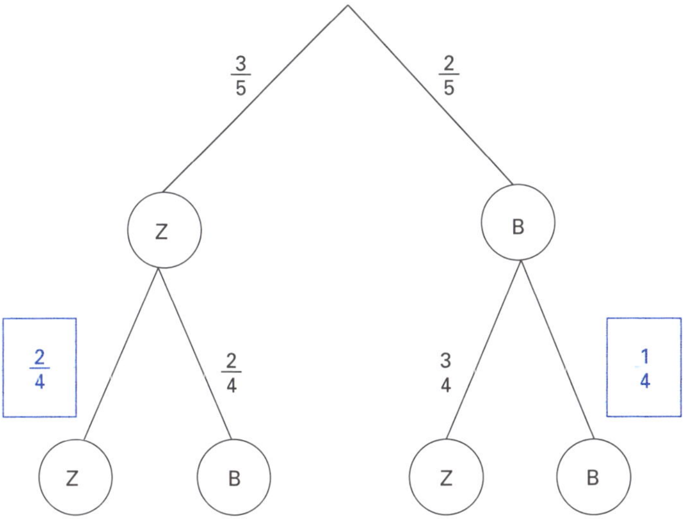

Da beim zweiten Zug im Baumdiagramm bei den beiden gegebenen Wahrscheinlichkeiten jeweils eine 4 im Nenner steht, im ersten Zug aber jeweils eine 5, ist die erste gezogene Spielkarte offensichtlich nicht zurückgelegt worden.

b) **1. Möglichkeit:**

P(„mindestens einmal Z")

$= 1 - P(\text{„keinmal Z"})$

$= 1 - P(\text{„zweimal B"})$

$= 1 - P(BB)$

$= 1 - \frac{2}{5} \cdot \frac{1}{4}$

$= 1 - \frac{2}{20}$

$= \frac{18}{20}$

$= \frac{9}{10}$

2. Möglichkeit:

Ableitung aus dem Baumdiagramm.

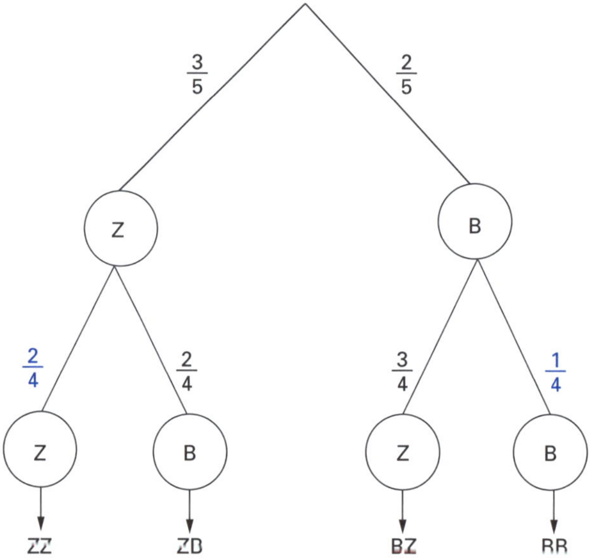

$$P = \frac{3}{6} \cdot \frac{2}{4} + \frac{3}{5} \cdot \frac{2}{4} + \frac{2}{5} \cdot \frac{3}{4} = \frac{18}{20} = \frac{9}{10}$$

Aufgabe 7

a) 360 km : 3 h = 120 km/h

b)

x (in km/h)	90	100	72	60
y (in h)	4	3,6	5	6

Aufgabe 8

Aussage 1: ☑ das Dreifache

Aussage 2: ☑ ein Drittel

Teil B

Aufgabengruppe I

Aufgabe 1

a) Punktprobe mit A:
$8 = -(-3)^2 - 4 \cdot (-3) + 5$
$8 = -9 + 12 + 5$
$8 = 8$ (w)
Da die letzte Gleichung eine wahre Aussage ist, liegt der Punkt A auf der Parabel p_1.

Punktprobe mit B:
$-11 = -2^2 - 4 \cdot 2 + 5$
$-11 = -4 - 8 + 5$
$-11 = -7$ (f)
Da die letzte Gleichung eine falsche Aussage ist, liegt der Punkt B nicht auf der Parabel p_1.

b) $y = -x^2 - 4x + 5$ | (-1) ausklammern
$y = -(x^2 + 4x - 5)$ | quadratisch ergänzen
$y = -(x^2 + 4x + 4 - 4 - 5)$ | Binom
$y = -[(x + 2)^2 - 4 - 5]$ | eckige Klammer auflösen
$y = -[(x + 2)^2 - 9]$
$y = -(x + 2)^2 + 9$

c) $y = (x + 2)^2 + 1$
$y = x^2 + 4x + 4 + 1$
$y = x^2 + 4x + 5$

d) $x^2 + 4x + 5 = -x^2 - 4x + 5$ | $+ x^2$
$2x^2 + 4x + 5 = -4x + 5$ | $+ 4x - 5$
$2x^2 + 8x = 0$ | faktorisieren
$2x (x + 4) = 0$ | Satz vom Nullprodukt
$x_1 = -4; \quad x_2 = 0$

Einsetzen der gefundenen x-Werte in eine der beiden quadratischen Funktionsgleichungen (hier von p_2):
$y_1 = (-4)^2 + 4 \cdot (-4) + 5$
$y_1 = 16 - 16 + 5$
$y_1 = 5$
Damit ist der erste Schnittpunkt Q_1 (-4 | 5).

$y_2 = 0^2 + 4 \cdot 0 + 5$
$y_2 = 0 + 0 + 5$
$y_2 = 5$
Damit ist der zweite Schnittpunkt Q_2 (0 I 5).

e)

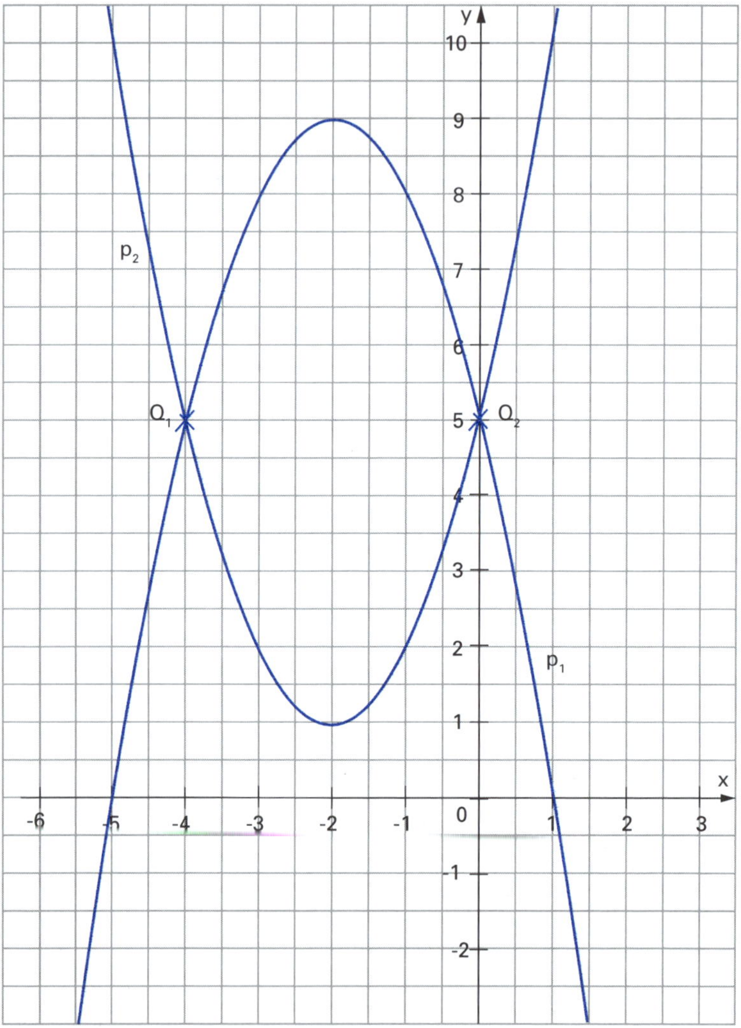

f) Mögliche Lösung: $y_3 = -1$; damit gilt: p_3: $y = -(x + 2)^2 - 1$
Anmerkung: Alle reellen Werte für y_3, die kleiner als 1 sind, stellen eine richtige Lösung dar.

Begründung: Der Scheitelpunkt von p_3 ist S_3 (-2 I -1). Er liegt unterhalb der x-Achse. Da die Parabel p_3 eine nach unten geöffnete Normalparabel ist, ist der Scheitelpunkt der höchste

Punkt der Parabel, d. h. alle anderen Punkte der Parabel liegen somit auch unter der x-Achse. Da alle Punkte der Parabel p_2 oberhalb der x-Achse liegen (siehe Zeichnung), haben die beiden Parabeln p_2 und p_3 keinen gemeinsamen Punkt.

Aufgabe 2

a) $-(7p + 8k)^2 = -49p^2 - 112pk - 64k^2$

b) $(\mathbf{5x} - 6y)^2 = \mathbf{25x^2} - 60xy + 36y^2$

Aufgabe 3

a) ☑ Die Gerade g_1 schneidet die x-Achse in einem Punkt, dessen x-Koordinate negativ ist.

☑ Die Gerade g_2: $y = 4x + 3$ verläuft senkrecht zur Geraden g_1, da $m_1 \cdot m_2 = \left(-\frac{1}{4}\right) \cdot 4 = -1$

b) Allgemeine Geradengleichung:
$y = mx + t$
Steigung $m = 1{,}5$ ist vorgegeben, also:
g_3: $y = 1{,}5x + t$
Punktprobe mit A (1 I 3) ergibt:
$3 = 1{,}5 \cdot 1 + t \quad | -1{,}5$
$1{,}5 = t$
Damit lautet die Funktionsgleichung von g_3: $y = 1{,}5x + 1{,}5$.

c) $-0{,}25x - 2 = 0{,}5x - 5 \quad | -0{,}5x + 2$
$-0{,}75x = -3 \quad | : (-0{,}75)$
$x_1 = 4$
Einsetzen von $x_1 = 4$ in eine der beiden Geradengleichungen (hier g_4):
$y_1 = 0{,}5 \cdot 4 - 5$
$y_1 = 2 - 5$
$y_1 = -3$
Damit ist der Schnittpunkt der beiden Geraden g_1 und g_4 der Punkt S (4 I -3).

d) $0{,}5x - 5 = 0 \quad | +5$
$0{,}5x = 5 \quad | : 0{,}5$
$x = 10$
Der Schnittpunkt der Geraden g_4 mit der x-Achse ist (10 I 0).

e) Bestimmung der Steigung m_5 von g_5:
$m_5 \cdot m_4 = -1$
$m_5 \cdot 0{,}5 = -1 \quad | : 0{,}5$
$m_5 = -2$
Damit lautet die Funktionsgleichung von g_5: $y = -2x - 9$.

f) Eine Gerade, die nur im 1. und 2. Quadranten verläuft, muss parallel zur x-Achse sein, da sie andernfalls mindestens in drei verschiedenen Quadranten verlaufen würde. Außerdem muss eine Gerade, die nur im 1. und 2. Quadranten verläuft, oberhalb der x-Achse verlaufen. Das bedeutet, dass alle y-Koordinaten von Punkten der Geraden (und damit auch der y-Achsenabschnitt) größer als 0 sind.

Damit gilt insgesamt: Die Gerade g_5 hat die Steigung 0 und einen y-Achsenabschnitt, der größer als 0 ist. Eine mögliche Funktionsgleichung von g_5 lautet also zum Beispiel: $y = 2$. (Anmerkung: Jede Funktionsgleichung der Form $y = k$ mit $k > 0$ ist ebenfalls eine richtige Lösung.)

g)

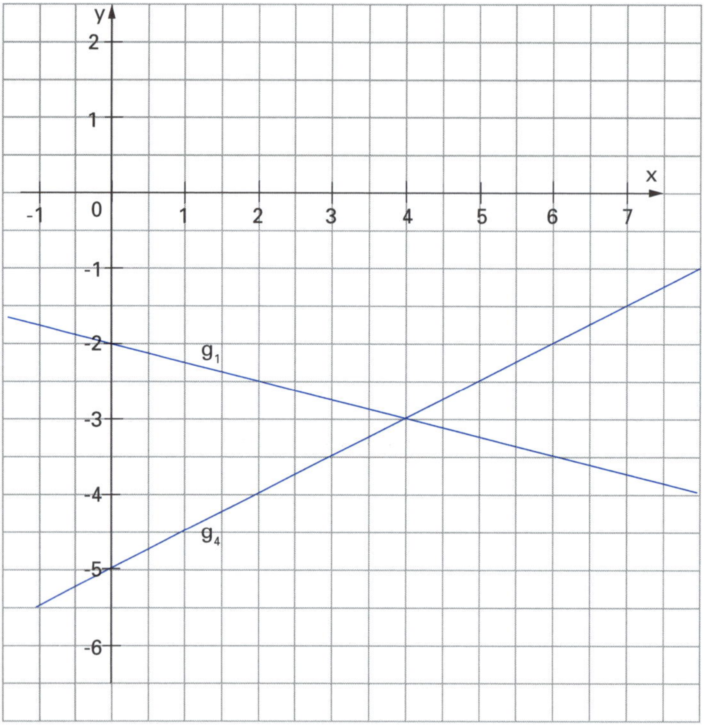

Aufgabe 4

$$\frac{1}{x-1} - \frac{2}{x+1} = \frac{3}{x-1} \qquad D = \mathbb{R} \setminus \{-1;\ 1\}$$

Der Hauptnenner ist $(x - 1) \cdot (x + 1)$.

$$\frac{1}{x-1} - \frac{2}{x+1} = \frac{3}{x-1} \qquad | \cdot (x-1) \cdot (x+1)$$

$$\frac{(x-1)\cdot(x+1)}{x-1} - \frac{2\cdot(x-1)\cdot(x+1)}{x+1} = \frac{3\cdot(x-1)\cdot(x+1)}{x-1} \qquad | \text{ kürzen}$$

$$x + 1 - 2(x - 1) = 3(x + 1) \qquad | \text{ ausmultiplizieren}$$

$$x + 1 - 2x + 2 = 3x + 3 \qquad | \text{ zusammenfassen}$$

$$-x + 3 = 3x + 3 \qquad | -3 - 3x$$

$$-4x = 0 \qquad | : 4$$

$$x_1 = 0$$

Da $x_1 \in D$ ist, ergibt sich als Lösungsmenge $\mathbb{L} = \{0\}$.

Aufgabe 5

a) Berechnung der Masse einer Billardkugel in g:

1. Berechnung des Volumens einer Billardkugel in cm^3:
   $r_{Kugel} = 5{,}7\ cm : 2 = 2{,}85\ cm$
   $V_{Kugel} = \frac{4}{3} \cdot \pi \cdot r^3$
   $V_{Kugel} = \frac{4}{3} \cdot \pi \cdot (2{,}85\ cm)^3$
   $V_{Kugel} \approx 96{,}97\ cm^3$

   $m = D \cdot V$

2. Berechnung der Masse einer Billardkugel in g:
   $96{,}97\ cm^3 \cdot 1{,}75\ cm^3 = 169{,}7\ g$

Ergebnis: Die Masse einer Billardkugel beträgt etwa 169,7 g.

b) Bestimmung der Menge des täglich benötigten Lacks (für 500 Billardkugeln):

   $O_{Ku} = 4 \cdot r^2 \cdot \pi$

1. Oberflächeninhalt einer Billardkugel in cm^2:
   $O = 4 \cdot \pi \cdot r^2 = 4 \cdot \pi \cdot (2{,}85)^2 \approx 102{,}07\ cm^2$

2. Der Oberflächeninhalt von 500 Kugeln beträgt damit $500 \cdot 102{,}07\ cm^2 = 51\,035\ cm^2$.
   $51\,035\ cm^2 = 510{,}35\ dm^2 = 5{,}1035\ m^2$

3. Berechnung der Menge an benötigtem Lack in l: $5{,}1035 : 1{,}7 \approx 3$

Ergebnis: Pro Tag werden etwa 3 Liter Lack benötigt.

Aufgabe 6

a) Berechnung des Zinssatzes:
$K_0 = 120\,000$ €; $K_3 = 124\,003{,}72$ €; $n = 3$; gesucht: p; $q = \left(1 + \frac{p}{100}\right)$
Folglich gilt mit der Zinseszinsformel:

$$K_3 = 120\,000 \cdot \left(1 + \frac{p}{100}\right)^3$$

$$124\,003{,}72 = 120\,000 \cdot \left(1 + \frac{p}{100}\right)^3 \qquad |: 120\,000$$

$$1{,}0334 = \left(1 + \frac{p}{100}\right)^3 \qquad |\sqrt[3]{\ }$$

$$\sqrt[3]{1{,}0334} = 1 + \frac{p}{100} \qquad |-1$$

$$\sqrt[3]{1{,}0334} - 1 = \frac{p}{100} \qquad |\cdot 100$$

$$p = 1{,}1\ \%$$

Der Zinssatz der Geldanlage beträgt 1,1 %.

b) Maßzahlen der Größen in der Zinseszinsformel:
$K_0 = 50\,000$; $K_n = 54\,000$; $p = 0{,}9$; $q = \left(1 + \frac{0{,}9}{100}\right) = 1{,}009$; gesucht: n

$$Kn = K_0 \cdot q^n$$
$$54\,000 = 50\,000 \cdot 1{,}009^n \qquad |:50\,000$$
$$1{,}08 = 1{,}009^n \qquad |\log_{1{,}009}(\ )$$
$$\log_{1{,}009}(1{,}08) = n$$
$$n \approx 8{,}59$$

Antwort: Nach 9 Jahren übersteigt das so angelegte Kapital den Betrag von 54 000 €.

Aufgabe 7

Der gesuchte Abstand $|\overline{CE}|$ lässt sich wie folgt aufteilen: $|\overline{CE}| = |\overline{CH}| + |\overline{HE}|$.

Berechnung von $|\overline{CH}|$:

$$|\overline{AH}| = \frac{1}{2} \cdot |\overline{AB}| = \frac{1}{2} \cdot 10\text{ cm} = 5\text{ cm}$$
$$\tan(30°) = \frac{|\overline{CH}|}{|\overline{AH}|} = \frac{|\overline{CH}|}{5\text{ m}} \qquad |\cdot 5\text{ m}$$
$$5\text{ m} \cdot \tan(30°) = |\overline{CH}|$$
$$|\overline{CH}| \approx 2{,}89\text{ m}$$

Bestimmung von $|\overline{HE}|$:
Da es sich bei dem Viereck DFGK um ein Rechteck handelt, gilt offensichtlich: $|\overline{HE}| = |\overline{KD}|$.
Im rechtwinkligen Dreieck ADK gilt mit dem Satz des Pythagoras:

$$|\overline{AD}|^2 = |\overline{AK}|^2 + |\overline{KD}|^2$$
$$(2{,}5\text{ m})^2 = (1{,}5\text{ m})^2 + |\overline{KD}|^2 \qquad |-(1{,}5\text{ m})^2$$
$$|\overline{KD}|^2 = (2{,}5\text{ m})^2 - (1{,}5\text{ m})^2 = 4\text{ m}^2 \qquad |\sqrt{\ }$$
$$|\overline{KD}| = 2\text{ m} = |\overline{HE}|$$

Insgesamt gilt somit: $|\overline{CE}| = |\overline{CH}| + |\overline{HE}| \approx 2{,}89\text{ m} + 2\text{ m} = 4{,}89\text{ m}$.

Aufgabe 8

a) Die beiden Geldstücke werden gleichzeitig aus der Geldbörse herausgenommen. Dies bedeutet offensichtlich, dass keines der beiden Geldstücke wieder in die Geldbörse zurückgelegt wird. Mathematisch gesehen gibt es also keinen Unterschied zwischen dem gleichzeitigen Herausnehmen zweier Geldstücke und dem nacheinander erfolgenden Herausnehmen zweier Geldstücke, wobei das erste Geldstück nicht wieder zurückgelegt wird. Folglich handelt es sich hier um ein Zufallsexperiment ohne Zurücklegen.

b)

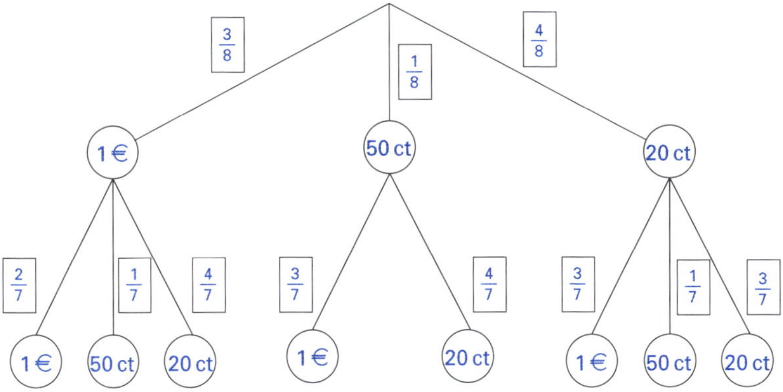

c) Berechnung der Wahrscheinlichkeit, dass ein Betrag von 1,50 € herausgenommen wird:

P(„Geldbetrag = 1,50 €“) = P(1; 0,50) + P(0,50; 1) = $\frac{3}{8} \cdot \frac{1}{7} + \frac{1}{8} \cdot \frac{3}{7} = \frac{6}{56} \approx 10{,}7\ \%$

d) Berechnung der Wahrscheinlichkeit, dass ein Betrag von mindestens 1 € herausgenommen wird:

P(„Geldbetrag = mindestens 1 €“) = 1 – P(„Geldbetrag = weniger als 1 €“)
= 1 – (P(0,50; 0,20) + P(0,20; 0,50) + P(0,20; 0,20))
$= 1 - \left(\frac{1}{8} \cdot \frac{4}{7} + \frac{4}{8} \cdot \frac{1}{7} + \frac{4}{8} \cdot \frac{3}{7}\right) = 1 - \frac{20}{56} = \frac{36}{56} \approx 64{,}3\ \%$

Aufgabe 9

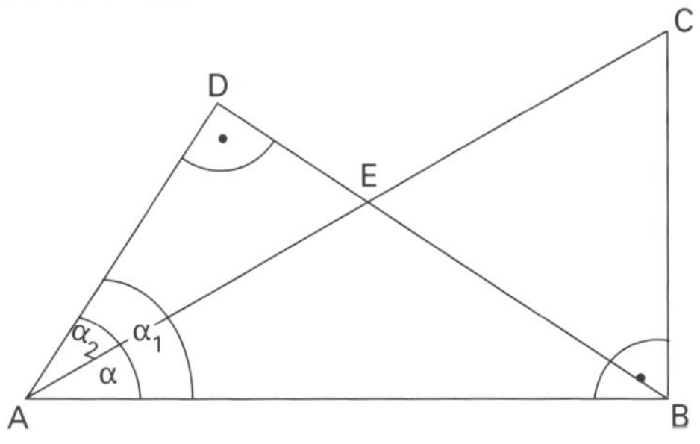

Es ist $|\overline{EC}| = |\overline{AC}| - |\overline{AE}|$.

Berechnung von $|\overline{AB}|$:

Betrachten Sie das Dreieck △ ABD:

$|\overline{AB}|^2 = |\overline{AD}|^2 + |\overline{DB}|^2$ (Pythagoras)

$|\overline{AB}|^2 = (10\text{ cm})^2 + (8\text{ cm})^2$

$|\overline{AB}|^2 = 164\text{ cm}^2$ | $\sqrt{\ }$

$|\overline{AB}| = \sqrt{164\text{ cm}^2} \approx 12{,}81\text{ cm}$

Berechnung von α_1:

$\tan(\alpha_1) = \frac{\overline{|DB|}}{\overline{|AD|}}$

$\tan(\alpha_1) = 0{,}8$

$\alpha_1 \approx 38{,}66°$

und damit

$\alpha_2 = \alpha_1 - \alpha = 38{,}66° - 20° = 18{,}66°$

$\tan(\alpha) = \frac{GK}{AK}$

Berechnung von $\overline{|AC|}$:

Betrachten Sie das Dreieck △ ABC:

$\cos(\alpha) = \frac{\overline{|AB|}}{\overline{|AC|}}$

$\cos(20°) = \frac{12{,}81\text{ cm}}{\overline{|AC|}}$ | $\cdot \overline{|AC|} : \cos(20°)$

$\overline{|AC|} = \frac{12{,}81\text{ cm}}{\cos(20°)}$

$\overline{|AC|} \approx 13{,}63\text{ cm}$

$\cos(\alpha) = \frac{AK}{Hy}$

Berechnung von $\overline{|AE|}$:

Betrachten Sie das Dreieck △ AED:

$\cos(\alpha_2) = \frac{\overline{|AD|}}{\overline{|AE|}}$

$\cos(18{,}66°) = \frac{10\text{ cm}}{\overline{|AE|}}$

$0{,}95 = \frac{10\text{ cm}}{\overline{|AE|}}$ | $\cdot \overline{|AE|} : 0{,}95$

$\overline{|AE|} = \frac{10\text{ cm}}{0{,}95} \approx 10{,}53\text{ cm}$

Damit ist:

$\overline{|EC|} = \overline{|AC|} - \overline{|AE|}$

$= 13{,}63\text{ cm} - 10{,}53\text{ cm} = 3{,}1\text{ cm}$

Aufgabengruppe II

Aufgabe 1

a) Ansatz für p_1:

$y = x^2 + px + q$

Einsetzen der Koordinaten von P (0 I 3) ergibt:

$3 = 0^2 + p \cdot 0 + q$

$3 = q$

Damit gilt für die Parabel p_1: $y = x^2 + px + 3$.

Einsetzen der Koordinaten von N_1 (-3 I 0) ergibt:

$0 = (-3)^2 + p \cdot (-3) + 3$

$0 = 9 - 3p + 3$

$0 = 12 - 3p$ | $+ 3p$

$3p = 12$ | $: 3$

$p = 4$

Damit gilt für die Parabel p_1: $y = x^2 + 4x + 3$.

b) $x^2 + 4x + 3 = 0$ | Lösungsformel

$$x_{1,2} = \frac{-4 \pm \sqrt{4^2 - 4 \cdot 1 \cdot 3}}{2 \cdot 1}$$

$$x_{1,2} = \frac{-4 \pm \sqrt{16 - 12}}{2}$$

$$x_{1,2} = \frac{-4 \pm \sqrt{4}}{2}$$

$$x_{1,2} = \frac{-4 \pm 2}{2}$$

$$x_1 = \frac{-4 - 2}{2} = \frac{-6}{2} = -3; \qquad x_2 = \frac{-4 + 2}{2} = \frac{-2}{2} = -1$$

Damit gilt für den zweiten Schnittpunkt der Parabel p_1 mit der x-Achse: N_2 (-1 I 0).

c) p_2: $y = -(x + 3)^2 + 1$

$= -(x^2 + 6x + 9) + 1$ | Klammer auflösen

$= -x^2 - 6x - 9 + 1$

$= -x^2 - 6x - 8$

d) $-x^2 - 6x - 8 = 2x + 7$ | $- 2x - 7$

$-x^2 - 8x - 15 = 0$ | Lösungsformel

$$x_{1,2} = \frac{-(-8) \pm \sqrt{(-8)^2 - 4 \cdot (-1) \cdot (-15)}}{2 \cdot (-1)}$$

$$x_{1,2} = \frac{8 \pm \sqrt{64 - 60}}{-2}$$

$$x_{1,2} = \frac{8 \pm \sqrt{4}}{-2}$$

$$x_{1,2} = \frac{8 \pm 2}{-2}$$

$$x_1 = \frac{8 - 2}{-2} = \frac{6}{-2} = -3; \qquad x_2 = \frac{8 + 2}{-2} = \frac{10}{-2} = -5$$

oder:

$-x^2 - 8x - 15 = 0$ | $\cdot (-1)$

$x^2 + 8x + 15 = 0$ | quadrat. Erg.

$x^2 + 8x + 4^2 - 4^2 + 15 = 0$ | Binom

$(x + 4)^2 - 1 = 0$ | $+ 1$

$(x + 4)^2 = 1$ | $\sqrt{}$

$x + 4 = \pm 1$ | $- 4$

$x_1 = 1 - 4 = -3$

$x_2 = -1 - 4 = -5$

Prüfungen

Einsetzen von x_1 = -3 in die Geradengleichungen von g_1 ergibt:
$y_1 = 2 \cdot (-3) + 7$
$y_1 = -6 + 7$
$y_1 = 1$
Damit ist der erste Schnittpunkt der beiden Geraden g_1 und der Parabel p_2 der Punkt A (-3 I 1).

Einsetzen von x_2 = -5 in die Geradengleichungen von g_1 ergibt:
$y_1 = 2 \cdot (-5) + 7$
$y_1 = -10 + 7$
$y_1 = -3$
Damit ist der zweite Schnittpunkt der beiden Geraden g_1 und der Parabel p_2 der Punkt B (-5 I -3).

e)

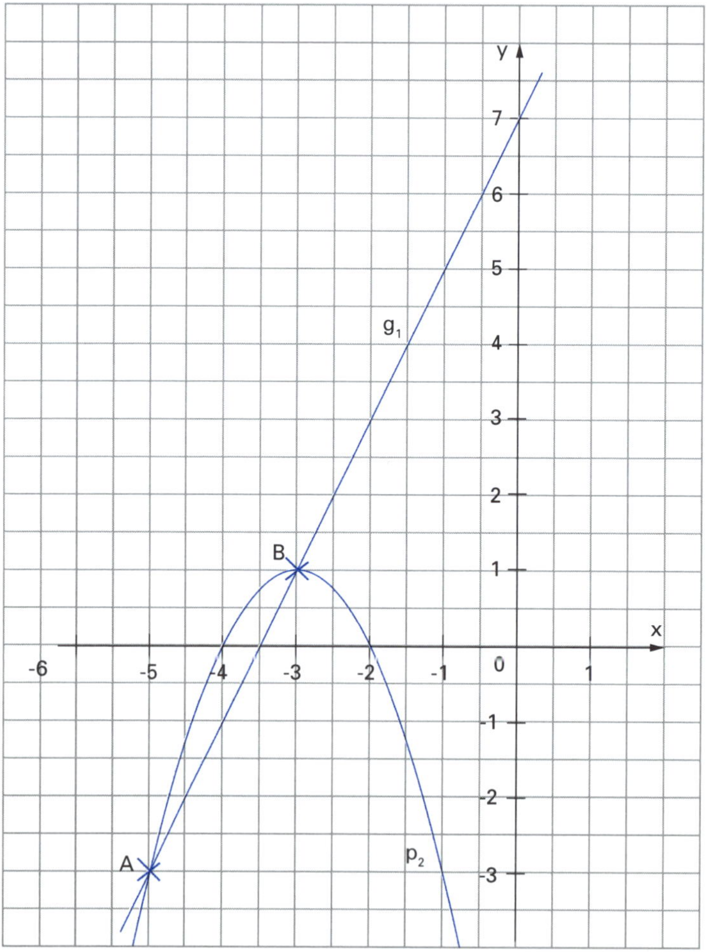

Scheitelpunkt von p_2: $y = -(x + 3)^2 + 1 \quad \Rightarrow \quad S\ (-3 \mid 1)$

f) Eine Gerade g_2 mit einer Funktionsgleichung der Form $y = k$ ($k \in \mathbb{R}$) ist für alle reellen Werte von k eine Parallele zur x-Achse, da die Steigung einer solchen Geraden immer 0 ist. Der höchste Punkt der nach unten geöffneten Parabel p_2 ist der Scheitelpunkt (-3 I 1). Deshalb ist der Wert 1 die größte y-Koordinate, die die Punkte der Parabel erreichen. Damit gilt Folgendes:

- Die Parabel p_2 und die Gerade g_2 haben keinen gemeinsamen Punkt, wenn (zum Beispiel) $k = 2$ gilt, denn dann liegt die zur x-Achse parallele Gerade g_2 oberhalb des Scheitelpunkts von p_2.
  (Anmerkung: Hier ist jeder reelle Wert für k mit $k > 1$ eine richtige Lösung.)
- Die Parabel p_2 und die Gerade g_2 haben genau einen gemeinsamen Punkt, wenn $k = 1$ gilt, denn dann berührt die zur x-Achse parallele Gerade g_2 die Parabel p_2 in ihrem Scheitelpunkt.
  (Anmerkung: Hier ist der Wert $k = 1$ die einzige richtige Lösung.)
- Die Parabel p_2 und die Gerade g_2 haben zwei gemeinsame Punkte, wenn (zum Beispiel) $k = 0$ gilt, denn dann liegt die zur x-Achse parallele Gerade g_2 unterhalb des Scheitelpunkts von p_2.
  (Anmerkung: Hier ist jeder reelle Wert für k mit $k < 1$ eine richtige Lösung.)

Aufgabe 2

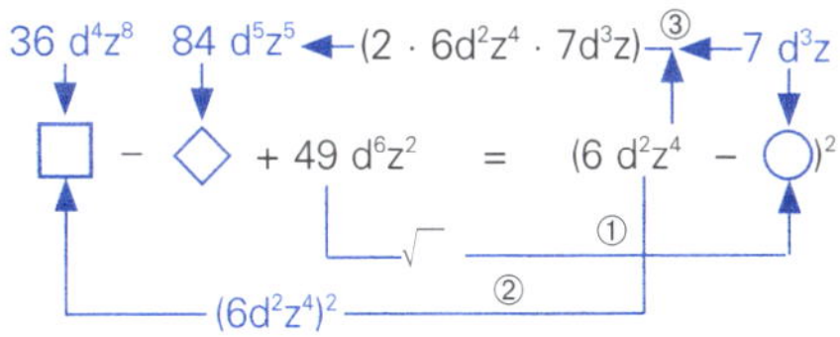

Aufgabe 3

a) Umwandlung der Geradengleichung von g_1 in die Normalform:

$6y = 2x - 12 \quad | : 6$

$y = \frac{1}{3}x - 2$

Für die Steigung m_1 der Geraden g_1 gilt: $m_1 = \frac{1}{3}$.

Damit eine Gerade g_2 senkrecht auf der Geraden g_1 steht, muss für die beiden Steigungen m_1 (von g_1) und m_2 (von g_2) gelten:

$m_1 \cdot m_2 = -1$

$\frac{1}{3} \cdot m_2 = -1 \quad | \cdot 3$

$m_2 = -3$

Damit gilt für die Funktionsgleichung von g_2: $y = -3x + t_2$.

Punktprobe mit P (2 I 1) ergibt:

$1 = -3 \cdot 2 + t_2$

$1 = -6 + t_2 \qquad | +6$

$7 = t_2$

Damit lautet die Funktionsgleichung von g_2: $y = -3x + 7$.

b) Für die Steigung m einer Geraden durch zwei Punkte (x_1 I y_1) und (x_2 I y_2) gilt allgemein:

$m = \frac{y_2 - y_1}{x_2 - x_1}$

Für die Gerade g_3 gilt dann:

$m_3 = \frac{1 - (-2)}{1 - 3} = \frac{3}{-2} = -\frac{3}{2}$

Damit gilt für die Funktionsgleichung von g_3: $y = -\frac{3}{2}x + t_3$.

Punktprobe z. B. mit B (1 I 1) ergibt:

$1 = -\frac{3}{2} \cdot 1 + t_3$

$1 = -\frac{3}{2} + t_3 \qquad | +\frac{3}{2}$

$\frac{5}{2} = t_3$

Damit lautet die Funktionsgleichung von g_3: $y = -\frac{3}{2}x + \frac{5}{2}$.

c) $\frac{1}{3}x - 2 = x \qquad | -x$

$-\frac{2}{3}x - 2 = 0 \qquad | +2$

$-\frac{2}{3}x = 2 \qquad | \cdot \left(-\frac{3}{2}\right)$

$x_1 = -3$

Einsetzen des gefundenen x-Wertes z. B. in die Gleichung von g_4 ergibt:

$y_1 = -3$

Damit gilt für den Schnittpunkt Q der Geraden g_1 und der Geraden g_4: Q (-3 I -3).

d) Die Gerade g_4: $y = x$ hat die Steigung 1 und ist die Winkelhalbierende des ersten und dritten Quadranten. Eine Gerade g_5, die parallel zur Geraden g_4 verläuft, hat ebenfalls die Steigung 1. Für ihre Funktionsgleichung muss deshalb gelten: g_5: $y = x + t_5$.
Für $t_5 = -1$ (also für g_5: $y = x - 1$) hat die Gerade g_5 die Steigung 1 und den y-Achsenabschnitt -1. Damit verläuft sie nur durch die Quadranten 1, 3 und 4, also nicht durch den 2. Quadranten. (Anmerkung: Hier ist jeder reelle Wert für t_5 mit $t_5 < 0$ eine richtige Lösung.)

e)

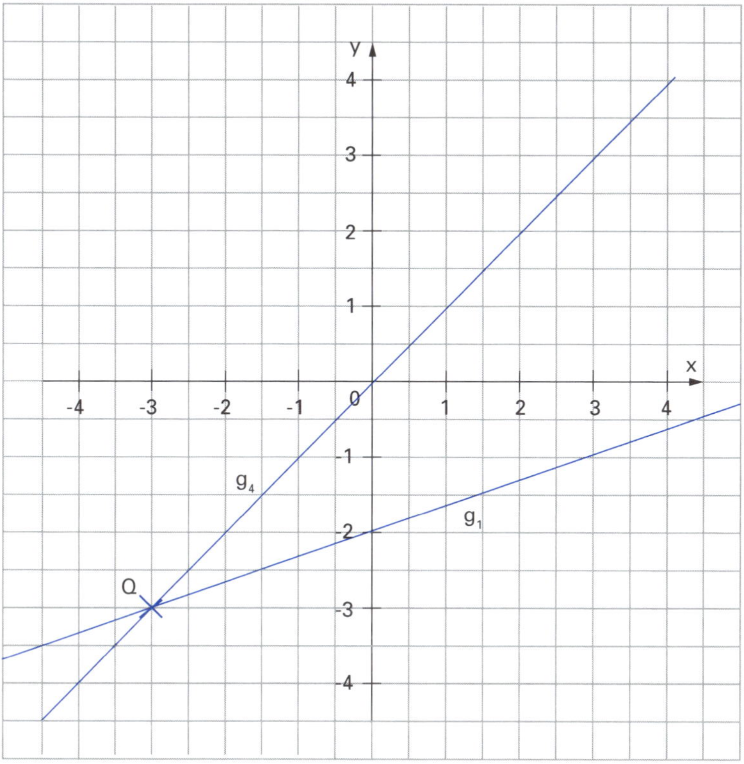

Aufgabe 4

Vorbemerkungen:

1. Da die beiden Katheten $\overline{AB}$ und $\overline{BC}$ gleich lang sind (80 cm), ist das Dreieck ABC nicht nur rechtwinklig, sondern auch gleichschenklig. Damit sind die beiden Innenwinkel an den Punkten A und C jeweils 45° groß.
2. Da laut Aufgabentext $|AD| = |DB|$ gilt, halbiert der Punkt D die Strecke $\overline{AB}$. Damit gilt: $|\overline{AD}| = |\overline{DB}| = 40$ cm. Da außerdem $|\overline{DB}| = |\overline{BE}|$ ist, gilt auch: $|\overline{BE}| = |\overline{EC}| = 40$ cm.

Berechnung des Flächeninhalts der blauen Fläche:

1. Flächeninhalt A_D des Dreiecks ABC:

$$A_D = \frac{1}{2} \cdot g \cdot h_g$$

$$A_D = \frac{1}{2} \cdot 80\ \text{cm} \cdot 80\ \text{cm}$$

$$A_D = 3200\ \text{cm}^2$$

2. Flächeninhalt $A_{Viertel}$ des weißen Viertelkreises mit Mittelpunkt B:

$A_{Viertel} = \frac{1}{4} \cdot \pi \cdot r^2$

$A_{Viertel} = \frac{1}{4} \cdot \pi \cdot |\overline{DB}|^2$

$A_{Viertel} = \frac{1}{4} \cdot \pi \cdot (40\ cm)^2$

$A_{Viertel} = 1256\ cm^2$

3. Flächeninhalt A_{Achtel} des weißen Achtelkreises mit Mittelpunkt C:

$A_{Achtel} = \frac{1}{8} \cdot \pi \cdot r^2$

$A_{Achtel} = \frac{1}{8} \cdot \pi \cdot |\overline{CE}|^2$

$A_{Achtel} = \frac{1}{8} \cdot \pi \cdot (40\ cm)^2$

$A_{Achtel} = 628\ cm^2$

4. Flächeninhalt A der blau gekennzeichneten Fläche:

$A = A_D - A_{Viertel} - A_{Achtel}$

$A = 3200\ cm^2 - 1256\ cm^2 - 628\ cm^2$

$A = 1316\ cm^2$

Der Flächeninhalt der blauen Fläche beträgt $1316\ cm^2$.

Aufgabe 5

a) Berechnung des Volumens, um das sich das Volumen des Zylinders durch das Herausfräsen verringert hat:

1. Volumen des Zylinders:
   $V_Z = \pi \cdot r^2 \cdot h$
   $V_Z = \pi \cdot 4^2 \cdot 10 = \pi \cdot (4\ cm)^2 \cdot 10\ cm$
   $V_Z \approx 502{,}4\ cm^3$

2. Volumen des Doppelkegels:

   $h_K = \frac{1}{2} \cdot h = \frac{1}{2} \cdot 10\ cm = 5\ cm$

   $2 \cdot V_{Kegel} = 2 \cdot \frac{1}{3} \cdot \pi \cdot r^2 \cdot h_K$

   $2 \cdot V_{Kegel} = 2 \cdot \frac{1}{3} \cdot \pi \cdot (4\ cm)^2 \cdot 5\ cm$

   $2 \cdot V_{Kegel} \approx 167{,}47\ cm^3$

3. Berechnung des Differenzvolumens V_D zwischen dem Volumen des Zylinders und des Doppelkegels:
   $V_D = V_Z - 2 \cdot V_K$
   $V_D = 502{,}4\ cm^3 - 167{,}47\ cm^3$
   $V_D = 334{,}93\ cm^3$

Das Volumen des Zylinders hat sich durch das Fräsen um etwa $335\ cm^3$ verringert.

b) 1. Seitenkante s eines Kegels:

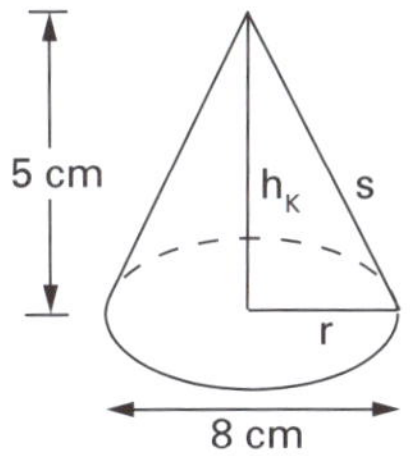

Nach dem Satz des Pythagoras gilt:

$$r^2 + h_K^2 = s^2$$
$$(4\text{ cm})^2 + (5\text{ cm})^2 = s^2$$
$$s^2 = 16\text{ cm}^2 + 25\text{ cm}^2$$
$$s^2 = 41\text{ cm}^2 \quad | \sqrt{\ }$$
$$s \approx 6{,}4\text{ cm}$$

$O_{Ke} = G + M$
$= r^2\pi + r \cdot s \cdot \pi$

2. Berechnung des Oberflächeninhalts O_K eines der beiden Kegel:

$$O_K = \pi \cdot r \cdot (r + s)$$
$$O_K = \pi \cdot 4\text{ cm} \cdot (4\text{ cm} + 6{,}4\text{ cm})$$
$$O_K = 130{,}624\text{ cm}^2$$

Aufgabe 6

a) Berechnung des Endkapitals nach 6 Jahren:

$K_0 = 15\,000;\ \ n = 6;\ \ q = \left(1 + \frac{0{,}8}{100}\right) = 1{,}008$

Folglich gilt mit der Zinseszinsformel:

$K_6 = 15\,000\text{ €} \cdot 1{,}008^6$

$K_6 \approx 15\,734{,}55\text{ €}$

Bei der Bank „Goldhütte" beträgt das Guthaben nach 6 Jahren 15 734,55 €.

b) Berechnung der Zinsen (in €), die am Ende jeden Jahres von der Bank „Silberhaus" ausgezahlt werden:

$15\,000\text{ €} \cdot 0{,}009 = 135\text{ €}$

Berechnung der Gesamtzinsen, die von der Bank „Silberhaus" nach einer Laufzeit von 6 Jahren ausgezahlt werden:

$6 \cdot 135\text{ €} = 810\text{ €}$

Berechnung der Gesamtzinsen, die sich bei der Bank „Goldhaus" nach einer Laufzeit von 6 Jahren angesammelt haben:

$15\,734{,}55\text{ €} - 15\,000\text{ €} = 734{,}55\text{ €}$

Berechnung der Differenz der Zinserträge der beiden Banken bei einer Laufzeit von 6 Jahren:

$810\text{ €} - 734{,}55\text{ €} = 75{,}45\text{ €}$

Antwort: Bei der Bank „Silberhaus" ist der Zinsertrag über die Laufzeit von 6 Jahren um 75,45 € höher als bei der Bank „Goldhütte".

Aufgabe 7

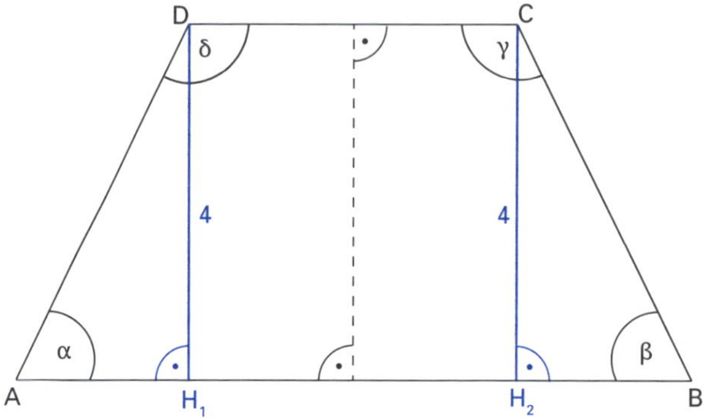

Bestimmung der fehlenden Innenwinkel β, γ und δ:

1. In einem gleichschenkligen Trapez sind die beiden an den parallelen Seiten liegenden Innenwinkel jeweils gleich groß, also gilt hier: $\alpha = \beta$ und $\gamma = \delta$.

2. Damit gilt: $\beta = 63{,}4°$

3. Mit der Winkelsumme im Viereck gilt:
   $\alpha + \beta + \gamma + \delta = 360°$
   Da $\alpha = \beta = 63{,}4°$ sowie $\gamma = \delta$ ist, gilt also:
   $$63{,}4° + 63{,}4° + \gamma + \gamma = 360°$$
   $$2\gamma + 126{,}8° = 360° \quad | - 126{,}8°$$
   $$2\gamma = 233{,}2° \quad | : 2$$
   $$\gamma = 116{,}6°$$

4. Da $\gamma = \delta$ ist, gilt auch: $\delta = 116{,}6°$

Berechnung der fehlenden Seitenlängen $|\overline{AD}|$ und $|\overline{BC}|$:

1. In einem gleichschenkligen Trapez sind die beiden nicht parallelen Seiten gleich lang, also gilt hier: $|\overline{AD}| = |\overline{BC}|$

2. Im rechtwinkligen Dreieck AH_1D gilt:
   $$\sin(\alpha) = \frac{|\overline{H_1D}|}{|\overline{AD}|}$$
   $$\sin(63{,}4°) = \frac{4}{|\overline{AD}|}\,\text{cm} \quad | \cdot |\overline{AD}|$$
   $$\sin(63{,}4°) \cdot |\overline{AD}| = 4\,\text{cm} \quad | : \sin(63{,}4°)$$
   $$|\overline{AD}| = \frac{4\,\text{cm}}{\sin(63{,}4°)}$$
   $$|\overline{AD}| \approx 4{,}47\,\text{cm}$$

Damit gilt, dass sowohl $|\overline{AD}|$ als auch $|\overline{BC}|$ etwa 4,5 cm lang sind.

Berechnung der fehlenden Seitenlänge $|\overline{AB}|$:

1. Da das Trapez ABCD gleichschenklig ist, sind die Dreiecke AH_1D und CH_2B kongruent.
   Folglich gilt: $|\overline{AH_1}| = |\overline{H_2B}|$

2. Im rechtwinkligen Dreieck AH_1D gilt:

$$|\overline{AH_1}|^2 + |\overline{H_1D}|^2 = |\overline{AD}|^2 \quad \text{(Pythagoras)}$$
$$|\overline{AH_1}|^2 + (4\text{ cm})^2 = (4{,}47\text{ cm})^2 \quad | - (4\text{ cm})^2$$
$$|\overline{AH_1}|^2 = (4{,}47\text{ cm})^2 - 16\text{ cm}^2$$
$$|\overline{AH_1}| = \sqrt{(4{,}47\text{ cm})^2 - 16\text{ cm}^2} \quad | \sqrt{\ }$$
$$|\overline{AH_1}| \approx 2\text{ cm}$$

Damit gilt, dass sowohl $\overline{AH_1}$ als auch $\overline{H_2B}$ etwa 2 cm lang sind.

3. Da $|\overline{H_1H_2}| = |\overline{DC}| = 4$ cm ist (siehe Lösungsskizze), gilt:

$$|\overline{AB}| = |\overline{AH_1}| + |\overline{H_1H_2}| + |\overline{H_2B}|$$
$$|\overline{AB}| = 2\text{ cm} + 4\text{ cm} + 2\text{ cm}$$
$$|\overline{AB}| = 8\text{ cm}$$

Die Seitenlänge $\overline{AB}$ beträgt somit 8 cm.

Aufgabe 8

a)

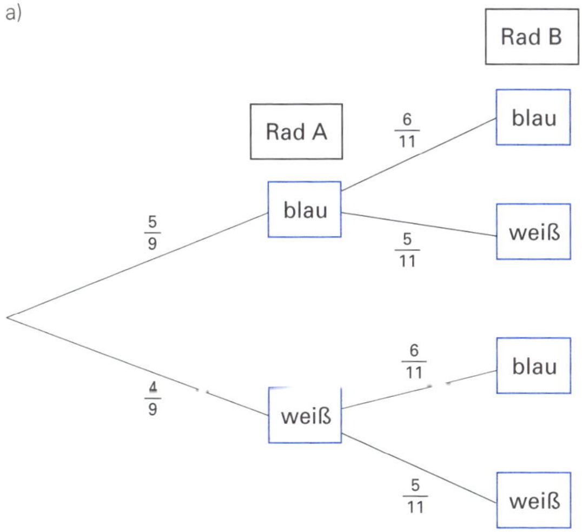

b) P(„zwei unterschiedliche Farben“)
$= P(\text{blau; weiß}) + P(\text{weiß; blau})$
$= \frac{5}{9} \cdot \frac{5}{11} + \frac{4}{9} \cdot \frac{6}{11}$
$= \frac{25}{99} + \frac{24}{99}$
$= \frac{49}{99}$
$\approx 49{,}5\ \%$

Aufgabe 9

$$\begin{aligned}
&\sqrt{2} \cdot 3 \cdot \sqrt{125} \\
=\ &\sqrt{2} \cdot 3 \cdot \sqrt{25 \cdot 5} \\
=\ &\sqrt{2} \cdot 3 \cdot \sqrt{25} \cdot \sqrt{5} \\
=\ &\sqrt{2} \cdot 3 \cdot 5 \cdot \sqrt{5} \\
=\ &3 \cdot 5 \cdot \sqrt{2} \cdot \sqrt{5} \\
=\ &15 \cdot \sqrt{2 \cdot 5} \\
=\ &15 \cdot \sqrt{10}
\end{aligned}$$

Ergebnisse auf einen Blick

Hier finden Sie schnell die richtigen Lösungen für die von Ihnen bearbeiteten Aufgaben.
Es sind nur die Endergebnisse ohne Lösungswege angegeben. Die ausführlichen Lösungswege sind auf den vorangegangenen Seiten dargestellt.

Lösungen 2022

Aufgabengruppe I – Seite 109

1. a) $y = x^2 + 8x + 17$
b) $y = -(x + 2)^2 + 5$
S (-2 I 5)
c) siehe ausf. Lösung
d) M (1 I 1); N (-3 I 1)

2. a) $n \approx 3$ Jahre
b) p = 16,3 %
c) $W_6 \approx 15\,794$ €

3. $A = 23{,}1\ cm^2$

4. $6x^5z$

5. a) g_1: $y = \frac{3}{4}x + 1{,}5$
b) x = -3
c) y = 2,5
d) g_4: $y = -4x + 16$
e) D (2 I 4,5)
f) g_6: $y = -\frac{4}{3}x + 4$
g) siehe ausf. Lösung

6. $\mathbb{D} = \mathbb{R} \setminus \{-6{,}5 \mid 1{,}5\}$
$\mathbb{L} = \{-1{,}5; -0{,}5\}$

7. a) $p \approx 42$ %
b) $O = 28{,}26\ cm^2$
c) $m \approx 14{,}5$ g

8. $\overline{D'C'} = 140$ cm
$\alpha = 64°$

9. siehe ausf. Lösung

10. a) siehe ausf. Lösung
b) $p \approx 3{,}5$ %
c) $p \approx 98{,}8$ %

Aufgabengruppe II – Seite 118

1. a) N (3,5 I 0)
b) g_2: $y = 1{,}5x + 0{,}5$
c) T (6,25 I -2,75)
d) g_4: $y = -x - 3{,}5$
e) g_6: $y = -3x + 2$
f) siehe ausf. Lösung

2. d = 3,2 cm

3. a) siehe ausf. Lösung
b) h = 5 cm

4. a) siehe ausf. Lösung
b) $P = \frac{28}{33} \triangleq 85$ %
c) 39 916 800

5. a) p_1: $y = x^2 + 2x - 2$
b) p_2: $y = -x^2 + 6x - 5$
c) siehe ausf. Lösung
d) y = 14
e) $D \notin p_3$
f) S_3 (3,5 I 26,25)
g) N_1 (12 I 0); N_2 (8 I 0)
h) siehe ausf. Lösung

6. a) $\sqrt{m^8b^2}$
b) siehe ausf. Lösung

7. a) $A_{Tr} = 11{,}725\ m^2$
b) $\sphericalangle FED = 37°$

8. $\mathbb{D} = \mathbb{R} \setminus \{-4\}$; $\mathbb{L} = \{0\}$

9. a) 0,72 %
b) 21 Jahre
c) 222 555
d) 4557

Lösungen M I

Teil A – Seite 128

1. Fehlerbeschreibung:
siehe ausf. Lösung
Fehlerberichtigung:
$(3x^4)^2 = 3^2 \cdot (x^4)^2 = 9 \cdot x^8$

2. a) $y = 0{,}2x + 10$ (x in km; y in €)
b) 32 €

3. ☑ Die Anzahl einer bestimmten Bakterienart verdoppelt sich im Labor alle 20 Minuten.

4. Dreieck CDE
Begründung: siehe ausf. Lösung

5. Faktor 8

6. siehe ausf. Lösung

7. a) Erklärung: siehe ausf. Lösung
b) Fünf schwarze Kugeln
Begründung: siehe ausf. Lösung

8. ☑ $\frac{w}{b+d} = \frac{y}{e}$

Teil B

Aufgabengruppe I – Seite 130

1. a) $y_A = 8$; $x_B = -4$; $x_C = 2$
(oder: $x_C = -4$; $x_B = 2$).
b) $y = (x + 1)^2 + 4$; $S_1(-1 \mid 4)$
c) p_2: $y = -x^2 + 2x - 9$
d) p_3: $y = x^2 - 5x + 3{,}25$
e) siehe ausf. Lösung
f) S_4 liegt auf der y-Achse.

2. $(3a^4b - 4a^2b)^2 = (3a^4b)^2 - 24a^6b^2 + (4a^2b)^2$
$= 9a^8b^2 - 24a^6b^2 + 16a^4b^2$
(Anmerkung: Es gibt viele andere mögliche Lösungen.)

3. a) g_1: $y = -3x + 2$
b) g_2: $y = -0{,}5x + 1$
(Anmerkung: Es gibt viele andere mögliche Lösungen.)
c) N (10 I 0)
d) siehe ausf. Lösung
e) siehe ausf. Lösung

4. x = 1,75 m

5. a) $a \approx 23{,}4$ cm
b) siehe ausf. Lösung

6. $\sphericalangle$ HBA ≈ 33,7°; $\overline{|HB|} \approx 9{,}0$ cm

7. a) Variante A
b) Vom 59. Monat an
c) 13,3 %
d) siehe ausf. Lösung

8. a) $\frac{3}{11}$
b) $\frac{1}{264}$ (≈ 0,38 %)
c) $\frac{9}{11}$
d) Es ist möglich.
siehe ausf. Lösung

9. $x \approx 4{,}47$ m; $y \approx 8{,}95$ m; h = 4 m
$\beta \approx 63{,}5°$; $\alpha \approx 26{,}5°$

Teil B

Aufgabengruppe II – Seite 138

1. a) N_1 (5 I 0); N_2 (2 I 0)
b) Q liegt nicht auf p_1.
P liegt auf p_1.
Punktproben: siehe ausf. Lösung
c) p_2: $y = x^2 - 10x + 21$
d) R (2 I 2); T (5 I 11)
e) siehe ausf. Lösung
f) siehe ausf. Lösung

2. a) Gleichung:
$49x^2 - \boxed{168xy^2} + 144y^4$
$= (\boxed{7x} - 12y^2)^2$
b) Gleichung:
$-(4a - 9b)^2 = -16a^2 \oplus 72ab \ominus 81b^2$

3. a) Die wahren Aussagen sind (2) und (3).
b) B liegt auf g_1.
Punktprobe: siehe ausf. Lösung
c) g_2: $y = \frac{1}{4}x + 1$
d) siehe ausf. Lösung
e) siehe ausf. Lösung
f) N (6 I 0)
g) siehe ausf. Lösung

4. $\mathbb{L} = \{-\frac{4}{5}; 0\}$

5. a) $r \approx 8{,}47$ cm
b) 39,25 €

6. a) 3,125 mg
b) 240 mg
c) n = 5

7. 66,2 cm^2

8. a) siehe ausf. Lösung
b) $P \approx 0{,}51$
c) siehe ausf. Lösung

9. $6a^3b^5$

Lösungen M II

Teil A – Seite 146

1. Fehlerkorrektur: $\sqrt{9 + 16} = \sqrt{25} = 5$
2. A → 3; B → 1; C → 4; D → 2
3. A und D
4. a) $|\overline{AC}|$
   b) siehe ausf. Lösung
5. a) Faktor 3
   b) Faktor 9
6. a) siehe ausf. Lösung
   b) $\frac{9}{10}$
7. a) 120 km/h
   b) x = 72; 60
   y = 4; 3,6
8. Aussage 1: ☑ das Dreifache
   Aussage 2: ☑ ein Drittel

Teil B

Aufgabengruppe I – Seite 149

1. a) siehe ausf. Lösung
   b) $y = -(x + 2)^2 + 9$
   c) $y = x^2 + 4x + 5$
   d) Q_1 (-4 I 5); Q_2 (0 I 5)
   e) siehe ausf. Lösung
   f) g_5: y = 2
   siehe ausf. Lösung
2. a) $-(7p + 8k)^2 = -49p^2 - 112pk - 64k^2$
   b) $(5x - 6y)^2 = 25x^2 - 60xy + 36y^2$
3. a) ☑ Die Gerade g_1 schneidet die x-Achse in einem Punkt, dessen x-Koordinate negativ ist.
   ☑ Die Gerade g_2: y = 4x + 3 verläuft senkrecht zur Geraden g_1.
   b) g_3: y = 1,5x + 1,5
   c) S (4 I -3)
   d) (10 I 0)
   e) g_5: y = -2x – 9
   f) g_5: y = 2, siehe ausf. Lösung
   g) siehe ausf. Lösung
4. $\mathbb{L} = \{0\}$
5. a) ≈ 169,7 g
   b) ≈ 3 l
6. a) 1,1 %
   b) nach 9 Jahren
7. 4,89 m
8. a) siehe ausf. Lösung
   b) siehe ausf. Lösung
   c) ≈ 10,7 %
   d) ≈ 64,3 %
9. 3,1 cm

Teil B

Aufgabengruppe II – Seite 157

1. a) p_1: $y = x^2 + 4x + 3$

b) N_2 (-1 I 0)

c) p_2: $y = -x^2 - 6x - 8$

d) A (-3 I 1); B (-5 I -3)

e) siehe ausf. Lösung

f) kein gemeinsamer Punkt: für k = 2 (Beispiel); ein gemeinsamer Punkt: für k = 1; zwei gemeinsame Punkte: für k = 0 (Beispiel); siehe ausf. Lösung

2. $36\,d^4z^8 - 84\,d^5z^5 + 49\,d^6\,z^2 = (6\,d^2z^4 - 7\,d^3z)^2$

3. a) g_2: $y = -3x + 7$

b) g_3: $y = -\frac{3}{2}x + \frac{5}{2}$

c) Q (-3 I -3)

d) g_5: $y = x - 1$ (Beispiel)

e) siehe ausf. Lösung

4. 1316 cm^2

5. a) $\approx$ 335 cm^3

b) $\approx$ 130,7 cm^2

6. a) 15 734,55 €

b) Bei der Bank „Silberhaus" ist der Zinsertrag über die Laufzeit von 6 Jahren um 75,45 € höher als bei der Bank „Goldhütte"

7. $|\overline{AD}| = |\overline{BC}| \approx 4{,}5$ cm

$\overline{AB} = 8$ cm

$\beta = 63{,}4°$; $\gamma = \delta = 116{,}6°$

8. a) siehe ausf. Lösung

b) $\frac{49}{99}$ ($\approx$ 49,5 %)

9. siehe ausf. Lösung

Notizen

Notizen

A. Hör- und Hörsehverstehen

Text 1

I. Global understanding

Mark the correct answer.

a) more than two hours b) another young couple

II. Detailed understanding

1. Fill in the gaps.

a) smaller b) dozen c) go / watch d) nightmare

2. Cross out the incorrect word, write down the correct one.

a) ~~liked~~ – didn't like b) ~~excited~~ – bored c) ~~bad~~ – great

Text 2

I. Global understanding

Mark the correct answers with a cross.

a) Tom Drake b) baseball

II. Detailed understanding

1. Mark the correct ending with a cross.

a) … likes to watch TV. b) … subjects. c) … car garage.

2. Fill in the gaps.

a) baseball / woodwork b) any c) earlier d) accompanies

3. Cross out the incorrect word, write down the correct one.

a) ~~uninterested~~ – interested b) ~~the bus station~~ – your office c) ~~tiny~~ – big

Text 3

I. Global understanding

Mark the correct answers with a cross.

a) yesterday b) They had teased the driver.

II. Detailed understanding

1. Mark the correct ending.

a) … the driver lost control. b) … two boys and two girls were killed.

c) … not yet able to be heard.

2. **Fill in the gaps.**

   a) terrible b) driver / fast c) permission d) guilty / friends

3. **Cross out the incorrect word, write down the correct one.**

   a) ~~bridge~~ – tree b) ~~scare~~ – impress c) ~~safe~~ – reckless

B. Sprachgebrauch

1. **Fill in the missing word.**

   1. works **2.** have been **3.** am reading
   4. snows **5.** am going to repair **6.** met

2. **Use the word given in brackets.**

   renting – to expect – transportation – are advertised – generally – available – recommend – to uphold – move

3. **Fill in the correct comparison.**

   1. better **2.** worst **3.** highest
   4. more expensive **5.** greater **6.** the most exciting

4. **Fill in the right relative pronoun.**

   1. who **2.** whose **3.** which **4.** who **5.** which **6.** which

5. **Fill in the correct form of the word.**

   1. made – come **2.** are supposed to **3.** had – done
   4. am used to **5.** let – know

6. **Fill in the correct preposition.**

   on/in – with – at – in – below – into – from – towards – between – for

7. **Find the mistakes.**

   1. Unfortunately **2.** fallen **3.** In **4.** would
   5. leave **6.** preferred **7.** after

8. **Fill in the correct form.**

   1. have been studying; have not had
   2. have not had; has given
   3. have been trying; have not managed
   4. have been studying; has told
   5. have just heard; have been looking forward

9. Fill in the correct form of the word.

1. quickly **2.** hard **3.** relatively
4. well **5.** excellent **6.** badly
7. totally **8.** beautiful **9.** unusually
10. nearly **11.** successful **12.** good
13. unbelievably **14.** really **15.** well
16. probably **17.** fair **18.** interesting

10. Tick the correct definition.

1. to buy **2.** to have a lot of respect for someone **3.** to injure
4. to say 'no' **5.** to stop working because of your age **6.** to help

11. Write down the plural form.

1. trees **2.** centuries **3.** feet
4. mice **5.** teeth **6.** sheep

12. Find the corresponding nouns.

1. association **2.** harmony **3.** symbol
4. fury **5.** obsession **6.** energy

13. Tick the same meaning.

1. courageous **2.** scare **3.** strange
4. short **5.** friendly

14. Fill in the correct form of the word.

1. belongings **2.** improving **3.** similar **4.** environment
5. equipment **6.** description **7.** majority **8.** discovery
9. repeating **10.** allowed

15. Underline the correct future form.

1. will enjoy; will make
2. am going to spend
3. is going to fall asleep
4. begins
5. are watching
6. will help
7. will be
8. are moving
9. are going to like

16. Fill in the comparative or superlative forms.

most famous – more talented – most interested – better – prettier – more intelligent – more popular – more beautifully – quietest – coolest – worse – worse – most popular – more happily – greatest – saddest – more excited – more powerfully – worst – biggest

C. Leseverstehen

Text 1

1. Match the headings with the paragraphs.

paragraph 1	**D**
paragraph 2	**G**
paragraph 3	**A**
paragraph 4	**H**
paragraph 5	**B**
paragraph 6	**F**

2. Answer the questions.

1. an hour
2. education finished
3. tiled stove
4. went to work on a (big) estate
5. Hans' parents
6. was killed / died in the war
7. travel the world (after retiring)

3. Find a word or expression with the same meaning.

1. different **2.** During **3.** source **4.** estate
5. tiny **6.** flat **7.** Shortly

Text 2

1. True, false or not in the text?

a) true b) false c) not in the text d) true
e) true f) not in the text g) true

2. Mark the correct ending.

a) ☒ … didn't use her real name.
b) ☒ … was brought to Great Britain for treatment.
c) ☒ … did a course because of her book.

3. Explain the following words.

a) A personal opinion/belief/attitude about a particular situation or subject.
b) The process of providing medical care.
c) To make a book/film/game etc available for people to see or buy.

4. Mark the meaning as used in the text.

a) ☒ to lead b) ☒ to get healthy again c) ☒ to split

D. Sprachmittlung

1. Übersetzen Sie stichpunktartig ins Deutsche.

Was ist Couchsurfing?	▶ *internationales Netzwerk für Reisende in über 230 Ländern* ▶ Menschen öffnen ihr Zuhause für Reisende ▶ 2,2 Millionen Mitglieder in 237 Ländern
Profil und Anfrage	▶ *Möglichkeit sich zu präsentieren* ▶ ehrlich ausfüllen, aktuelle Angaben machen ▶ keine Massenanfragen verschicken ▶ auf gleiche Interessen achten
Verhalten während des Aufenthalts	▶ *kleines Geschenk mitbringen* ▶ Gastfreundschaft nicht ausnutzen ▶ immer aufräumen und eigenen Dreck wegputzen ▶ eigenes Essen kochen

2. Geben Sie auf Deutsch wieder.

Als Couchsurfer teilst du dein Leben und dein Heim. Du lernst neue Leute kennen und teilst deine Erfahrungen mit ihnen. Es geht darum, großzügig zu sein und darum, zu teilen, ohne etwas zurückzuerwarten.

3. Übersetzen Sie stichpunktartig ins Deutsche.

Identitätsdiebstahl	▶ Diebstahl von personenbezogenen Informationen ▶ z. B. Name, Geburtsdatum, Bankkontendaten, Passwörter ▶ Informationen werden benutzt, um an die Finanzen einer Person zu kommen
Phishing-Webseiten	▶ *werden immer professioneller* ▶ fragen nach Benutzername, PIN oder auch einer TAN, um dann Transaktionen vorzunehmen
Passwörter	▶ sind zu einfach zu hacken, z. B. 12345 ▶ gute Passwörter haben Großbuchstaben, Kleinbuchstaben, Zahlen und Sonderzeichen und sind ziemlich lang
E-Mail-Anhang	▶ *E-Mail, in der eine Firma sagt, Rechnung im Anhang ist fällig* ▶ über Anhang wird ein Trojaner installiert ▶ nicht auf unbekannte Anhänge klicken und immer die Anti-Virus-Software aktuell halten

4. Geben Sie auf Deutsch wieder.

Viele Teenager nutzen tatsächlich die Datenschutzeinstellungen für ihre Onlinekonten, aber sie könnten noch sehr viel mehr tun, um ihre Daten und ihre Privatsphäre zu schützen.

5. Geben Sie auf Deutsch wieder.

Studien zeigen, dass das übermäßige Nutzen von Sozialen Medien nachteilig für dein emotionales Wohlbefinden sein kann. Das heißt nicht, dass du aufhören musst, sie zu nutzen – ändere einfach nur dein Verhalten. Mache mehr Pausen, lies ein Buch, triff deine Freunde nicht nur online.

E. Text- und Medienkompetenzen

1. Tong's Statement

... had this big rubber boat, and we all took turns trying to overturn the boat with one of us inside. Whenever one of us fell into the water, we just couldn't stop laughing. Second, my dad often took my brothers and me out on the lake to fish. Dad is a very experienced angler. He showed us how to handle the fishing rod and which bait to choose. In the evenings we often had barbecues with the fish we had caught earlier. After that we often made bonfires, played games or sang songs together at the beach. But I suppose those kinds of activities are too boring for you anyway, aren't they?

2. Pete's text message

This is Pete with an urgent message for all team members. I have just received an emergency call by a woman called Candy. I did not get all the details due to a bad phone connection. Apparently, there was an accident. Candy's group of hikers consists of at least four people. At least two of them, John and Hillary, slipped on some rocks and seem to be badly injured. They may even be unconscious. Candy and a man called Scott are conscious and presumably uninjured. They must be somewhere along the John Muir hiking trail. They are currently near a waterfall, which means it can only be either Vernal Fall or Nevada Fall. Luke, get the helicopter ready for take-off. Let's meet at the heliport in 5 minutes.

3. The old lady's diary entry

Today is the second day after I escaped from that horrific old people's home. It feels so good to be back in my own house. Admittedly, it is a bit cold here and I do not yet know how to get groceries, but for the time being I'm fine. Just now, a young boy passed my house while I was looking out of the window. He asked me whether I needed any help. I think he is a very nice boy. And he must be clever, too, because he guessed pretty quickly that I ran away from the retirement home. Unfortunately, he could not continue talking to me because he was on his way to school. Maybe I can talk to him again tomorrow. That would be great.

F. Schreiben

1. Letter

Hotel Torcolo
Via Garibaldi
I-37122 Verona

13.8.2022

Dear Sir or Madam,

Last night I read an advertisement about your hotel and was very taken with the location described in your ad. I have always wanted to see Verona and I'm sure it would be lovely to stay in such a historic environment to get to know the city better. My friend and I are planning to spend some time travelling around Italy and would be in Verona from September 10th to September 18th. Are there rooms available during this period of time? Could you make us a special offer on your prices because we are students? We will travel by train, so could you please provide us with a description on how to reach you best?
Thanks in advance for your help.

Yours,
Marie Schnabel

2. Keyword Story

The next *weekend* ahead was a *long* one, because the Friday before was a public holiday. Because the weather was still very nice, my *friends* and I decided to drive to the nearby *lake*, where we could swim, *grill* and party a bit.
As my mother was going to buy some food for the weekend anyway, I asked if she could bring something for me, too. She agreed to bring *steak* and ingredients for a noodle salad, so I was all set for Friday.
We all met at a friend's house and drove to the lake. First we went swimming and then began to grill. We had steaks, sausages, burgers, different *salads* and all kinds of *drinks*. The *CDs* we brought were listened to, we danced and all in all just had a great time.

3. Open-ended Story

... it was in the middle of a tunnel. A stopping train is not really uncommon but since we couldn't even look outside it was a bit frightening. Abruptly all the lights went out and now not only were we not moving but it was pitch-black, too. After a while I got a little scared because I couldn't see a thing and there were strange noises coming from outside. Suddenly someone in my compartment lit a lighter and told us that he had a candle somewhere in his backpack. And really, he found it; after placing it on the small table and lighting it, we finally were able to see each other again and our mood lightened.
After ten more minutes, we were informed that there had been a problem with the electricity and then we were moving again. I was half an hour late but then, I had a great story to tell my friends.

4. Letter

Hi all,

I am a sixteen-year-old exchange student from Germany. Since we now have summer holidays I would really like to work as a volunteer. This way I am busy during the break and I can do something to help other people, too. I already have experience with working with children. I did an internship at a kindergarten last year in Germany. There is one question I have though: is it possible for me to work less than eight weeks? I'd like to visit some friends of mine in New York some time this summer.
I'm looking forward to hearing from you.

Yours,
Adrienne

5. Keyword Story

This year my family and I signed up for an *exchange student* when my *school* asked for guest *families*. I was very excited to meet the student, who was a girl from Farnborough, near London. I had already had some e-mail contact with her and we told us a lot about *hobbies*, interests, school etc. Marla's hobbies were among others *dancing*, which suited me very much because I love to dance. So we decided that on the *weekends* we would go to some *disco* in my hometown and dance. She was a bit disappointed that she had to visit a *language course* in the *afternoons* during the week but her school insisted on it.
Then finally, after weeks of e-mail correspondence, she arrived and it was just like meeting an old friend. It was great and I'm sure we will have the time of our lives.

6. Open-ended Story

... "No I haven't seen him." "Me neither," we answered. Frantically we looked around us and remembered the words of our teacher who had so clearly warned us to not wander off alone. What should we do? We called for him, we looked everywhere, but he was nowhere to be found. Where could he have gone? Had he been kidnapped? Oh god, we started thinking in worst-case scenarios and really panicked after another half hour had gone by and he was still missing.
With hanging heads we walked back and prepared to tell our teacher what had happened. But when we walked up to our tents a freshly showered Peter walked towards us, a big grin on his face, "Where have you been so long? We thought you'd gotten lost. When I lost you, I turned around and came back here. After all, our teacher did tell us not to wander off alone, didn't he?" We were really angry with him for scaring us so much and walked by him without talking to him. He had a lot of apologising to do until we were friends again.

7. Picture-based Story

The summer of friends

Looking at the picture I have a lot of great memories thinking back. It was the summer of the World Championship in football and all over Germany, fans were enjoying live open air screening for the first time. The atmosphere on these evenings was unbelievable and people from all over the world were becoming friends, although they cheered for different countries. I was in Berlin when on the day after the finale the German footballers arrived on the stage at the Brandenburger Tor. Still, I get goose bumps just thinking about this moment. I have nothing I can compare it to and it still amazes me that a thing like one little round ball can fascinate thousands, no, millions of people.

A. Listening Comprehension

Part 1

Task 1

(1) engineering
(2) experience
(3) 40
(4) guided
(5) (for) free
(6) delayed
(7) 20

Part 2

Task 2

(1) wall (anstatt *floor*)
(2) teeth (anstatt *face*)
(3) people on Earth (anstatt *astronauts*)
(4) weak (anstatt *tired*)
(5) jogging (anstatt *rowing*)
(6) bag (anstatt *cup*)
(7) phoning home / sitting in the 360° window / looking down at planet Earth (anstatt *reading books*)

Part 3

Task 3

(1) (nearly) ten / 10 years
(2) gas (planets)
(3) (on the) outer limit
(4) rock (and) ice
(5) gases freeze (into ice)
(6) (constantly) growing (in size and weight)

B. Use of English

1. Fill in the gaps using the correct form.

1. eighth
2. had counted
3. French
4. taught
5. was based
6. had been checked
7. supporting
8. safely
9. well
10. Freedom

2. Find the mistakes and correct them.

1. other (anstatt *one*)
2. Although (anstatt *Altogether*)
3. well- / widely (anstatt *far*)
4. to (anstatt *from*)
5. first (anstatt *firstly*)
6. around (anstatt *above*)
7. cause / do (anstatt *make*)
8. successful (anstatt *success*)
9. each (anstatt *every*)
10. writing (anstatt *write*)

C. Reading Comprehension and Mediation

Reading Comprehension

1. Match the headings with the paragraphs.

Paragraph 1: D
Paragraph 2: G
Paragraph 3: C
Paragraph 4: A
Paragraph 5: I
Paragraph 6: F
Paragraph 7: B

2. Match the names with the statements.

(1) G (2) D (3) A (4) C

3. Answer the following questions. Short answers are enough.

(1) the working world of the 1960s / the main characters
(2) The Soviet Union / The USSR
(3) smaller and lighter / less height and less weight
(4) military test pilot
(5) Sally Ride
(6) on the moon / Mars

4. Find the correct meaning.

(1) 1 (2) 4 (3) 2 (4) 1

Mediation

1. Schreiben Sie einen zusammenhängenden Text auf Deutsch.

Hallo Alex und Chris,

ich habe für Euch einige interessante Infos zum KSC zusammengefasst. Dort gibt es viele Attraktionen, bei denen ihr die Arbeitsbedingungen eines Astronauten nachempfinden könnt. Zum Beispiel könnt ihr einen Start in einem Raumschiffsimulator erleben oder erfahren, wie sich Schwerelosigkeit anfühlt. Außerdem könnt ihr ein Raumschiff steuern, andocken und landen oder euch mithilfe eines 3D-Films in die Weltraumatmosphäre hineinversetzen.
Das ist aber noch nicht alles. Es gibt noch viele weitere tolle Angebote im Kennedy Space Center. Zum Beispiel könnt ihr Astronautennahrung kaufen oder die Weltraumraketen im *Rocket Garden* ansehen. Auch der *Moon Tree Garden* scheint interessant, denn die Samen aller Bäume, die ihr dort sehen könnt, waren schon auf dem Mond. Ein Weltraumanzug, der mit Mondstaub bedeckt ist, kann ebenfalls angeschaut werden. Abschließend könntet ihr ein Selfie mit einem Astronauten machen oder sogar mit einem Astronauten zu Abend essen. Ich glaube, es gibt dort sehr viel zu erleben.

Viel Spaß im KSC wünscht Euch
Lisa

D. Text Production

1. Express your own ideas.

Of course a holiday in space sounds exciting but personally I don't think that everybody wants to spend a holiday there. On the one hand, it could be a very quiet and relaxing holiday because I don't think that there are many people. But on the other hand, I think spending time in space can be very dangerous. For some human bodies it could be unhealthy. Furthermore, there are no restaurants or beaches, so probably it would be a very boring holiday.

2. Correspondence: E-Mail

To: sales@starry_sky.com
From: lisa.ella@yahoo.de
Subject: Buying a star

Dear Sir or Madam,

last week I saw your advert on the internet and I'm really excited about the fact that you're able to buy a real star. As I need a birthday present for my best friend Julia, I thought this could be a great idea. She loves watching the night sky and the stars. She's a real nature lover. Actually there are some questions I'd like to ask you. First of all, is it possible to see the star? If yes, what time will we be able to see it or do we need special equipment? The next thing is that I'm interested in creating a gift package. Please let me know what is in the package and what kind of extras I can choose. What about delivery? How much does it cost? Are there different prices? If you print the certificate could you send it to my friend directly? For me, it would be the easiest way to pay by credit card. Is that an option? Last but not least, can you guarantee that this certificate is real? Will Julia be the only owner of the star? Thanks for reading and answering my questions. I'm really looking forward to hearing from you soon.

Yours faithfully
Lisa Roder

3. Picture-based Writing

Dear followers, what a day! As you know, I'm in space and I absolutely don't know how to describe my feelings. It is overwhelming and everything is so special. When I looked out of the window this morning I couldn't believe my eyes. There was a UFO. I waved out of the window but they didn't see me. I tried to contact them, but unfortunately it didn't work. I felt a little bit sad about that because...well, you don't see an UFO every day, do you? A few hours later I got the information that there was a problem with a satellite. So I left my rocket and flew to the satellite in order to repair it which was quite easy. It made me feel very proud. Acutally I didn't think that this day could get any better. But well, you won't believe it ... I landed on the moon and I stood there holding the flag. Fortunately there were some other astronauts who took photos of me. You can see them in my story. After that special day, I don't know if I will be able to sleep tonight. I'm still very excited.

A. Hör- und Hörsehverstehen

Part 1

Task 1

(1) test endurance
(2) communication(s) specialist
(3) 11, 46
(4) 6th / sixth
(5) growing number of participants / problems with (the) heavy traffic in Honolulu
(6) two races (were held)

Part 2

Task 2

(1) (a very) dedicated triathlete / addicted to sport / his body needs exhaustive action
(2) world-cup final (for a footballer) / Wimbledon final (for a tennis player)
(3) doesn't think he has any chance / no chance
(4) injury in (his left) knee
(5) last Friday (night)
(6) (really) not so bad
(7) he'll take it as it comes

Part 3

Task 3

Section 1:
(1) October
(2) 2020
(3) amateurs
(4) professional athletes
(5) 1978

Section 2:
(1) drug addiction
(2) (really) risky
(3) challenge
(4) disciplined
(5) concentrated / skillful
(6) self-confidence
(7) equipment / (special) gear
(8) self-centered
(9) socialize

B. Sprachgebrauch

1. Complete the gaps using the correct form and find suitable words to replace the question marks.

1. has developed
2. value / worth
3. has been forbidden
4. are offered / are being offered
5. fine / penalty
6. has been erupting
7. by
8. used
9. Although
10. revival

2. Fill the gaps using the correct word(s).

1. ruler
2. whom
3. own
4. had forced
5. repeatedly
6. reign
7. founded
8. said
9. whose
10. had refused

C. Leseverstehen

1. Read the sentences and match them with the gaps in the text.

(0)	(1)	(2)	(3)	(4)	(5)
A	E	F	H	B	C

2. Answer the questions using short answers.

(1) in the ships's logs
(2) (the) nobility / (the) royal family
(3) (the) first man to surf in California
(4) a (bronze) statue of him (welcomes tourists to Waikiki) / (with / by) a (bronze) statue
(5) Oahu's north coast (beaches)

3. Give the lines of the sentence where you find the following information.

(1) 12 – 13
(2) 18
(3) 28 – 29
(4) 35 – 36
(5) 41 – 42

4. Find the correct meaning.

(1) 1 (2) 4 (3) 3 (4) 1 (5) 2

D. Sprachmittlung

Erstmalig Tanzkurse im Hula-Stil

Sicherlich kennen auch Sie den berühmten „Hula"-Tanz, den die indigenen hawaiianischen Völker entwickelt haben. Der ursprünglich religiöse Tanz ehrte die Götter und Göttinnen, Schöpfer der Inseln, pries die Stammesältesten und erzählte Geschichten über das Volk. Heutzutage gibt es zwei verschiedene Arten des Hula-Tanzes: den altmodischen „Hula kahiko" und den modernen „Hula auana". Der traditionelle „Hula kahiko" ist Teil einer Zeremonie mit Gesang und Percussion. Dabei tragen die Männer einen Lendenschurz und die Frauen ausladende Röcke.
Im Gegensatz dazu ist der „Hula auana"-Tanz weniger formell. Männer und Frauen tanzen zu Songs oder Saiteninstrumenten. Gekleidet sind die Männer mit Haiwaii-Hemden und weiten Hosen. Die Frauen tragen lange fließende Kleider oder Röcke aus Blättern. Hula-Tänzer genießen eine jahrelange Ausbildung, die mit der von Profisportler/-innen oder Doktorand/-innen vergleichbar ist. Hat man das Glück, bei einer Hula-Zeremonie dabei sein zu dürfen, sollte man sich angemessen verhalten. Wichtig ist es, respektvollen Abstand einzuhalten, sich still zu verhalten und nicht zu fotografieren oder zu filmen.

E. Text- und Medienkompetenzen

My trip to Hawaii

The island was so beautiful, the beaches were fantastic and the weather was sunny and hot. My two-week stay started when I arrived at the hotel and got a flower garland as a welcome present. Every day I went swimming which was really cool. The water temperature was quite good. I also had a surfing lesson. At the beginning I was a little bit scared but it became very exciting and I felt really happy. In the end it was exhausting and I was tired but I had acquired some surfing skills. In my second week, I took part in a day-trip to an active volcano, which was quite frightening. There was also a visit to a pineapple plantation. On the one hand, it was good because the pineapples were yummy, but, on the other hand, I got sunburnt and felt really bad. Last but not least I visited the Ocean Center. The turtles were cute, but the entry fee was really expensive. I would say visiting Hawaii was the best trip ever!

F. Schreiben

Correspondence: E-Mail

To: service@exotic-coffee.com
From: carolin.sommer@mail.de
Subject: Complaint about delivery

Dear Sir or Madam,

Some weeks ago I ordered 10 kg of TROPICAL NIGHT coffee beans which were delivered immediately. Thank you very much for that quick delivery. Now the problem is that I'm still getting more and more deliveries from you which I actually haven't ordered. I have already received 30 kg of coffee beans in the last three weeks, which means that every week a new delivery arrives. This situation makes me very unhappy because it's very expensive for me and I don't know how this could have happened.
I would like to inform you that further deliveries will be sent back to you immediately at your costs and I also won't pay any further invoices you will send me. As I haven't ordered these deliveries I'm expecting you to transfer the money back to my account as soon as possible. Perhaps you should also think about a compensation because of the trouble. Please make sure that no more coffee beans will be sent to me and let me know if you received my complaint.
I'm looking forward to hearing from you soon.

Yours faithfully
Carolin Sommer

PICTURE AND KEYWORDS

At the volcano

Last summer, I was on holiday in Hawaii and decided to go on a day-trip to an active volcano. The weather was ok. There were just some clouds but it was very warm. This tour was really exciting. We went up on a hill to see the volcano. A lot of smoke came out of it and it smelled awful. The ranger told us: "Be careful!" and showed us a sign at the edge of the crater which said that it would be life-threatening there. Most of the people were frightened and stayed away. They didn't go near the volcano but they used binoculars to look at it.
There also was a man with his dog on the tour. The man was so fascinated by the volcano that he didn't notice when his dog ran away including his leash. The dog's owner screamed, "Stop Lui, come back!". A little boy who was on the tour with his parents ran after the dog and the man. Unfortunately, they all ran to the part of the volcano with the warning sign. The little boy's mother screamed and his father looked scared, too. Luckily, the dog Lui turned around and ran back to his owner. Lui jumped into his arms and barked. Both were relieved. "That went well again," said the ranger. To put it in a nutshell it was an exciting but also a very dangerous trip.

A. Hör- und Hörsehverstehen

Part 1

Task 1

(1) five / 5
(2) the most popular foreign languages
(3) half a dozen / six / 6
(4) Ohio, USA, about 100 km north of Cincinnatti
(5) her school's international partnerships
(6) (the possibility of) setting up a partnership with Gutenberg Mittelschule / Ralf's school

Part 2

Task 2

(1) how many of them / the students would like to participate in the exchange (programme)
(2) 15 (of them) would like to take part
(3) (It is) voluntary / (It is) a voluntary subject.
(4) (She will have to) beat the big drum (for it / for the programme).
(5) Ralf's (students) / the German students / the students from Regensburg
(6) (Because) This will give them more time to prepare things / The weather (in May) is better (than in April) / (They will have) more opportunities to organise outdoor activities
(7) in (about) four weeks / in (about) four weeks' time

Part 3

Task 3

(1) effort
(2) connecting
(3) asked
(4) hit
(5) be worried / worry
(6) bus transfers
(7) flight
(8) announcement
(9) advise

B. Sprachgebrauch

1. Complete the gaps using the correct form of the words in brackets and find suitable words to replace the question marks.

1. finally
2. an
3. was diverted
4. by
5. where / in which
6. is known

7. similarities
8. different
9. Last
10. cultural

2. Fill the gaps using the correct words from the box.

1. namely
2. consists
3. flat
4. which
5. empty
6. even
7. most
8. have been
9. are grown
10. well

C. Leseverstehen

1. Match the sentences with the gaps.

(0)	(1)	(2)	(3)	(4)	(5)
A	E	H	C	G	F

2. Answer the questions.

(1) (In some parts of) the Northwest and the Midwest
(2) when cold and dry air is pushed over humid and warm air
(3) hurricanes / a hurricane
(4) (extremely) strong winds
(5) (because of / due to / as a result of) the heavy weight of the snow

3. Give the line(s) of the sentences.

(1) 10 – 11
(2) 17 – 18
(3) 24 – 25
(4) 26 – 27
(5) 33 – 34

4. Find the correct meanings.

(1) 4 (2) 2 (3) 1 (4) 2 (5) 3

D. Sprachmittlung

Eintrag in Ralfs Tagebuch

Ein äußerst spannendes und auch lehrreiches Erlebnis war die Begegnung mit einigen Amish People während der Busfahrt nach Chicago. Unsere Schüler/-innen waren sehr überrascht, in einem so modernen Land wie den Vereinigten Staaten Menschen zu sehen, die recht altmodisch gekleidet sind und sich mit Pferdekutschen fortbewegen. Die zweite aufregende Erfahrung für unsere Schüler/-innen war das schier unendliche Lichtermeer der Wolkenkratzer von Chicago, als wir am Freitagabend im Dunkeln Chicago erreichten.
Willis Tower, der bis 2009 *Sears Tower* hieß, zählt zu den beeindruckendsten Bauwerken, die Chicago zu bieten hat. Er ist mit weit über 400 Metern Höhe das höchste Gebäude Chicagos und gleichzeitig das dritthöchste Gebäude der gesamten USA. Auf dem 103. Stockwerk des *Willis Tower*, in einer Höhe von 413 Metern, befindet sich eine Aussichtsplattform, das sogenannte *Skydeck*. Auf diesem *Skydeck* gibt es Boxen, die vollständig aus Glas bestehen und die etwa zwei Meter aus der Außenwand des Gebäudes hinausragen. Da auch die Böden dieser Boxen vollständig aus Glas bestehen, kann man darin mehr als 400 Meter direkt in die Tiefe auf die Straßen Chicagos schauen.
Als Laura und ich den Schüler/-innen am Sonntagmorgen mitteilten, dass wir vor unserer Rückfahrt nach Greenville noch das *Museum of Science and Industry* besuchen werden, reagierten sie auf diesen Programmpunkt zunächst mit einem gewissen Unmut. Als die Schüler/-innen aber während des Aufenthaltes im Museum die vielen Möglichkeiten nutzten, naturwissenschaftliche und technische Experimente durchzuführen, waren sie total begeistert. Die Heimfahrt verlief ohne Zwischenfälle, und die meisten Schüler/-innen schliefen erschöpft im Bus ein.

E. Text- und Medienkompetenzen

Rachel's answer

No, I really don't. I still feel that I just had to leave because I was so desperate to get an education. And I'm very happy now because I'm a teacher and can give lots of children the kind of education I had been denied as a teenager. However, I have to admit that I feel sad about not having had any contact with my parents or siblings for eight years now. I have written letters to them a number of times, but they have always refused to meet me or even talk to me. Sometimes I wonder why my parents, who truly believe that their Amish religion is a very pure form of Christianity, can be so cruel to their own child. After all, I just wanted to make a life for myself, which does not mean that I hate my family or intend to abandon my belief in God.

F. Schreiben

Correspondence: E-Mail

info@amish-ohio.com
Ref: Information about the Amish people

Dear Sir or Madam,

I am 16 years old and I live in Nuremberg, Germany. The other day I happened to watch a short but very interesting report on German TV about the Amish people in the USA. Searching the web for more information about the Amish, I eventually came across your website. Would you kindly assist me with the following queries:
Why do the Amish wear such traditional clothes? Moreover, are there any differences in the dress code(s) for women and men as well as for girls and boys? Please provide some details about the dress code(s), maybe including some pictures?
I was quite surprised to see that two such extremely different cultures, namely the culture of the Amish and the culture of mainstream America, can live side by side in one country.
Would you please enlarge on what kind of contact there is between those two cultures in everyday life?
Would you also kindly provide some historical background to the Amish religion?
Is there any connection between the historical origins of the Amish religion and the fact that lots of Amish people have German-sounding names and that their language is quite similar to German?
Thank you in advance for your assistance.

Yours sincerely,
Roman Mittermaier

PICTURE AND KEYWORDS

A frightening experience

... my mum and I were on our way to my grandparents, who live in a small town three hours north of Dayton, Ohio. Two hours after we had left our house in Dayton, it became darker and windier almost by the minute. Suddenly, I saw something far ahead of us that looked like a grey tube stretching from the sky down to the ground. I asked mum, "What is that strange grey thing over there?" "It looks like the funnel of a tornado", mum answered. "A tornado?", I shouted, adding "let's get away from here as quickly as possible, mum."
But mum just stopped the car, got out, took her smartphone and started filming the tornado. I ran after her, grabbed her free hand and tried to pull her back to the car. "Mum, please, I'm scared. We need to escape from here now", I screamed. "Just give me two more minutes. This is so fascinating", mum replied. Another car behind ours was turning around on the road to head off in the opposite direction. At that moment, mum and I realised that the tornado had changed course and started moving towards us. We ran to our car and got in. Mum made a quick U-turn on the road and dashed off in the direction we had originally come from.